SERGEJ O. PROKOFIEFF

DIE ZWÖLF HEILIGEN NÄCHTE

SERGEJ O. PROKOFIEFF

Die zwölf heiligen Nächte und die geistigen Hierarchien

VERLAG AM GOETHEANUM

Aus dem Russischen von Ursula Preuß

Der Verlag am Goetheanum im Internet: www.goetheanum-verlag.ch
Einbandgestaltung von Anna S. Fischer unter Verwendung eines
Entwurfs von Walther Roggenkamp
Lektorat: Ute E. Fischer
9., unveränderte Auflage 2022

Satz: Höpcke, Hamburg
Druck und Bindung: Jelgavas Tipogrāfija, Jelgava, Latvia

ISBN 3-7235-1511-2

Inhalt

Vorwort zur achten Auflage

Das Thema der zwölf heiligen Nächte begleitet seit Jahrzehnten mein anthroposophisches Leben. Ich weiß nicht, ob es ein anderes Land außer Russland gibt, das seine anthroposophische Arbeit mit dem Feiern dieser besonderen Festeszeit aufgenommen hätte. So hat es sich aber in Moskau in der Zeit der zwölf heiligen Nächte in dieser Zeit zugetragen.

Von Annie Jahn und Karla Kiniger, zwei gebürtigen Österreicherinnen – die eine war aus Dornach, die andere aus Edinburgh angereist –, wurde die anthroposophische Arbeit in Russland nach jahrzehntelangem Brachliegen in einer Gruppe russischer und georgischer Freunde mit dem Begehen der zwölf heiligen Nächte neu begonnen. Und alles musste damals noch ganz geheim im Untergrund geschehen.

An zwölf Abenden trafen sich alle Beteiligten im Zentrum der Stadt, und zwar in der Wohnung von Maria Alexandrowna Skrjabina, der Tochter des großen russischen Komponisten. Jeder Abend wurde mit dem Verlesen des Grundsteinspruchs begonnen, was in der Folge zu einem festen Bestandteil der anthroposophischen Gruppenarbeit in Russland wurde. Von da an werden in Moskau seit nunmehr 44 Jahren die zwölf heiligen Nächte – ohne Unterbrechung – gefeiert.

Sieben Jahre später, in der Weihnachtszeit 1976, war ich zum ersten Mal mit dabei und bin dieser geistigen Arbeit seitdem treu geblieben, sogar, wenn die Umstände es erforderten, oft ganz allein oder auch nur zu zweit diese Festtage begehend. So hat die geistige Arbeit in dieser besonderen Zeit des Jahres, begleitet durch das täglichen Lesen des Grundsteinspruchs in deutscher und russischer Sprache, mein anthroposophisches Leben und Werk tief geprägt.

Als eine Folge dieses Miterlebens der zwölf heiligen Nächte

entstand dieses Buch, das in erster Auflage 1986 in Dornach erschien. Zunächst waren seine Hauptthemen als Bestandteil eines anderen Buches mit dem Titel «Der Jahreskreislauf als Einweihungsweg der Christus-Wesenheit. Eine esoterische Betrachtung der Jahresfeste» gedacht.

Durch eine immer intensivere Beschäftigung mit den Geheimnissen der zwölf heiligen Nächte wurde mir bald deutlich, dass, um dieses Thema in seiner ganzen Tiefe auszuloten, eine eigenständige Publikation notwendig werden würde. Denn sie erwiesen sich mehr und mehr als ein Schlüssel zur Beantwortung der wichtigsten christologischen Fragen der Anthroposophie. Dabei ergab sich, dass hier auch ein Weg gegeben ist, der nicht nur zum Verständnis der göttlich-geistigen Hierarchien, sondern vor allem zu den drei Wesen, die als höchste Inspiratoren der Anthroposophie zu bezeichnen sind, führt:

Christus
Sophia
Michael.

Zu jeder Wesenheit wurde von mir ein Buch verfasst. Zu Christus: «Das Mysterium der Auferstehung im Lichte der Anthroposophie», Stuttgart 2008. Zur Sophia: «Die himmlische Sophia und das Wesen Anthroposophia», Dornach [2]1998. Zu Michael: «Das Michael-Mysterium. Eine geisteswissenschaftliche Betrachtung der Michael-Meditation und ihrer Darstellung in Eurythmie», Arlesheim 2014.

Jedes dieser drei Wesen ist auf seine Weise mit den zwölf heiligen Nächten verbunden, wenn man diese als einen Weg von Jesus zu Christus oder – kosmisch gesprochen – vom Zeichen der Fische zu dem des Widder betrachtet. (Dass auch eine andere Reihenfolge der Tierkreiszeichen im Zusammenhang mit den zwölf heiligen Nächten möglich und berechtigt ist, steht außer Frage.)

Aus diesem Grund ist das Buch – so möchte man sagen – mit dem Herzen der Anthroposophie selbst verbunden, die von Rudolf Steiner den Menschen gegeben wurde, damit sie mehr und mehr zu bewussten Mitarbeitern dieser drei Wesenheiten in der Epoche der Bewusstseinsseele – und aus ihr heraus – werden mögen.

Damit ist hier der Blick auf die Grundlagen des kosmischen Christentums der Zukunft gerichtet, mit dessen Verwirklichung auf der Erde Anthroposophie als ihrer zentralen Aufgabe in unserer Zeit beginnen muss.

Das letzte Kapitel handelt von der Beziehung des ersten Goetheanum zum wichtigsten übersinnlichen Ereignis unserer Zeit, dem Erscheinen des Christus im Ätherischen. Denn dieser Bau führt uns seinem physisch-ätherischen Wesen nach in allen Einzelheiten auf bewusste Weise in die ätherische Welt hinein, dorthin, wo sich in unserer Zeit die Begegnung mit dem ätherischen Christus für jeden Menschen eines guten Willens ereignen kann.

Ascona,
am Vorabend der
100. Wiederkehr der
Grundsteinlegung des ersten Goetheanum
am 20. September 1913

Sergej O. Prokofieff

Einleitung

Die Themen, die hier unter dem Titel «Die zwölf heiligen Nächte und die geistigen Hierarchien» veröffentlicht sind, bedürfen einiger einführender Bemerkungen. Der Inhalt des ersten Beitrags entstammt einem regelmäßigen, durch viele Jahre geübten Feiern der heiligen Nächte und – im Zusammenhang damit – der Vertiefung in ihr esoterisches Wesen.

Als Erstes weist die Zahl Zwölf – von der Bedeutung der dreizehnten Nacht wird an entsprechender Stelle gesprochen – auf den Zusammenhang mit dem Jahreslauf im Ganzen hin und dadurch auf den unsere Erde umgebenden Kosmos. Wir können auch sagen: Die kosmischen Mächte, welche der Reihe nach den Gang des Jahres im Lauf der zwölf Monate lenken, wirken einmal im Jahr, in der Zeit vom 25. Dezember bis zum 6. Januar, so, dass die zwischen ihnen liegenden Tage und Nächte ihrem geistigen Gehalt nach gleichsam zu einem konzentrierten Abbild jener Kräfte werden, die den Jahreskreislauf aus dem Makrokosmos heraus gestalten. Rudolf Steiner nennt diese Kräfte: «Die zwölf heiligen Kräfte des Universums ..., die symbolisch dargestellt sind in den zwölf Zeichen des Tierkreises» oder «die zwölf universellen Kräfte des Kosmos», und weist darauf hin, dass «die zwölf heiligen Nächte dastehen zwischen dem Christfest und dem Fest, das am 6. Januar gefeiert sein sollte», um sich in diese Kräfte zu versenken (GA 127, 21.12.1911).

Schon die äußere Lage dieser Tage innerhalb des Jahreslaufs – in der Wintermitte, der Zeit der größten Wachheit des Erdgeistes in seinem Planetenleib – zeugt von ihrer Bedeutung für das gesamte Leben des Jahres. Denn im Winter, ganz besonders jedoch während der beiden Wochen nach der Wintersonnenwende, *erinnert* die Erde am stärksten dasjenige, was sie im Laufe des Sommers in den kosmischen Fernen, in der Welt der

Planeten, vor allem aber in der Fixsternwelt erlebt hat. Und wenn Seele und Geist der Erde während des Sommers in den Weltenfernen weilen – geistig gesprochen im Schoße der höheren Hierarchien –, gibt die Erde im Winter, besonders aber während der zwölf heiligen Nächte, den höheren Hierarchien durch ihre Gedanken-Erinnerungen die Möglichkeit, übersinnlich in ihrer Sphäre anwesend zu sein und zu wirken.

Gewissermaßen öffnen sich zu dieser Jahreszeit große kosmische Tore am Himmel. Und während die geistige Sonne in der Finsternis der Winternacht aufleuchtet, tut sich dem Menschen die Möglichkeit auf, in einer auf ihre Art einmaligen Weise in den hierarchischen Kosmos, in das Weltenwirken der unsere Erde führenden höheren Hierarchien zu schauen (siehe GA 236, 27.6.1924).

Aus einem solchen Versuch, sich der Sphäre der höheren Hierarchien während der zwölf heiligen Nächte zu nähern, ist der erste der hier veröffentlichten Beiträge hervorgegangen.

Es wurde jedoch auch deutlich, dass die auf diesem Wege gefundene Beziehung zwischen den zwölf heiligen Nächten als der irdischen Offenbarung der Tierkreissphäre und der kosmischen Tätigkeit der Wesenheiten der höheren Hierarchien noch viel weiter reicht. Denn neben der Bedeutung, welche diese Beziehung für ein tieferes Erfassen der heiligen Nächte durch die Erkenntnis der realen Gegenwart der Kräfte der höheren Hierarchien in ihnen hat, erwies sie sich auch als ein wichtiger Schlüssel zu bestimmten geistigen Geheimnissen.

So soll in den folgenden Aufsätzen an konkreten Beispielen gezeigt werden, wie wir uns mit Hilfe dieses Schlüssels dem Verständnis einiger schwieriger Gebiete der anthroposophischen Christologie nähern sowie zur Lösung gewisser Rätsel, die mit der Grundsteinlegung und dem Bau des ersten Goetheanum zusammenhängen, beitragen können.

Weiterhin möchte der Verfasser mit der vorliegenden Arbeit dem Leser eine Hilfestellung bei seinem Bemühen geben, die geistige Bedeutung von *Epiphanias* als dem Fest der übersinnlichen Geburt des Christus – im Unterschied zu Weihnachten als dem Fest der irdischen Geburt des Menschen Jesus von Nazareth – besser zu verstehen. Denn das rechte Verständnis des Epiphanias-Mysteriums kann wesentlich zur allmählichen Überwindung des heute die ganze Menschheit erfassenden Materialismus beitragen, der zwar die irdische Geburt des Jesus gelten lässt, jedoch von der übersinnlichen Geburt des Christus in Jesus bei der Taufe im Jordan nichts wissen will.

Dieses Verständnis zu ermöglichen, ist die anthroposophisch orientierte Geisteswissenschaft heute aufgerufen. Rudolf Steiner weist mit folgenden Worten darauf hin: «Zu diesem übersinnlichen Verstehen des Christus müssen wir wieder kommen. Wir müssen trotz der inniglichen Verehrung, die wir uns bewahren wollen für das Jesu-Geburtstagsfest, für dasjenige, wozu das Weihnachtsfest allein geworden ist, wiederum den Sinn hinlenken lernen zu der anderen Geburt, die da sich vollzieht als eine außerirdische Geburt durch die Johannestaufe im Jordan» (GA 209, 25.12.1921).

Für die dritte Auflage dieses Buches (1987) wurden dem Inhalt drei weitere Kapitel als Teil II hinzugefügt. Und in der vierten Auflage (1989) kam noch der Zusatz *Einige Bemerkungen über die Reihenfolge der Tierkreiszeichen* hinzu. Beides war aus der weiteren Beschäftigung mit mehreren geisteswissenschaftlichen Fragen im Zusammenhang mit den Inhalten des ersten Teils entstanden.

Es ist noch zu erwähnen, dass diese Schrift ihrem Charakter nach im Ganzen gesehen für Leser gedacht ist, die bereits über gewisse anthroposophische Vorkenntnisse verfügen, das heißt mit den grundlegenden Büchern und besonders den christologischen Vorträgen Rudolf Steiners bekannt sind.

Arlesheim, 1987 und 1989 *Sergej O. Prokofieff*

Teil I

1. Der Tierkreis und die geistigen Hierarchien. Ein Weg durch die zwölf heiligen Nächte

«Wieder, ohne dass man es so recht gewusst hat in der bisherigen Wissenschaft, stehen sie da, diese zwölf heiligen Nächte, wie aus den verborgenen weisen Seelentiefen der Menschheit festgesetzt, wie wenn sie sagen wollten: Empfindet alle Tiefe des Christfestes; aber versenkt euch dann während der zwölf heiligen Nächte in die heiligsten Geheimnisse des Kosmos! – Das heißt in das Land des Universums, aus dem der Christus heruntergezogen ist auf die Erde.»
Rudolf Steiner, 21. Dezember 1911 (GA 127)

Gleich zwei majestätischen Säulen erheben sich die beiden winterlichen Feste von Weihnachten und Epiphanias im Tempel des Jahres, diejenigen Feste, welche zum einen auf die Geburt des Menschen und zum anderen auf die Geburt des Gottes in der Erdensphäre hinweisen: die Geburt des Ur-Menschen Jesus von Nazareth und die darauf in dessen Hüllen erfolgende Geburt des höchsten Geistes unseres Kosmos, des Gottessohnes, des Christus.

Und zwischen diesen beiden Festen erstrecken sich – wie eine mächtige kosmische Leiter – die zwölf heiligen Nächte als zwölf aufsteigende Stufen des Weltbewusstseins, welche die Menschheit mit den Sphären der höchsten kosmischen Geistigkeit verbinden.

«Von Jesus zu Christus» – mit diesen wenigen Worten kann die ganze Bedeutung dieses großen Übergangs oder Aufstiegs beschrieben werden, der von der Menschenstufe durch die neun aufsteigenden Stufen der die Entwicklung unserer Erde lenkenden Wesenheiten der geistigen Hierarchien zu den höchsten Bereichen des Heiligen Geistes und des Gottessohnes, des Christus, führt, soweit sich ihr Wirken in den Grenzen unseres Kosmos, das heißt in den Grenzen der ihn umfassenden Tierkreissphäre offenbart.

In diesem Sinne kann der Weg von Weihnachten zu Epiphanias auch für uns zu einem Aufstieg in das große «Land des Universums» werden, «aus dem der Christus heruntergezogen ist auf die Erde», zu einem Weg, der uns im Laufe der zwölf heiligen Nächte durch alle zwölf Regionen der Sternenwelt führt: vom Bereich der Fische, welche den Ursprung des Menschseins bewahren, bis zur Sphäre des Widder, durch dessen Tor der Christus einst aus der höchsten makrokosmischen, jenseits des Tierkreises liegenden Vatersphäre in unseren Kosmos eintrat.

Die nachfolgende Darstellung ist der Versuch, auf Grundlage der Ergebnisse der modernen Geisteswissenschaft Rudolf Steiners eine Beschreibung dieses Weges zu geben, der durch die zwölf Regionen des Tierkreises zur bewussten Vereinigung mit dem hierarchischen Kosmos führt.

Die Beziehung zwischen dem ersten, dem Tierkreisbereich der *Fische* und dem Wesen des Menschen kann uns verständlicher werden, wenn wir beachten, dass mit dem Sternbild der Fische die Entwicklungsstufe verbunden ist, auf welcher der Mensch sich befand, als sich in der Mitte der hyperboräischen Epoche die Sonne von der Erde trennte (GA 106, 10.9.1908).

Von dieser Zeit an strahlte die Sonne nicht mehr geistig aus dem Innern der Erde heraus, sondern beleuchtete sie nur von außen. Das charakterisiert Rudolf Steiner so: «Dann kam der Zeitpunkt, wo die Sonne sich heraushob aus der Erde. Sie trennte sich von ihr, und ihr Licht fiel von außen auf die Erde herab ... Im Inneren des Menschen war es jetzt finster geworden. – Das war der Beginn seiner Entwickelung zu jenem Zukunftszeitpunkt hin, wo er das innere Licht leuchtend wiederfinden soll im Inneren. Der Mensch musste mit seinen äußeren Sinnen die Dinge der Erde erkennen lernen. Er entwickelt sich dahin, wo im Inneren wieder glüht und leuchtet der höhere Mensch, der Geistesmensch. Vom Lichte durch die Finsternis zum Lichte – das ist der Gang der Entwickelung der Menschheit» (GA 96, 17.12.1906).

Und diese Entwicklung wird durch die Fische symbolisiert. Es waren die Kräfte des ihnen entsprechenden Tierkreisbereichs zu der Zeit wirksam, als das Christus-Wesen zusammen mit der Sonne die Erde verließ; und sie werden aufs Neue wirken, wenn im Menschen, der in der Dunkelheit der Seele die individuelle Freiheit errungen hat, die innere geistige Sonne wiederum aufzugehen beginnt, wenn der Christus, der sich durch das Mysterium von Golgatha mit der Erdenentwicklung verbunden hat, in der Menschenseele allmählich den höheren, den Sonnenmenschen erweckt. Erst mit dem Beginn seines Erwachens wird die Menschheit den Weg betreten, der zum Werden der zehnten Hierarchie führt, das heißt den Weg, der zur Verwirklichung des Zieles führt, das ihm im Kosmos vorherbestimmt ist.

Der Beginn dieser Epoche fällt in unsere Zeit, die abermals im Zeichen der Fische steht, wo die Menschheit unter der Leitung des führenden Erzengels Michael allmählich zum ätherischen Erleben des Christus als der inneren Sonne der Seele gelangen soll (GA 152, 2.5.1913 und GA 26, 31.8.1924). Deshalb wies das Zeichen der Fische die ersten Christen nicht nur auf diejenige Epoche hin, als der Christus die Erde gemeinsam mit der Sonne verließ, sondern prophetisch auch auf diejenige Zeit, da der Christus abermals wie eine Sonne in der freien, voll bewussten Menschenseele leuchten wird. Und es wird der Christus selbst eine solche Seele zu ihrem höchsten Ziel – zehnte Hierarchie zu werden – führen, sodass sie wiederum, dann aber mit vollem Bewusstsein in ihrer Eigenschaft als zehnte Hierarchie und als letztes, vollkommenes Glied in das große hierarchische Ganze eintreten kann.

So finden wir das Alpha und das Omega der gesamten Menschheitsentwicklung im Zeichen der Fische, dem Zeichen, das das eigentliche Wesen des Menschen – Anthropos – zum Ausdruck bringt. Damit wird auch verständlich, dass das erste Menschenwesen, welches den Christus auf der Erde empfing – Jesus von Nazareth – (d.h. die nathanische Seele, die unmittelbar aus der alten lemurischen Zeit stammt, zu der die vorhergehende Epoche der Fische hinführte), als Vorbereitung zu seiner Mission die Einweihung der Fische erhalten, das heißt die Einweihung in das Geheimnis empfangen musste, wie die Menschheit in der Zukunft durch die Vereinigung mit dem Christus als der wahren Geist-Sonne der Seele zur zehnten Hierarchie werden wird (siehe GA 124, 6.12.1910).

Deshalb finden wir das Zeichen der Fische auch überall dort, wo in esoterischen Schulen oder Gemeinschaften ein Wissen von dieser Bestimmung der Menschheit vorhanden war und wo ein Weg zu deren Verwirklichung gesucht wurde.

So waren zum Beispiel die dem Christus Jesus am nächsten stehenden Jünger Fischer, denn sie sollten den ersten Keim der künftigen Menschheit als zehnte Hierarchie bilden. «Der Christus zieht alle diejenigen an, die nach dem Fisch suchen. Deshalb sind seine ersten Apostel alle Fischer», sagt Rudolf Steiner in diesem Zusammenhang (GA 124, 12.12.1910). Darauf weisen auch die Worte, die Christus zu Petrus spricht: «Von jetzt an sollst du ein Menschenfischer sein» (Luk 5,10). Im selben Sinn wurde der Hüter des Grals in der esoterischen christlichen Tradition «Fischerkönig» genannt. Und wir finden ähnliche Hinweise in vorchristlichen Zeiten. So erfuhr der große Manu von der bevorstehenden Sintflut durch die Fische (Mahabharata III und Matsyapurana I,2). Und im Gilgamesch-Epos wird Enkidu «Fisch-Sohn» genannt.

Im menschlichen Organismus entsprechen den Fischen die Füße. Sie sind in ihrer Form, ihrem «gewölbten» Bau, nur bei einem aufrecht stehenden Wesen möglich. In diesem Bau besteht, wie bereits Goethe bemerkte, der hauptsächliche Unterschied zwischen dem menschlichen und dem tierischen Leib. Auch wird durch die Füße das rechte Verhältnis des Menschen zu den Kräften der Erde geregelt.

In alten Zeiten war das Sichaufrichtenkönnen die erste und wichtigste Folge der Ausgießung der Substanz des Ich in den Menschen. Wie eine verborgene Erinnerung an diesen wichtigen Augenblick in der Menschheitsevolution, von dem an der Mensch den Weg der Erdenwanderung begann, bergen die Fische – die Füße – im menschlichen Leibe. Sie bewahren gleichsam das Geheimnis des *physischen Seins* des Menschen in sich. So geht auch der Stammbaum des lukanischen Jesus (der nathanischen Seele) durch die ganze Entwicklung der Menschheit bis zu Adam und sogar bis zu Gott zurück, auf diese

Weise die Herkunft des physischen Leibes aufzeigend, in den später der Christus einziehen wird. Dieses Geheimnis der Herkunft des physischen Leibes des Christus bewahren auch die menschlichen Füße. Und derjenige, der ihm seinen physischen Leib überlassen sollte, musste dieses Geheimnis kennen, was wiederum nur durch die Fische-Einweihung möglich war. Die Vorbereitung zu dieser Einweihung absolvierte Johannes der Täufer, von dem Rudolf Steiner sagt: «Johannes bereitet vor die Fisch-Initiation, die der Nazarener [Jesus von Nazareth] haben muss, damit er den Christus in sich aufnehmen kann» (GA 124, 18.12.1910).[1] «Daher das bekannte Fischzeichen für den *Träger* des Christus, das ein altes Symbolum ist. Denn … so war die Initiation …, die auf geheimnisvolle Weise durch alle Mysterien zustande kam, die sich um den Jesus abgespielt haben, eine Fisch-Initiation» (GA 124, 12.12.1910).

Der Bereich des *Wassermann* ist mit der Hierarchie der Engel verbunden. Sie haben eine ganz besondere Beziehung zum Wasser, denn es ist das irdische Abbild der Substanz des Weltenäthers, aus dem sowohl die Ätherleiber der Engel als auch die der Menschen gebildet sind. Zwei Eigenschaften hat der Ätherleib vor allem: Leben und Erinnerung. Deshalb wird in den Sagen und Legenden verschiedener Völker vom «lebendigen Wasser» oder «Wasser des Lebens» als Symbol der lebenspendenden Kräfte des kosmischen Äthers gesprochen. Auch schildert Rudolf Steiner in «Wie erlangt man Erkenntnisse der höheren Welten?» (GA 10) im Kapitel über die Einweihung, dass der Geistesschüler den «Gedächtnistrank» und den «Vergessenheitstrunk» einnehmen muss. Ähnliche Vorstellungen finden wir in der «Göttlichen Komödie», wo Dante beim Übergang aus der Seelenwelt in das Geisterland in den Wassern zweier Flüsse baden muss, in dem Fluss des Gedächtnisses und dem des Vergessens, in Eunoe und Lethe.

Die Engel haben, im Gegensatz zum Menschen, keinen physischen Leib als niederstes Glied, sondern einen ätherischen. (Siehe GA 99, 3.5.1907.)[2] Deshalb nennt Rudolf Steiner sie in der «Geheimwissenschaft im Umriss» auch «Söhne des Lebens». Wenn sie sich jedoch aus eigenem Willen eine Art physischen Leib schaffen wollen, der bei ihnen stets ein Abbild ihrer höheren geistigen Prinzipien (Glieder) ist, so ist das Wasser das dichteste Element, aus dem er sich bilden kann (siehe GA 110, 16.4.1909).[3]

Diese Beziehung der Hierarchie der Angeloi zum Element des Wassers geht bis zur Epoche des alten Mondes zurück. Denn der alte Mond, auf dem sie ihren Menschenzustand durchgemacht haben, bestand aus einem wässrigen, flüssigen Element. Damals ergossen die Engel in den noch auf der Tierstufe seiner Entwicklung stehenden menschlichen Organismus dasjenige, was später zu den Substanzen des Blutes und der Säfte im Menschen wurde: «Es war die Arbeit der Engel, ... dass sie diese Blutsäfte einfließen ließen in die Menschen» (GA 99, 3. 6. 1907). So wird auch der zukünftige Jupiter, auf dem der heutige Mensch die Engelstufe erreichen wird, das Wasser als dichtestes Element haben.

Auf der Erde ist den Engeln die Aufgabe zugeteilt, den einzelnen Menschen während seiner aufeinanderfolgenden Erdenleben zu führen. Sie «sind wachsame Wesenheiten, die sozusagen das *Gedächtnis* bewahren von einer Inkarnation zur andern, solange der Mensch selber es nicht kann» (GA 110, 15.4.1909).

Innerhalb des Tierkreises weist das Zeichen des Wassermann auf den idealen, vergeistigten Menschen hin. Daher auch seine besondere Beziehung gerade zur Hierarchie der Engel. Denn jeder Engel offenbart dem Menschen sein nächstes geistiges Ideal, eine Art höheres, ideales Ziel seines geistigen Strebens: «Es ist in der Tat so, wie wenn der Mensch seit dem Beginn seiner Erdenwanderung hinaufsehen könnte nach einem erhabenen Geist, der sein Vorbild ist, der ganz seinen astralischen Leib beherrschen kann [das Bild des in voller Ruhe und Harmonie reines Wasser vergießenden Wassermannes], der ihm sagt: So musst du sein, wenn du einst aus dieser Erdenentwickelung heraustrittst … Und ob man sagt, der Mensch blickt auf zu seinem höheren Selbst [Manas], dem er immer ähnlicher werden soll, oder ob man sagt, er schaue zu seinem Engel als zu seinem großen Vorbilde hinauf, das ist im Grunde genommen geistig ganz dasselbe» (GA 105, 6.8.1908).

Die nächste Möglichkeit, sich diesem hohen Ideal *bewusst* zu nähern, wird sich den Menschen während der sechsten Kulturepoche, die unter dem Tierkreiszeichen des Wassermann steht, eröffnen – sofern sie nicht den Weg der individuellen okkulten Entwicklung betreten. Dann wird die ganze Menschheit gleichsam auf «natürliche Weise» von Manas-Substanz überleuchtet werden, die ihr von Engelwesen als hohe Himmelsgabe herabgesendet wird. Und weil in der sechsten Epoche gleichsam eine Art geistiger Kern durch die slawischen Völker gebildet werden wird, beginnt sich unter ihnen schon heute eine besonders intime und unmittelbare Beziehung des Menschen zu dem ihn führenden Engelwesen zu entwickeln.[4]

Diese unmittelbare Beziehung zu seinem Engelwesen ist in unserer Zeit jedem Menschen im Wesentlichen möglich, wenn er sich nur entschließt, den Weg der geistigen Entwicklung, der mit der modernen Geisteswissenschaft heute allen Menschen gegeben ist, bewusst zu betreten. Ausgangspunkt und zugleich sicherste Grundlage dieses Weges ist das Durcharbeiten und die Vergeistigung des menschlichen Denkens. Es muss das Denken als Ergebnis der höheren Entwicklung ganz lebendig und «flüssig» werden wie eine wässrige Substanz – und schließlich ätherisch. Ist das erreicht, so ist der Mensch in der Lage, in sein belebtes ätherisches Denken die Impulse des Engelwesens aufzunehmen. Dann wird ein solcher Mensch durch den Engel, der zu seinem höheren Führer geworden ist, in die imaginative Welt, die Ätherumgebung der Erde (die Mondensphäre) geleitet.

Zum Schluss ist noch zu beachten, dass Johannes der Täufer eine besondere, mit dem kosmischen Bereich des Wassermann verbundene Einweihung erhalten hat: «Johannes des Täufers

Blick wurde so geschult, dass er in der Nacht schauen konnte durch die materielle Erde hindurch auf das Sternbild des Wassermanns» (GA 124, 6.12.1910). Als Folge einer solchen besonderen Einweihung konnte eine bestimmte, zur Hierarchie der Angeloi gehörende Wesenheit (ebd.) durch ihn wirken, wie das auch in den Evangelien erwähnt ist (z. B. Mark 1,2). Durch seine Wassertaufe rief Johannes bei den Menschen, die zu ihm kamen, um sich taufen zu lassen, ein teilweises Sichherauslösen des ätherischen aus dem physischen Leib hervor, was ein unmittelbares Erleben des Schutzengels zur Folge hatte, der dann eine solche Seele auf die sich der Erde nähernde Christus-Wesenheit hinzuweisen vermochte.[5]

Die Region des *Steinbock* ist mit der Hierarchie der Erzengel verbunden. Im Naturkreislauf entspricht der Einfluss dieses Sternbilds der dunkelsten Jahreszeit. Jedoch gerade in der Dunkelheit der Winternacht geschieht die Geburt der neuen Geistessonne, und zu dieser Geburt stehen die Erzengel in einer besonderen Beziehung. Um ihren Anteil an diesem Geschehen zu verstehen, ist an die Aufgabe zu erinnern, welche die Erzengel auf der alten Sonne hatten. Sie waren bereits damals so hoch entwickelt, dass sie dem gesamten Weltenraum etwas Bestimmtes zu geben vermochten. Und was sie ihm damals gaben, das war das *Licht,* die Substanz des Lichtes: «Sie [die Erzengel] haben sich in einer gewissen Beziehung schon auf der Sonne dazu heranentwickelt, dass sie dem Weltenraum das Licht geben können» (GA 110, 13.4.1909), sagt Rudolf Steiner von ihnen. Und in einem anderen Vortrag stellt er diese ihre Mission noch eindeutiger dar: «die Erzengel sind ... die Schöpfer des Lichtes ... Daher müssen wir sagen: Trifft uns ein Licht, so stecken dahinter die Archangeloi ...» (GA 132, 7.11.1911). Das war die Tätigkeit der Erzengel auf der alten Sonne.

Seit jener Zeit ist die Entwicklung jedoch weitergeschritten, sodass die Archangeloi in der Erdenepoche jetzt nicht nur die Schöpfer des äußeren, sondern vor allem des geistigen Lichtes sind. Und so geht das Leuchten der Geistessonne in der Finsternis der Weihnachts-Nacht vor allem aus ihren Kräften hervor. Schaut der Hellseher zur Weihnachtszeit die Sonne um Mitternacht, so offenbaren sich ihm als Erstes die zwölf Erzengel in ihrer Umgebung, ihr Gefolge oder auch eine Art Aura für den Christus-Impuls bildend, der in der Erdensphäre geboren wird.

Auf diese zwölf Erzengel wies bereits Zarathustra hin, als er von den zwölf Amshaspands sprach, den Gesandten des großen Sonnengeistes Ahura-Mazdao.[6] In unserer Epoche erscheinen diese zwölf Erzengel als eine Art Träger der zwölf Aspekte des Christus-Impulses, die in unserem Kosmos entstanden sind, weil der Christus durch den Tierkreis geschritten ist.[7]

Ebenso sind die Erzengel die himmlischen Hüter und Inspiratoren der zwölf heiligen Nächte, welche gerade in die Jahreszeit fallen, die unter dem Einfluss der Kräfte aus dem Bereich des Steinbock steht. Auch feiern wir zwei der wichtigsten christlichen Feste in dieser Zeit des Jahres: Weihnachten und die Taufe im Jordan, wobei jedes Fest auf besondere Weise mit der Sphäre des Erzengelwirkens verbunden ist. So wird das Geburts-Mysterium der Maria aus dem Lukas-Evangelium durch den Erzengel Gabriel verkündet. Und bei der Taufe im Jordan geht der Christus unmittelbar aus der Erzengelsphäre (siehe GA 152, 1.6.1914) in die Hüllen des Jesus von Nazareth ein – den Engel-Bereich übergehend – und trägt damit die neue Möglichkeit in die Erdenentwicklung, nicht nur mit Wasser zu taufen, sondern auch mit Geist und Feuer (Matth 3,11). Die Substanzen der Luft und des Feuers aber sind – gemäß Rudolf Steiner – die einzigen auf der Erde, aus denen ein Archangeloi-Wesen sich einen physischen Leib bilden kann (siehe GA 110, 16.4.1909). So bedeutet auf Althebräisch «Wind, Luft, Atem» auch «Geist» – «Ruach». In der gegenwärtigen Epoche ist es ganz besonders notwendig, dass der Mensch im Schlaf mit der Erzengelsphäre in Berührung kommt. Dazu muss er während des wachen Tageslebens die größtmögliche Spiritualisierung, Vergeistigung seiner Worte, seiner Sprachfähigkeit erreichen (siehe GA 222,

11.3.1923). Dabei können vor allem die Kräfte helfen, welche ihm aus dem Bereich des Steinbock zuströmen, Kräfte, die zu allen Zeiten die Menschen zur Begründung spiritueller Weltanschauungen inspirierten (siehe GA 151, 22.1.1914).[8]

Eine besondere Beziehung zur Vorbereitung der jährlichen Geburt der geistigen Sonne, des Christus, in der Erdensphäre hat der Erzengel Michael. Darauf weist Rudolf Steiner mit folgenden Worten hin: «Während die Sommer-Ausatmung geschieht [gemeint ist das Herausgehen von Seele und Geist der Erde aus ihrem planetarischen Leib in der Sommerzeit], wird die Erde ahrimanisiert. Wehe, wenn in diese ahrimanisierte Erde die Geburt Jesu hineinfiele! Bevor wiederum der Kreislauf vollendet ist und der Dezember herankommt, der den Christus-Impuls in der durchseelten Erde geboren werden lässt, muss die Erde durch geistige Kräfte gereinigt sein von dem Drachen, von den ahrimanischen Kräften. Und vereinigen muss sich die Michaelkraft mit dem, was als Erdenatmung von der Septemberzeit an bis in die Dezemberzeit hineinflutet, vereinigen muss sich damit die reinigende, die das böse Ahrimanische besiegende Michaelkraft, damit in der richtigen Weise das Weihnachtsfest herankommen kann, und in der richtigen Weise sich die Geburt des Christus-Impulses vollziehen kann» (GA 223, 31.3.1923). Dabei erreicht dieser jährliche Kampf Michaels mit dem Drachen gerade zur Zeit der letzten Adventswoche, wenn die Erde in den Wirkensbereich der Kräfte des Steinbock eintritt, ihren Höhepunkt. Denn Ahriman hofft jedes Jahr in dieser dunkelsten und kältesten Zeit aufs Neue, das Aufleuchten der Geistessonne in der Erdensphäre zu verhindern. Und von Jahr zu Jahr wird er immer wieder von Michael besiegt, damit die Christus-Sonne ungehindert unter dem Zeichen des Steinbock für die Erde aufgehen kann.[9]

In der historischen Menschheitsentwicklung wird dieser Gegensatz zwischen der natürlichen Finsternis und den aufsteigenden Mächten der geistigen Sonne in der zweiten Hälfte der sechsten und ganz besonders in der siebenten, der amerikanischen, unter dem Zeichen der Kräfte des Steinbock stehenden Epoche seine Kulmination erreichen.

Eine weitere Beziehung zwischen der Region des Steinbock und der «zukünftigen» Hierarchie der Erzengel ist hier zu erwähnen. Wie bekannt, besteht im menschlichen Organismus eine Beziehung des Kniegelenks, das nach vorne hin durch die Kniescheibe abgeschlossen ist, zum Bereich des Steinbock. Gemäß den Mitteilungen der Geisteswissenschaft wird in der Venus-Epoche aus dieser Kniescheibe, nachdem sie auf dem Jupiter durch entsprechende Metamorphosen hindurchgegangen sein wird, die äußere Form des menschlichen Kopfes entstehen. Und aus ihm werden dann die Kräfte hervorgehen, welche die Gestalt des Venus-Menschen formen werden, der dann die Erzengel-Stufe erreicht haben wird (siehe GA 156, 6.10.1914).[10]

Die Sphäre des *Schützen* ist mit der Hierarchie der Archai verbunden. Ihre Beziehung zu dieser Sphäre können wir uns am besten am Beispiel eines Kindes verdeutlichen, welches das Sichaufrichten übt. Im Laufe einer bestimmten Zeit unternimmt es immer neue Versuche, sich aufzurichten, sich auf die Beine zu stellen, und fällt doch immer wieder in die horizontale Lage zurück. Da zeigt es uns in einer äußerlich nachvollziehbaren Weise die Imagination des Kentauren. Menschliche und tierische, vertikale und horizontale Kräfte befinden sich in ihm im stärksten Kampf, dessen Ergebnis schließlich der Sieg der Ersteren über die Letzteren ist. Die Tatsache, dass dieser Kampf für den Menschen mit dem Sieg der Aufrichtekraft endet, dankt er vor allem der Hilfe, die ihm die Wesen aus der Hierarchie der Archai oder Geister der Persönlichkeit gewähren. Denn sie sind es, die dem Menschen jene Kräfte aus dem Kosmos bringen, die ihn befähigen, ein aufrecht stehendes Wesen auf der Erde zu sein (siehe GA 226, 18.5.1923).

Auf diesen Aufrichteprozess, der die erste Manifestation der individuellen Persönlichkeit und die wichtigste Vorbedingung für das Entstehen des Ich-Bewusstseins war, weist auch die

Form des Bogens, den der Schütze in seinen Händen hält. Der Bogen ist gekrümmt, wenn der Pfeil darauf liegt. Setzt sich der Pfeil (ein Bild der Denkkräfte als Träger des Ich-Bewusstseins) in Bewegung – und das geschieht mit dem ersten Aufleuchten des Ich-Impulses im menschlichen Organismus –, streckt sich der Bogen wieder gerade, was dem Einnehmen der vertikalen Lage beim Menschen entspricht. Andererseits weist der Pfeil als Imagination der aktiven Denkkräfte auf die Weltgedanken des Kosmos hin, auf die himmlische Intelligenz, die von den Geistern der Form (den Exusiai) auf die Archai, die Geister der Persönlichkeit, übergegangen ist (siehe GA 222, 18.3.1923). Seitdem sind sie es, welche die Weltgedanken in die Menschheitsentwicklung tragen.[11]

Und diese ihre neue Tätigkeit ist eine Art Wiederholung, nun aber auf einer höheren Stufe, dessen, was sie einst auf dem alten Saturn vollbrachten. Darauf weist Rudolf Steiner mit den folgenden Worten hin: «Welche Kraft ist es denn eigentlich, die da in den Geistern der Persönlichkeit auf dem alten Saturn waltet? Das ist keine andere Kraft als diejenige, die wir heute kennen am Menschen als die Denkkraft. Denn im Grunde genommen tun die Geister der Persönlichkeit auf dem alten Saturn nichts anderes, als die Kraft ihrer Gedanken ausüben» (GA 110, 13.4.1909).

Was im heutigen Menschen, dem Mikrokosmos, als individuelles Denken in Erscheinung tritt, dem entsprechen im Makrokosmos, in der äußeren Natur, die Erscheinungen von Blitz und Donner. Und so können wir den fliegenden Pfeil des Schützen, vom makrokosmischen Aspekt aus betrachtet, der Naturerscheinung des Blitzes gleichsetzen, dem einzigen irdischen Phänomen, in dem die Leiblichkeit der Hierarchie der Archai innerhalb der physischen Erde sichtbar werden kann (siehe GA 110, 16.4.1909).

Schließlich ist noch zu beachten, dass der bewusst vom Bogen abgeschossene Pfeil auch ein Bild für den auf ein bestimmtes Ziel gerichteten menschlichen Willen ist. Das letzte Ziel der gesamten Erdenentwicklung ist das Erreichen des Vulkanzustandes, wo sich die ganze Menschheit auf die Stufe erheben wird, auf der in der heutigen Zeit die Geister der Persönlichkeit (die Archai) stehen. Gleichsam als eine Art prophetischer Vorahnung dieses höchsten Entwicklungszustandes erscheint die Zeit, die mit dem Ende der siebenten nachatlantischen Epoche beginnt. Denn wenn schon vom Ende unserer fünften nachatlantischen Epoche an die ersten Impulse des Geistselbstes aus der Engelsphäre in die Menschheit herabkommen werden – und vom Ende der sechsten Epoche an die Impulse des Lebensgeistes aus der Erzengelsphäre –, so eröffnet sich der Menschheit mit dem Beginn «des Krieges aller gegen alle» die Möglichkeit, etwas von den Impulsen des Geistesmenschen zu empfangen.

Das wird geschehen, wenn der Punkt der Frühlings-Tag-und-Nacht-Gleiche in den Bereich des Schützen rücken und auf der Erde die beiden menschlichen Hauptrassen, die gute und die böse, voll in Erscheinung treten werden. Dann wird sich das Bild des Kentauren (des Schützen) gleichsam geistig in zwei Teile spalten, sodass die gute Rasse die Kräfte seines oberen, menschlichen Bereichs in sich aufnehmen wird, die böse dagegen diejenigen des unteren, tierischen. Der guten Rasse werden sich aber nur diejenigen Menschen anschließen können, welche in dieser Epoche alle ihre Kräfte im Dienst jener hohen Christus-Offenbarung hingeben können, die dann durch die dem Christus dienenden und die Menschheit in seinem Geiste führenden geistigen Wesenheiten aus der Hierarchie der Archai auf die Erde kommen wird (siehe GA 15, III).[12]

Die Sphäre des *Skorpion-Adler* steht in Verbindung mit der Hierarchie der Exusiai oder Geister der Form. Schon auf dem alten Saturn bereiteten sich diese Geister auf ihre ordnende und gestaltende Tätigkeit dadurch vor, dass sie alles, was durch die höheren Hierarchien dort vollbracht wurde, in seinem Bereich *bewahrten* (siehe GA 110, 14.4.1909). Während der

Erden-Epoche erweisen sich die Geister der Form (die Elohim nach der biblischen Namengebung) als die Schöpfer und Lenker der gesamten Erdenentwicklung. Sie geben allem auf der Erde Bestehenden seine abgeschlossene Form (siehe GA 105, 7.8.1908), indem sie das aus dem Erdinnern heraufströmende Wirken der Throne und der in der Peripherie wirkenden Dynamis gleichsam «erhärten» und ausgestalten (siehe GA 121, 11.6.1910). Die Kräfte für ihre Tätigkeit empfangen sie aus dem Tierkreisbereich des Skorpion-Adler, die, wenn sie sich ergießen, das Erstarren und Einhalten aller Bewegung hervorrufen (in der äußeren Natur treten diese Kräfte ganz besonders im November hervor).

In der Zeit der lemurischen Epoche war die Menschheitsentwicklung bereits so weit fortgeschritten, dass die Geister der Form etwas von ihrer eigenen Substanz in den Menschen ergießen konnten, die in ihm sodann zur Substanz seines Ich wurde. Und im Doppelbild des Skorpion-Adler liegt das Geheimnis des Ich verborgen. Denn das menschliche Ich nahm im Laufe seiner weiteren Entwicklung als Folge der luziferischen Versuchung zusammen mit der Freiheit auch eine gewisse Neigung zum Bösen in sich auf. Aus diesem Grund wird in der Apokalypse das Ich im Bilde des zweischneidigen Schwertes dargestellt (siehe GA 104, 25.6.1908).

Erstaunlich genau ist dieses doppelte Bild des Ich auch im «Abendmahl» von Leonardo da Vinci wiedergegeben. Dort ist das hingebungsvolle Streben des menschlichen Ich zu seinem höchsten Ideal, dem göttlichen Ich, in die Gestalt von Johannes, dem Adler, zur Rechten des Christus Jesus ausgestaltet. Den entgegengesetzten Aspekt des Ich, das nur seinen egoistischen Zielen dienen will, zeigt Judas, der Skorpion. Und zwischen den beiden befindet sich Petrus, der zur selben Zeit zum höchsten Opferdienst fähig ist: «Du bist der Fels», sagt Christus Jesus zu ihm (Matth 16,18) – aber auch zum Verrat. Er strebt jedoch mit allen Kräften seiner Seele nach Ersterem. Das wird auf dem Fresko noch dadurch betont, dass er sich Johannes zuneigt.

Heute wirken die Geister der Form von der Sonne aus auf die Erde, weshalb das wichtigste Element, durch das sie ihren Einfluss geltend machen, das Licht ist. Darin finden sie eine Art äußeres Kleid (siehe GA 105, 7.8.1908), während ihr eigentliches Wesen nicht zum äußeren Licht gehört, sondern dem geistigen Licht verwandt ist.[13]

Auch dasjenige menschliche Ich, das eine rechtmäßige Entwicklung durchmacht, strebt nach dem geistigen Licht. Ein Bild dieses Strebens ist in dem fliegenden Adler gegeben, der sich so hoch als möglich zu erheben sucht, um von den Strömen der sonnenlichtdurchfluteten Luft umgeben zu sein. Ganz entgegengesetzt ist jedoch das Verhältnis des egoistisch eingestellten Ich zum geistigen Licht. Es hasst und meidet es. Äußerlich kommt diese Beziehung im Bild des Skorpion zum Ausdruck, der sich vor dem Licht fürchtet und sich vor ihm verbirgt. Wird er aber dennoch dem Sonnenlicht ausgesetzt und daran gehindert, sich zu verbergen, dann beendet er selbst sein Leben, indem er sich ersticht.

Die Beziehung der Kräfte des Skorpion-Adler zu den Geistern der Form zeigt sich auch an Folgendem: In der Mitte der Atlantis, der Epoche des Skorpion, betrat der Mensch, aus der Erdenumgebung sich nähernd, erstmals die feste Erde. Gleichzeitig wurden seinem physischen Leib mineralische Substanzen eingefügt, wodurch dieser allmählich eine dauernde und abgeschlossene *Form* erhielt (siehe GA 105, 10.8.1908).

Das Bild des Adler hingegen ist mehr mit der künftigen, von den Kräften des vollentwickelten Menschen-Ich ausgehenden Vergeistigung aller geschaffenen Formen verbunden. Und in der Gestalt des Evangelisten Johannes haben wir einen hohen Eingeweihten, dessen Aufgabe es war, eben dieses Ziel zu erreichen. Deshalb ist der Adler sein Symbol.

Eine besonders tiefe Beziehung zur Sphäre der Geister der Form hat auch Christian Rosenkreutz, dessen Einweihung, bald nach 1250, genau in dem Augenblick der Menschheitsentwicklung stattfand, als die *geistige* Wirkung dieser Hierarchie innerhalb des irdischen Geschehens ganz besonders groß war (siehe GA 126, 31.12.1910), sodass sie im Sinne des Adler-Impulses auf vergeistigende Weise sich sogar bis zur physischen Form des Einzuweihenden erstrecken konnte (siehe GA 130, 27.9.1911). Diese Einweihung wird es Christian Rosenkreutz in der Zukunft ermöglichen, die neue Aufgabe, den Skorpion in den Adler zu verwandeln, zu übernehmen, was für ihn selbst mit den größten Leiden, dem größten Martyrium, dem sich ein Mensch unterziehen kann, verbunden sein wird (siehe GA 133, 20.6.1912).

Zum Schluss ist noch ein weiterer Aspekt des Skorpion-Einflusses im Zusammenhang mit dem Wirken der Geister der Form zu nennen. Denn bald nachdem sie den Menschen mit dem Ich-Prinzip begabt hatten, geschah die Trennung der Geschlechter. Diese vollzog sich unmittelbar unter der kosmischen Einwirkung aus dem Bereich des Skorpion (siehe GA 105, 7.8.1908), durch die der Mensch einen Teil der Kräfte in sich zurückbehalten konnte, die er früher gebraucht hatte, um seinesgleichen hervorzubringen. Aus diesen zurückgehaltenen Kräften bildete sich mit der Zeit das menschliche Gehirn (siehe GA 11, Kapitel 4) als physische Grundlage für die spätere Entwicklung des individuellen Ich-Bewusstseins.

Eine weitere Folge davon war, dass zu der rein geistigen Liebessubstanz, deren Träger die Geister der Form in der Erdenepoche sind und die sie der Menschheit seit dem Beginn ihrer Entwicklung allmählich einprägen (siehe GA 121, 11.6.1910), die Möglichkeit der Verfälschung hinzukam, die heute in der Vermischung von geistiger und sinnlicher Liebe in Erscheinung tritt. Die Letztere wirkt sich besonders gefährlich bei unrichtiger okkulter Entwicklung aus, da der Mensch, wenn er die astralische Welt vorzeitig betritt, Gefahr läuft, unter den Einfluss bestimmter dämonischer Wesen zu geraten, die das Gefolge der zurückgebliebenen Geister der Form bilden, welche mit der Fortpflanzung der verschiedenen Rassen auf der Erde zu tun haben (siehe ebd.). Eine solche Vermischung von

Okkultismus und Erotik führt mit der Zeit zu einer vollständigen Verdunkelung des menschlichen Ich-Bewusstseins.

Mit dem Bereich der *Waage* ist die Hierarchie der Dynamis oder Geister der Bewegung verbunden. Diese Beziehung können wir nachempfinden, wenn wir das Folgende beachten.

Alle Planeten unseres Systems bilden nur dadurch mit der Sonne ein solch stabiles und in sich geschlossenes Ganzes, weil sie sich dauernd in einer *sich im Gleichgewicht zueinander haltenden Bewegung* befinden. Vom geistigen Standpunkt aus ist die Ursache einer solch ausgewogenen gegenseitigen Bewegung die Tätigkeit der Geister der Bewegung. Denn diese Geister weilen, gemäß Rudolf Steiner, vornehmlich in der Sonne, während ihre Kräfte von der Sonne zu den Planeten wirken, von den Planeten aus zur Erde (siehe GA 136, 13.4.1912), wodurch sie eine gesetzmäßige Bewegung der einzelnen Planeten herbeiführen, was Stetigkeit und Gleichgewicht aller im Innern des Sonnensystems wirkenden Kräfte zur Folge hat.[14]

Diese Wechselwirkung der Kräfte unseres Sonnensystems unter der Leitung der Geister der Bewegung tritt, vom Standpunkt der inspirativen Erkenntnis aus betrachtet, in der schon von den Pythagoräern so genannten Sphärenmusik in Erscheinung – sie ist der lebendige Ausdruck des beweglichen Gleichgewichts, das in unserem planetarischen Kosmos herrscht. Ihr Abbild auf der Erde ist die chemische Beschaffenheit der Materie, welche auf dem beweglichen Gleichgewicht zwischen den Prozessen des Verbindens und Trennens in der physischen Welt beruht. In Bezug auf die Erde haben die Geister der Bewegung jedoch noch eine ganz besondere Aufgabe: Sie bieten, aus der Peripherie der Planetensphären heraus wirkend, den Kräften der Throne, die aus dem Innern der Erde strahlen, Einhalt und bringen sie ins Gleichgewicht, was das Entstehen und die Konfiguration der Erdoberfläche zur Folge hat. «Das, was wirklich da ist, ist ein Ausgleich von Kräften und gleichsam ein Vertrag zwischen den Geistern des Willens und den Geistern der Bewegung, der so geschlossen wird, dass er die Erde in der verschiedensten Weise konfiguriert» (GA 121, 11.6.1910).

Alle genannten Taten können die Geister der Bewegung nur dank ihrer Beziehung zum Tierkreisbereich der Waage vollbringen, dessen geistige Kräfte schon auf dem alten Mond durch sie in Erscheinung zu treten begannen. Denn bereits damals war es ihre Hauptaufgabe, Sonne und Mond, die sich voneinander getrennt hatten, ins Gleichgewicht, in die rechte Beziehung zueinander zu bringen. Und so ist ihre Lage im Kosmos zu dieser Zeit mit der zweier gigantischer Waagschalen zu vergleichen, die des Ausgleichs bedürfen. In dem Seelensein der alten Mondenwesen rief der Anblick des Nicht-ausgeglichen-Seins das Gefühl der Sehnsucht hervor; das Gleichgewicht, das die Geister der Bewegung herstellten, brachte ihnen dagegen Befriedigung und die Möglichkeit der Weiterentwicklung (siehe GA 132, 21.11.1911).

Die Region der *Jungfrau* steht mit der Hierarchie der Kyriotetes oder Geister der Weisheit in Verbindung. Das Bild der himmlischen Jungfrau als Hinweis auf das kosmische Wesen der göttlichen Sophia, *der Ur-Weisheit der Welt,* zeigt uns die tiefe Beziehung gerade zu dieser Hierarchie. Noch genauer weist im 12. Kapitel der Apokalypse die Imagination des Weibes, das mit der Sonne bekleidet ist, auf das Wirken der Kräfte hin, die durch die Hierarchie der Kyriotetes im Laufe der Entwicklung von Saturn, Sonne und Mond aus der Region der Jungfrau kommen. So sprechen in dieser Imagination die zwölf Sterne um das Haupt der Jungfrau von der Tätigkeit der Geister der Weisheit während der Saturnentwicklung,[15] als diese alles so anordneten, «dass eine Zusammenstimmung stattfinden kann, zwischen dem einzelnen Weltenkörper, der da entsteht, zwischen dem Saturn und dem ganzen Universum» (GA 110, 14.4.1909). Weiter weist das Bild der Sonne, mit der die Jungfrau bekleidet ist (Rudolf Steiner spricht auch von der Jungfrau, die die Sonne gebiert [GA 101, 16.9.1907]), auf die Tätigkeit der Geister der Weisheit während der zweiten Verkörperung unserer Erde hin, als diese die Menschheit mit dem aus kosmischen Sonnenkräften gebildeten Ätherleib begabten und ihn so mit dem Lebensprinzip versahen. Und schließlich deutet die Jungfrau mit dem Mond zu ihren Füßen auf die Tätigkeit der Geister der Weisheit zur Zeit der alten Monden-Entwicklung, die das Entstehen des Silbers auf der Erde zur Folge hatte (siehe GA 136, 14.4.1912), desjenigen Metalls, das von der Überwindung der niederen Monden- durch die höheren Sonnenkräfte zeugt.

Alle diese Eigenschaften finden wir in höchstem Maße in der Gestalt der Maria aus dem Lukas-Evangelium wieder, die, nach den Angaben Rudolf Steiners, gleichsam das irdische Abbild der Wesenheit der himmlischen Sophia ist. Die besondere Beziehung zum Geistkosmos, die Bereitschaft, die «lebendige Seele»[16] zu gebären, den Knaben Jesus aus der nathanischen Linie des Hauses David, der bestimmt war, die Welten-Geistes-Sonne in sich aufzunehmen, wozu noch die Reinheit und Unschuld kommen, was seinen Ausdruck darin findet, dass sie keinerlei Anteil hatte an den niederen Mondenkräften – das waren die wichtigsten Eigenschaften ihrer Seele. All diese Eigenschaften übergab sie nach ihrem frühen Tod aus der geistigen Welt heraus der anderen Maria, der Maria des Matthäus-Evangeliums, als sie sich im Augenblick der Taufe im Jordan übersinnlich mit dieser verband (siehe GA 114, 19.9.1909).

So entstand die jungfräuliche Frauengestalt, die zur Trägerin der höchsten menschlichen *Tugend* für die ganze christliche Menschheit werden sollte. Das kosmische Urbild dieser höchsten menschlichen Tugend können wir jedoch auf der alten Sonne bei der Hierarchie der Kyriotetes oder Geister der Weisheit finden, die in den Anblick des großen Opfers versunken ist, das die Throne den Cherubim bringen. Denn «durch den Anblick dieser Opfertaten werden sie veranlasst, von sich auszustrahlen, was ihr eigenes Wesen ist: strömende, flutende Weisheit als ‹*schenkende Tugend*›» (GA 132, 7.11.1911).

Repräsentantin dieser «schenkenden Tugend» innerhalb

der Menschheit ist die Jungfrau, die in der christlichen Welt als «Mutter Gottes», als irdisches Abbild der himmlischen Sophia gilt. Um jedoch eine solche Repräsentantin werden zu können, musste sie die hohe Opferweisheit, die aus dem Miterleben des Erdenlebens des Christus Jesus erfloss, in ihr Herz nehmen, die Weisheit, die dieses Herz wie ein Schwert durchdringen sollte (siehe Luk 2,35), damit sich aus ihm die höchste «schenkende Tugend» in die Welt der Menschen ergieße.

Der Bereich des *Löwen* steht mit der Hierarchie der Throne oder Geister des Willens in Verbindung. Ehe wir uns jedoch dieser Beziehung zuwenden, ist zu beachten, dass eine gewisse Verschiebung in der Beziehung der Tierkreisbereiche zu den entsprechenden Hierarchien schon vom Tierkreisbild der Waage an stattgefunden hat. Das hängt damit zusammen, dass die Kräfte, die sich in dem einen Entwicklungszyklus gleichsam mehr auf äußere Weise zeigen, im nächsten bereits als innerliche Kräfte der einzelnen Wesen wirken. So sind die Geister der Bewegung ihrem Wesen nach die Regenten des alten Mondes. Zu dieser Zeit bereiten sie jedoch bereits aktiv die Entwicklung unserer Erde als eines Planeten vor, auf dem die Weisheit des alten Mondes «beweglich», schöpferisch im Innern der auf ihm lebenden Menschenwesen werden soll. Deshalb gehört ihr Symbol – die Waage – eigentlich zur Erde und nicht zum Mond, versinnbildlicht doch von allen Tierkreiszeichen allein die Waage einen «unbelebten Gegenstand», der durch den Schöpfergeist des Menschen hervorgebracht worden ist. Sie weist uns darauf hin, wie die unter der Einwirkung der Geister der Bewegung aus dem alten Mond stammende «Weisheit der Außenwelt ... innere Weisheit im Menschen [das heißt bewegliche, schöpferische Weisheit] wird» (GA 13), um sodann, das Ich durchdringend, unter der Einwirkung der Geister der Form, die dem Menschen auf der Erde dieses Ich gegeben haben, allmählich in die Kraft der Liebe verwandelt zu werden.

Eine ähnliche Verschiebung finden wir im Zusammenhang

mit dem Zeichen der Jungfrau. Die mit ihrer Sphäre verbundenen Geister der Weisheit sind die Regenten der alten Sonne. Was sie jedoch geistig in jener Zeit vollbringen, das findet seinen äußeren Ausdruck auf dem alten Mond, der nun unter dem Einfluss der Geister der Bewegung zum Planeten der Weisheit wird – im Gegensatz zur Erde, auf der die Liebe geboren werden soll (siehe GA 102, 24.3.1908). Deshalb ist die Jungfrau, welche die Sonnenkräfte nur verborgen in ihrem Innern trägt, das Symbol der Geister der Weisheit. Die Geister des Willens schließlich, die Throne, sind in erster Linie Regenten des alten Saturn, der durch das kosmische Opfer, das sie in jener Zeit den Cherubim brachten, entstanden war. Diese Opferkräfte wurden dann auf der alten Sonne zu den innerlich bewegenden Kräften für die gesamte Sonnenentwicklung. Deshalb sind die Throne ganz besonders mit dem Sonnenzeichen des Löwen innerhalb des Tierkreises verbunden.

Als höchster Ausdruck dieser inneren Sonnen-Opferkraft aber geschah die Opfertat der Christus-Wesenheit auf der alten Sonne, die Rudolf Steiner im letzten Vortrag des Zyklus «Der Mensch im Lichte von Okkultismus, Theosophie und Philosophie» (GA 137) beschreibt. Es ist jedoch mit dem Sternbild des Löwen selbst auch ein Hinweis auf eine bestimmte, innere Eigenschaft der Geister des Willens gegeben. So galt seit dem Altertum das Bild des Löwen als Zeichen hoher königlicher Würde; schon der Thron König Salomos war mit zwei und zwölf goldenen Löwen verziert (2. Chronik; 9,18–20). Denn in der Gestalt des Löwen haben wir den Übergang vom Opferwillen zu den Herzenskräften des Mutes, zu der Bereitschaft, dasjenige, was durch den höheren Willen vorbestimmt ist, aus den Kräften des eigenen Innern im Äußeren zu verwirklichen.

Diese Verbindung von Opferbereitschaft (Willen) und Mutkraft finden wir auch in den Worten Rudolf Steiners, mit denen er die Imagination der auf dem alten Saturn den Cherubim opfernden Throne charakterisiert: «Die Throne in dieser Opferwilligkeit, der *die Stärke, der Mut zugrunde liegt,* wie kniend vor den Cherubim und das Opfer zu ihnen hinaufschickend …» (GA 132, 31.10.1911).[17]

Weiter oben, bei der Beschreibung des Bereichs der Waage und ihrer Beziehung zu den Geistern der Bewegung, wurde auf ihre ausgleichende Tätigkeit in Bezug auf die aus dem Erdeninnern strahlenden Kräfte der Geister des Willens hingewiesen. Diese «Ausstrahlungen», die Rudolf Steiner als die «Wirkungen der Throne» charakterisiert (GA 121, 11.6.1910), kann man im Bild des mächtigen Löwen sehen, der, gerüstet mit seiner Wirkenskraft und königlichen Würde, aus der Berghöhle hervortritt.

So kann die aus dem Tierkreisbereich des Löwen hervorgehende innere Kraft des Mutes dem Menschen ganz besonders helfen, ein rechtes Verhältnis zu den Prüfungen, die ihm das Schicksal auferlegt, das heißt das rechte Verhältnis zu seinem eigenen Karma, zu gewinnen, es zu tragen und bewusst an ihm arbeiten zu lernen.[18] Ein solches Bemühen kann auch ein bewussteres Verhältnis zur Hierarchie der Throne herbeiführen. Denn was diese Hierarchie einst auf dem alten Saturn vollbrachte, diese «Gesetze des alten Saturn», sie sind weiterhin – in vollkommen verwandelter Form – auch in unserer Zeit wirksam und äußern sich heute in den karmischen Gesetzmäßigkeiten des individuellen menschlichen Schicksals (GA 161, 10.1.1915).

Im Jahreslauf ist es die Zeit von Ende Juli bis Ende August, die unter dem Zeichen des Löwen steht. Im August beginnt die Lichtkraft der Sonne allmählich abzunehmen, während ihre Wärmewirkung besonders groß ist. Diese heißeste Zeit des Jahres bewahrt gleichsam in der Naturerinnerung den letzten, schwachen Nachklang an den Saturnzustand, an das opfervolle Ausströmen der Substanz der Wärme durch die Geister des Willens (die Throne).

Aus dem Bereich des *Krebs* wirkt die Hierarchie der Cherubim oder Geister der Harmonie. Das Krebszeichen ist eine Abwandlung des sogenannten Wirbels: , eines uralten okkulten Symbols, welches das harmonische Verhältnis zweier Prozesse oder Zyklen darstellt und so den harmonischen, der Weltenweisheit entsprechenden richtigen Übergang des einen Zustands in den anderen schafft. «Es gibt», so sagt Rudolf Steiner, «in der höheren Welt einen Vorgang, der sich auch in die physische Welt hinein auswirkt: das Drehen des Wirbels. Sie können das Drehen des Wirbels beobachten, wenn Sie einen Sternnebel, beispielsweise den Orionnebel, ansehen. Da sehen Sie eine Spirale. Nur ist das auf dem physischen Plan. Aber Sie können das auch *auf allen Planen* betrachten. Es stellt sich so dar, dass sich ein Wirbel in einen anderen hineinschwingt» (GA 96, 20.10.1906).

Diese Übergänge von einem Prozess oder Wirbel in den anderen werden, damit sie harmonisch und gemäß der Weltenweisheit vor sich gehen, auf allen Planen des Seins von den Cherubim geleitet. Denn die zur höchsten Harmonie gebrachte Weltenweisheit, «solche Weisheit, die in Jahrtausenden, in Jahrmillionen des Weltenwerdens gesammelt ist, die strömt uns entgegen in erhabener Macht aus den Wesenheiten, die wir Cherubim nennen» (GA 135, 7.4.1912). Wollen wir nun solche Prozesse betrachten, die von den Cherubim nach dem Gesetz des harmonischen Wirbels geleitet werden, so müssen wir uns zunächst dem Entstehen und dem Übergang eines planetarischen Zustandes in den anderen zuwenden, so zum Beispiel dem Entstehen des alten Saturn aus dem Zustand, der im Okkultismus die «selige Ruhe in der Dauer» genannt wird (GA 104, 19.6.1908), dann weiter dem Übergang vom Saturn zur Sonne und so fort. Dabei entsprechen die Spiralen des Wirbels dem Offenbarungszustand oder Manvantara, der Zwischenraum zwischen ihnen dem Pralaya. Mit Hilfe der unter den Cherubim stehenden Hierarchien werden diese Prozesse dann auch in den kleineren Zyklen wiederholt, so zum Beispiel beim Übergang aus einer Runde oder einem Globus in den anderen und so weiter.

In der äußeren Natur beobachten wir ähnliche Prozesse. Die

im Sommer voll entwickelten Pflanzen werden im Herbst zum Samenkorn, das im Lauf des Winters in der Erde «stirbt», das heißt durch eine Art mikrokosmisches Pralaya hindurchgeht, um im nächsten Frühjahr wiederum «in die Erscheinung» zu treten (siehe GA 97, 16.11.1907). Alle diese Prozesse, sofern sie sich in der äußeren Natur und auf den höheren Planen bis zu den höchsten innerhalb der harmonischen Weisheit abspielen, werden von den Geistern der Harmonie, den Cherubim, geleitet und gelenkt.

Empfangen die Seraphim ihren höchsten Auftrag unmittelbar von der Gottheit selbst, so arbeiten die Cherubim ihn dergestalt aus, dass durch ihn der erste Anstoß (aus dem Zentrum des Wirbels, wo die Spiralen «geöffnet» sind) zum neuen In-Erscheinung-Treten gegeben wird, was dann von den Thronen weitergeführt und zu einer physischen Wirklichkeit wird (siehe GA 110, 14.4.1909).

Der Übergang aus dem einen Zustand oder Zyklus in den anderen kann aber auch einen dramatischeren Charakter annehmen. Das war zum Beispiel bei dem von Rudolf Steiner beschriebenen Geschehen der Fall, als ein Teil der Cherubim auf der alten Sonne sich weigerte, das ihnen von den Thronen dargebrachte kosmische Opfer anzunehmen. Dieses Ereignis beeinflusste die ganze folgende Entwicklung und brachte einen besonderen Wirbel in der Weltentwicklung hervor (siehe GA 132, 14.11.1911).

Auf eine ganz andere Art wirkte der Wirbel-Impuls in der direkt im Zeichen des Krebs stehenden Epoche beim Übergang von der Atlantis zur nachatlantischen Epoche weiter. Und wiederum anders erscheint dieser Impuls, als der Christus in Jerusalem einzieht, wie das im 21. Kapitel des Matthäus-Evangeliums beschrieben ist (siehe GA 123, 11.9.1910). Hier tritt das Bild der Christus-Wesenheit vor uns hin, wie sie in die kulturell-historische Entwicklung der Menschheit eintritt und einen ganz neuen Wirbel erzeugt.[19] In all den genannten Ereignissen wirken, wenn auch auf sehr unterschiedliche Weise, die Kräfte aus der Sphäre der Cherubim, sich im kosmischen Bereich des Krebs modifizierend und den Wirbel-Impuls hervorrufend, der den Übergang der Entwicklung von dem einen Zyklus in den andern ermöglicht.

Nun sind noch zwei weitere Tatsachen im Zusammenhang mit dem Sternbild des Krebs und dem Wirken der Cherubim zu beachten. Als Erstes erscheint die Tatsache ganz besonders wichtig, dass es gerade die Cherubim waren, die während der alten Sonnenepoche den Tierkreis ungefähr in der Form schufen, wie er sich bis heute erhalten hat. Zwar bestand er schon auf dem alten Saturn, jedoch waren, wie Rudolf Steiner äußert, seine «Bilder» damals noch nicht «so dicht, so kompakt vorhanden wie während des Sonnendaseins» (GA 110, 17.4.1909). Deshalb ist das, «was man heute so materiell den Tierkreis nennt, ... zurückzuführen auf den Reigen der Cherubim, die vom Weltenumkreis herunterwirken auf die alte Sonne, die ihre Kraft als Leuchtekraft in dieses Universum hinausstrahlte» (GA 110, 13.4.1909).

Mit anderen Worten: Die Cherubim schufen eine Art Schutzhülle um die alte Sonne, die den ganzen heutigen Tierkreis umfasst und ganz besonders mit der kosmischen Sphäre des Krebs verbunden ist. Das wird auch durch die Form dieses Zeichens, das an dem höchsten Punkt des Tierkreises steht, bestätigt, diejenige Form, die gleichsam eine gewisse Sphäre umfasst und sie gegenüber der «äußeren» Welt abschließt.

Am entgegengesetzten Pol zu dem des Krebs befindet sich der Bereich des Steinbock, aus dem die Kräfte der Archangeloi wirken, und diese Polarität gestaltete das ganze alte Sonnendasein (gemäß Rudolf Steiner gehörten die hierarchischen Wesen, die an der Entwicklung der alten Sonne unmittelbar beteiligt waren, zu den Hierarchien von den Cherubim bis zu den Erzengeln). (Siehe GA 132, 7.11.1911.)

Ebenso besteht eine Verbindung vom Sternbild des Krebs zum Brustkorb im menschlichen Organismus, dessen erste Anlagen auf dem alten Saturn gebildet wurden. Später, als sich der zwölfgliedrige Tierkreis auf der alten Sonne endgültig ausgestaltete – auf dem Saturn war er noch nicht zwölfgliedrig – und als auch der erste Keim des künftigen menschlichen Herzens entstand, da wurde, unter dem Einfluss des Krebs, der Brustkorb zum Abbild des großen makrokosmischen Ganzen: Im Zentrum das Herz – die Sonne[20] –, in der Hülle des Brustkorbs eingeschlossen, aus zwölf Rippenpaaren bestehend als Abbild des zwölfgliedrigen Tierkreises, der zur Zeit der alten Sonne, ganz besonders unter der Beteiligung der Kräfte aus dem kosmischen Krebs-Bereich, von den Cherubim geschaffen worden war.

Als Zweites ist noch zu beachten, dass Johannes der Täufer unter dem Zeichen des Krebs geboren wurde. Wenn das Zeichen des Wassermann uns vor allem darauf hinweist, dass ein bestimmtes Engelwesen durch ihn wirkte, so charakterisiert Johannes des Täufers Beziehung zum Bereich des Krebs seine Individualität und seine Mission als Vorläufer und Vorbereiter der Erdenwege des Christus Jesus von einer ganz besonderen Seite her, und das gerade im Zusammenhang mit der Hierarchie der Cherubim. Denn diese Hierarchie spielte eine wichtige Rolle in seinem Schicksal.

Aus den Mitteilungen Rudolf Steiners ist bekannt, dass wir es in der Person des Täufers oder des Elias zu tun haben mit der ältesten Individualität der Menschheit, in gewissem Sinne mit der Adams selbst (siehe GA 114, 19.9.1909). Andererseits wissen wir aus der biblischen Geschichte vom Sündenfall, dass Gott der Herr nach der Vertreibung Adams aus dem Paradies «den Cherub mit dem flammenden Schwert» (1. Mose 3,24) vor den Garten «lagerte», wodurch die Menschheit von der makrokosmischen Sphäre des Vater-Gottes abgeschnitten war, die *hinter* dem Tierkreis sich befindet und aus der einst der Christus auf die Sonne herunter gekommen war.[21]

Dieses Erlebnis des Cherub mit dem feurigen Schwert, der den Menschen den Eintritt in jenen höchsten Bereich verwehrt, lebte in dieser Individualität als ein mächtiger Impuls durch alle folgenden Inkarnationen bis zu ihrer Inkarnation als Johannes der Täufer. Dann verwandelte sich dieses Erlebnis allmählich in die innere Fähigkeit, die wir heute als Stimme des Gewissens kennen und die, vom höchsten Aspekt aus betrachtet, von der Hierarchie der Cherubim ausgeht. Denn was ist die Stimme des Gewissens? Sie ist nichts anderes als die Fähigkeit, das Christus-Ereignis zu verstehen; und gleichzeitig mit diesem Ereignis ist sie in der Menschheit entstanden. «So sehen wir, wie auf der Erde drüben im Osten die Liebe auftaucht, hier im Westen das Gewissen. Das sind zwei Dinge, die zusammengehören: wie im Osten der Christus erscheint, wie im Westen das Gewissen erwacht, um den Christus als Gewissen entgegenzunehmen. In diesem gleichzeitigen Entstehen der Tatsache des Christus-Ereignisses und des Verständnisses des Christus-Ereignisses ... sehen wir walten eine unendliche Weisheit, die in der Entwickelung vorhanden ist» (GA 116, 2.5.1910).

Der Impuls des Gewissens entsteht zuerst im Westen. Nach 500 vor Christi Geburt erscheint er in Griechenland (siehe ebd.), sodann an der Zeitenwende durch Johannes den Täufer in Palästina, um dort in dessen Person dem Christus zu begegnen.[22] Das Gewissen, so sagt Rudolf Steiner, ist «das Ich-Gefühl, das den Menschen hinaufträgt vom Niederen zum Höheren, [das] schon in der Empfindungsseele wie eine Gottesstimme spricht, wie sonst nur Triebe, Begierden und Leidenschaften in der Empfindungsseele sprechen, und dort so spricht mit dem Drang, das Richtige zu tun, um hinaufzudringen zu dem höheren Ich» (ebd.). Jede ungereinigte Seele wird durch ihre Leidenschaften und Begierden verwüstet, wird dadurch wie zu einer unfruchtbaren Wüste, doch aus dieser heraus kann die Stimme Gottes, die Stimme des Gewissens ertönen und künden, dass der «Herr» der Seele, der «Kyrios, das Ich» kommt (siehe GA 124, 6.12.1910).[23]

So war es durch die Weisheit der Weltenlenkung Johannes dem Täufer bestimmt, als Erster dem Christus auf der Erde zu begegnen, ihn durch die Kräfte seines Gewissens zu erkennen und der ganzen Menschheit zu zeigen. Und Johannes vollbringt dies, auf Christus als das *Lamm Gottes* (Joh 1,36) weisend und so dessen kosmische Herkunft bezeugend, die Verbindung mit den Sternenwelten, mit der Tierkreissphäre, die auf der alten Sonne dank der Tätigkeit der Cherubim entstanden war. Und diese «inspirierte Imagination» (GA 214, 28.7.1922) ruft in ihm den Gewissensimpuls hervor, dessen höchster Quell bei der Hierarchie der Cherubim zu suchen ist.

Zum Abschluss kann noch das Folgende hinzugefügt werden. Wie wir aus den Vorträgen Rudolf Steiners wissen, wurde die geistige Wesenheit von Johannes dem Täufer (Elias) nach seinem Tode zur Gruppenseele der Apostel, wodurch er eine hütende und schützende Atmosphäre des wachen Gewissens um den Christus Jesus schuf, in welcher dieser seine Taten am besten vollbringen konnte (siehe GA 139, 20.9.1912). Wenn wir hier einen recht paradox erscheinenden Vergleich nicht scheuen wollen, so können wir sagen, dass diese beschützende Tätigkeit der übersinnlichen Wesenheit des Elias-Johannes mit der Aufgabe verglichen werden kann, die der Brustkorb im menschlichen Organismus in Bezug auf das Herz, die innere Sonne seiner physischen Organisation, wahrnimmt.

Der Bereich der *Zwillinge* steht in Beziehung zur Hierarchie der Seraphim oder Geister der Allliebe. Ein irdisches Abbild des von ihnen im Weltenall repräsentierten makrokosmischen Liebe-Impulses ist der griechische Mythos der Dioskuren-Zwillinge Kastor und Polydeukes. Nach dieser Mythe ist Kastor ein Sohn der Leda und des Königs Tyndareos, Polydeukes dagegen ein Sohn der Leda und des Zeus. Deshalb besitzt Polydeukes Unsterblichkeit, Kastor hingegen ist sterblich. Die Brüder geraten in Streit mit ihren Verwandten, den Aphariden, und erkämpfen sich die von ihnen geraubte Rinderherde.[24] Bei diesem Kampf wird Kastor durch einen der Aphariden getötet. Aus Liebe zum Bruder will nun Polydeukes seine Unsterblichkeit opfern und bittet Zeus, ihm den Tod zu schicken. Da versetzt Zeus beide Dioskuren zur Belohnung ihrer brüderlichen Liebe als Sternbild der Zwillinge an den Himmel.

Um die okkulten Grundlagen dieses Mythos richtig würdigen zu können, muss man sich bewusst machen, wie die Grundeinstellung der alten Griechen gegenüber dem Tod und der Unsterblichkeit war. Sie bestand darin, dass die alten Griechen die Form des menschlichen Leibes, die sie mit einem starken und hellen Bewusstsein ihrer selbst, mit einem Ich-Bewusstsein begabte, über alles in der Welt schätzten. Deshalb erschien der Tod, der diese Form und mit ihr das irdische Ich-Bewusstsein zerstörte, den alten Griechen als das größte Übel, mit dem sie sich innerlich nicht abfinden konnten. «Wir haben im Griechentum», sagt Rudolf Steiner, «dasjenige Menschentum, das die äußere Form des physischen Leibes am meisten liebte und schätzte und alle Traurigkeit durchmachte, die bei seinem Untergang im Tode durchgemacht werden konnte», sodass das Griechentum «die äußere Form des physischen Leibes als die äußere Form des Ich am höchsten schätzte ... [und deshalb] sagte der Grieche: Ich schätze mein Ich so stark, dass ich nur mit Schaudern hinschaue auf das, was mit dem Ich nach dem Tode wird ...» Und das ist «ganz griechisch, dass der Heros sagt: ‹Lieber ein Bettler sein in der Oberwelt› – das heißt mit der menschlichen Leibesform – ‹als ein König im Reich der Schatten› ...» (GA 131, 9.10.1911)[25].

Aus den angeführten Worten geht der Charakter des Verhältnisses klar hervor, das die Griechen zum Problem des Todes und ebenso zur Unsterblichkeit hatten, die ihnen so gesehen als das denkbar höchste Gut auf der Erde erschien. Aus Liebe zu einem anderen Menschen seine eigene Unsterblichkeit zu opfern, war deshalb nach den Vorstellungen der alten Griechen das größte Opfer, das ein Mensch überhaupt bringen konnte. Und so finden wir im Mythos von den Dioskuren einen Hinweis auf die *höchste Form der Liebe,* die einem Erdenmenschen in der Weltvorstellung der Antike zugänglich war.

Suchen wir nun etwas Entsprechendes in christlicher Zeit,

so müssen wir beachten, dass von dem Augenblick an, als der Christus-Impuls in die Erdenentwicklung eintrat, nicht mehr die auf Blutsbande sich gründende Liebe (die Dioskuren sind Brüder von der Mutter her), sondern die rein geistige Christus-Liebe zum höchsten Opfer anregt. Das ist die Liebe zweier Freunde, die durch sie zu Brüdern werden, jedoch nicht von Blutes wegen, sondern infolge des neuen Christus-Geistes. Und es gibt noch einen weiteren Unterschied.

Wie wir sahen, war es das höchste Gut für jeden Erdenmenschen in vorchristlicher Zeit, Unsterblichkeit zu erlangen. Im Christentum aber wurde die Seele selbst zum höchsten Gut, das heißt das menschliche Ich, das als *Träger* der individuellen Unsterblichkeit[26] von allem Anfang an im Zentrum des christlichen Bewusstseins stand. Und so steht die christliche Liebe unendlich viel höher als die Liebe in alter Zeit, denn sie vermag nicht nur die Unsterblichkeit, sondern sogar ihren Träger, ihr wertvollstes Eigentum, ihr Ich zu opfern, um es wiederum als das unsterbliche wahre Ich von dem Christus selbst zu empfangen.

Das wird durch die Verwirklichung des Hauptprinzips aller wahrhaft christlichen Mysterien – «Nicht ich, der Christus in mir» – eintreten. Auf diese höchste, *seraphische* Liebe weisen auch die folgenden Worte des Christus: «Das ist der Auftrag, den ich euch gebe: Liebet euch untereinander so, wie ich euch geliebt habe. Eine größere Liebe kann niemand haben als die, seine Seele hinzugeben für seine Freunde. Ihr seid meine Freunde, wenn ihr dem Auftrag folgt, den ich euch gebe» (Joh 15,12–14). So spricht der Christus in seinen Abschiedsreden zu seinen Jüngern. Und dann verwirklicht er selbst diese Liebe als ihr höchstes Urbild für alle Menschen, indem er, um das Mysterium von Golgatha zu vollenden, alle makrokosmischen Kräfte seines Ich opfert.[27] Von dieser Liebe spricht auch Johannes, sein nächster Jünger und unmittelbarer Zeuge der von ihm beschriebenen Ereignisse: «Daran haben wir das Wesen der Liebe erkannt, dass er seine Seele für uns dahingegeben hat. So ist es auch an uns, unser Leben *für unsere Brüder* hinzugeben … Ihr Kindlein, wir wollen einander nicht nur mit Gedanken und Worten lieben, sondern mit der Tat und mit der Wahrheit» (1. Brief des Johannes 3,16 und 18)[28].

Nun ist über den Zusammenhang zwischen dem Bereich der Zwillinge und der Hierarchie der Seraphim zum Schluss noch zu beachten, dass besonders daraus Impulse zum sozialen Leben hervorgehen, Impulse zur Vereinigung aus gegenseitiger Liebe und aus innerem Interesse aneinander. Dem entspricht im Makrokosmos die Tätigkeit der Seraphim, um ein richtiges «soziales» Zusammenwirken zwischen den verschiedenen Planetensystemen herbeizuführen. Rudolf Steiner schildert das folgendermaßen: «Wie die Menschen ein soziales System begründen dadurch, dass sie Gegenseitigkeit haben, so gibt es auch eine Gegenseitigkeit der Planetensysteme. Von Fixstern zu Fixstern waltet gegenseitige Verständigung. Dadurch kommt allein der Kosmos zustande. Das, was sozusagen die Planetensysteme durch den Weltenraum miteinander sprechen, um zum Kosmos zu werden, das wird geregelt durch diejenigen Geister, welche wir Seraphim nennen» (GA 136, 7.4.1912).

Die Sphäre des *Stier* ist mit dem Prinzip des kosmischen Geistes verbunden. Durch sie lässt er seine Kräfte in das Planetensein einstrahlen. Um diese nicht einfache Beziehung besser zu verstehen, soll hier von einer Vorstellung ausgegangen werden, die zunächst recht unerwartet zu sein scheint. Wenn der moderne Eingeweihte einen Stier oder eine Kuh hellsichtig betrachtet, dann erschaut er ihre mächtige Verdauungstätigkeit wie eine ganze Welt. «Bei der Kuh ist in den Verdauungsvorgängen etwas, was, astralisch angesehen, ganz großartig ist, eine ganze Welt ist! … Das ist schön, das ist großartig, das ist etwas ungeheuer Geistiges», sagt Rudolf Steiner (GA 230, 19.10.1923).

Verfolgt solch ein Eingeweihter das Bild der Kuh mit seinem imaginativ-inspirativen Bewusstsein im astralen Kosmos weiter (das heißt innerhalb der Sphäre, die vom Tierkreis umschlossen ist), so nimmt die Kuh unter dem Einfluss der Inspiration die imaginative Gestalt eines Vogels an: «Astralisch würde sie ein Vogel sein … Physisch geworden ist an der Kuh dasjenige, was astralisch ist am Vogel. Es sieht natürlich in der Astralität anders aus, aber es ist so» (ebd.)[29]. Das erklärt auch, warum sich für Johannes das Prinzip des Geistes bei der Taufe des Jesus im Jordan in der astralischen Umgebung der Erde (der Mondensphäre) als Imagination der Taube offenbarte (Joh 1,32–34).[30] Und andererseits können wir dann auch die Bedeutung des Stierkultes – oder die Anbetung des Kalbes – bei den alten Völkern in Indien, Ägypten, Babylonien,[31] Griechenland und Kleinasien verstehen.

Weiter wissen wir aus der Geisteswissenschaft, dass das Prinzip des Geistes in unserem Sonnensystem ganz besonders durch die Mondensphäre wirkt, das Sohnes-Prinzip hingegen durch die Sonnensphäre. Deshalb ist der Stier als irdisches Abbild der Tätigkeit des Geistes stets mit dem Mond verbunden (so wird zum Beispiel der sumerische Mondgott Sin mit einem Stierleib dargestellt). Auch ist bekannt, dass die ägyptische Isis mit der Mondensphäre in Beziehung steht. Ihr Bild entstand in den Mysterien der alten Ägypter aus der Verbindung von zwei kosmischen, aus den himmlischen Bereichen der Jungfrau und des Stier stammenden Strömen in der Mondensphäre. Überwog der Einfluss der Jungfrau, so wurde im Bilde der Isis mehr ihre Beziehung zur Weltseele betont, zur göttlichen Sophia, und ebenso ihr Verhältnis zu Horus, durch den sie mit der Welt der Menschen verbunden war. Herrschte hingegen der Stiereinfluss vor – in diesem Falle trug das Bildnis der Isis Stierhörner –, dann wurde ihre Beziehung zum Makrokosmos, zum Sonnengott Osiris hervorgehoben. Osiris selbst hingegen gewinnt – obwohl seine kultische Verehrung während der Stierepoche entstanden war (in der dritten Kulturepoche) – durch seine Verbindung mit dem Christus (sein Bild weist prophetisch auf das Näher-zur-Erde-Kommen des Christus hin) auch eine Beziehung zum kosmischen Bereich des Widder.[32]

Geist der Zeit. Dann wird das Bild des Stieres zum Zeichen für die Kräfte Luzifers, die das kosmische Prinzip des Geistes entstellen.[35] Dann wird der Stier zum Repräsentanten des menschlichen Egoismus sowie der ungezügelten Leidenschaften.

Und nicht selten begegnen wir dem Stier bei den alten Völkern in dieser Rolle: da ist der Himmelsstier, den die Göttin Venus-Ischtar im «Gilgamesch-Epos» gegen Eabani und Gilgamesch sendet; da ist der Stier, den der Sonnengott Mithras besiegt, und schließlich im Alten Testament das «goldene Kalb»[36], das die Hebräer anbeten, als Moses auf dem Berg Sinai weilt (Jesaja 31,1–4; 1. Könige 12,25–30).[37]

Zum Schluss wollen wir noch einen besonders wichtigen Aspekt betrachten, der den Einfluss aus dem Stierbereich mit dem künftigen Wirken des Heiligen Geistes verbindet. Wie bekannt, ist das Organ, das unmittelbar unter dem Einfluss der Stiersphäre im menschlichen Organismus gebildet wurde, das Sprachorgan oder der Kehlkopf. Von ihm und von der Metamorphose, die er in Zukunft durchmachen soll, sagt Rudolf Steiner: «... dagegen ist der Kehlkopf in voller Umbildung begriffen, und wenn der Mensch wieder keusch geworden sein wird, wird sich der Kehlkopf der geistigen Sonne wieder zuwenden [siehe das oben Gesagte]. Der Kelch der Pflanze entwickelte sich zu der leidenschafterfüllten Fleischesform, und wieder wird der Kehlkopf zum keuschen, reinen Kelche, der vom Geiste befruchtet wird, der der heiligen Liebeslanze entgegengehalten wird. Das ist auch das Symbol des Heiligen Gral, sein hohes Ideal» (GA 98, 5. 11. 1907).[38]

Die höchste, alles vollendende Sphäre des Widder, die an der Spitze – dem Kopf – des gesamten Tierkreises, des kosmischen Ur-Anthropos steht, ist mit dem Prinzip des Sohnes, des Christus, verbunden. Unter diesem Sternbild, das die vierte nachatlantische Epoche überleuchtete, trat das Sonnenwesen des Christus bei der Taufe im Jordan in die Hüllen des Jesus von Nazareth ein. – «An dem zweiten Tag [nach der Taufe] stand

Johannes wieder dort, und zwei seiner Jünger waren bei ihm. Und als er Jesus vorübergehen sah, sprach er: Siehe, Gottes Lamm» (Joh 1,35–36). Mit diesen Worten zeugt Johannes der Täufer von der kosmischen Beziehung des Christus zu der Himmelssphäre des Widder, durch die er aus den Bereichen jenseits des Tierkreises in unseren Kosmos eintrat.[39] Auf diese, nicht unmittelbar zu unserem Kosmos gehörenden Sphären weist bei der Taufe die Stimme aus dem Himmel: «Dies ist mein vielgeliebter Sohn, heute habe ich ihn gezeugt.»[40]

Wie ein entferntes Echo dringt in diesen wenigen Worten eine Kunde aus Weltbereichen zu uns, die *jenseits* des Tierkreises liegen. Deshalb können wir gerade diese Worte auf den inneren Gehalt der letzten, *dreizehnten* heiligen Nacht am Vorabend – okkult betrachtet jedoch am Tag – von Epiphanias, dem Fest der Geburt des Christus im irdischen Leib des Jesus, beziehen. Und so haben wir mit Epiphanias gleichsam die abschließende Stufe, eine Art Summe des gesamten Weges, der im Lauf der zwölf heiligen Nächte, und ganz besonders der beiden letzten, gegangen werden kann. Denn im Augenblick der Taufe spiegelt sich die höchste Dreiheit in den Tiefen alles irdischen Seins: das Prinzip des Geistes als Taube (Stier), das Prinzip des Sohnes als Lamm (Widder) und das Prinzip des Vaters als Stimme aus den Himmeln, aus jenen Sphären, wohin sich die Kraft menschlicher Imagination noch nicht zu erheben vermag. Doch es ist von dort, aus dem Schoße des Vaters, dass der Christus in unseren Kosmos kam. Dort wirkte er zunächst als der Dreizehnte im Kreis der Zwölf, als «… der Geist, der die Welt durchleuchtet» (GA 107, 22.3.1909), «als der göttliche Geist unseres Sonnensystems» (GA 112, 3.7.1909), als «der Repräsentant des Kosmos-Geistes …, des ganzen Weltalls» (GA 15, III), um sodann durch die Taufe im Jordan von der Sonne auf die Erde hinabzusteigen, «… um die Erde von einer neuen Kraft» zu durchstrahlen, dass «… die Grundlage» gelegt werde «zum Sonnewerden der Erde» (GA 112, 6.7.1909).

Mit diesem Hinweis auf das zukünftige Sonnewerden der Erde ist die Beschreibung des Weges «von Jesus zu Christus» durch die zwölf Regionen des Tierkreises abgeschlossen, diejenigen Regionen, welche sich in den zwölf heiligen Nächten zwischen dem Weihnachtsfest und dem Fest der Gott-Erscheinung (Epiphanias) offenbaren.

2. Die Sternenschrift als ein Schlüssel zur anthroposophischen Christologie

«Nun ist für alles das, was überhaupt in der geistigen Welt vorgeht, vorgesorgt, sodass wirklich am Himmel sich in Sternenschrift das zeigt, was eigentlich geistige Tatsachen sind.»
Rudolf Steiner, 12. Dezember 1910 (GA 124)

Eine der bedeutendsten und zugleich rätselhaftesten Stellen im Bereich der anthroposophischen Christologie ist die Beschreibung des «Mystischen Lammes» im Vortrag Rudolf Steiners vom 27. Januar 1908 (GA 102), in dem der Christus «als dem ganzen Kosmos angehörig» charakterisiert wird, als das höchste Prinzip des kosmischen «Großen Opfers».

Es ist die Aufgabe der folgenden Betrachtung, zum Verständnis dieser wichtigen Stelle aufgrund des vorhergehenden Kapitels beizutragen sowie einige sich daraus ergebende Perspektiven der anthroposophischen Christologie darzustellen.

Zunächst soll jedoch der Vortrag, soweit erforderlich, im Wortlaut zitiert werden:

«Kommen wir einmal einen Augenblick zurück auf das, was wir im Anfange unseres heutigen Vortrags sagten. Wir haben gesagt, dass aufsteigende und absteigende Kräfte vorhanden sind, zum Tierkreis aufsteigende, vom Tierkreis absteigende Kräfte. Wodurch ist der Mensch überhaupt in die Lage gekommen, dass von ihm irgend etwas aufströmen kann? Was ist denn mit dem Menschen geschehen, dass von ihm selbst etwas aufströmen kann aus seinem Wesen heraus? Er ist dadurch in diese Lage gekommen, dass erst lange vorbereitet worden ist und dann immer weiter und weitergeschritten ist – sein Ich. Dieses Ich ist lange, lange vorbereitet worden. Denn im Grunde genommen ist alles Dasein auf dem Saturnzustand der Erde, auf dem Sonnenzustand und auf dem Mondzustand, welches die Hüllen geschaffen hatte, die das Ich aufnehmen sollten, Vorbereitung für das Ich. Da haben andere Wesenheiten die Wohnung geschaffen für das Ich. Jetzt auf der Erde ist die Wohnung so weit geschaffen, dass das Ich im Menschen Platz greifen konnte, und von da an fing das Ich im Menschen an, die äußeren leiblichen Hüllen von innen heraus zu bearbeiten. Dass das Ich von innen arbeiten kann, hat zu gleicher Zeit bewirkt, dass das Übermaß, das über die Gleichheit hinausgehende Maß von aufsteigenden und absteigenden Kräften entstanden ist. Solange das Ich im Menschen noch nicht arbeiten konnte, entwickelten sich nach und nach die Kräfte, die die aufsteigenden sind, bis zur Mitte [d. h. bis zur Jungfrau]; und als das Ich im Menschen einschlug, waren die Kräfte so weit, dass die aufsteigenden und die absteigenden sich die Waage hielten. Der Einschlag des Ich im Menschen bedeutet, dass die aufsteigenden und die absteigenden Kräfte sich die Waage hielten, und am Menschen liegt es, diese Waage in der richtigen Weise zum Ausschlag zu bringen. Daher haben die Okkultisten dasjenige Sternbild, das betreten wurde in dem Moment, wo es anfing an das Ich heranzugehen, die ‹Waage› genannt. Bis zum Ende der ‹Jungfrau› wurden die Taten des Ich in unserer planetarischen Entwicklung zwar vorbereitet, aber es kam nicht bis zum Ich. Nun hatte das Ich mit dem Moment der Waage begonnen, selbst seinen Anteil zu nehmen, so dass das Ich einen wichtigen Moment seiner Entwickelung dadurch zustande gebracht hat.

Denken Sie einmal, was das heißt, dass das Ich zu diesem Entwickelungsstadium gekommen ist: Das Ich durfte von nun an teilnehmen an den Kräften, die dem Tierkreis angehören, es durfte hineinwirken in den Tierkreis. Es ist durchaus wahr: je mehr das Ich den höchsten Punkt seiner Entwickelung anstrebt, desto mehr arbeitet es hinein in den Tierkreis. Nichts geschieht im Innersten des Ich, was nicht seine Folgen bis hinauf in den Tierkreis zieht. Das ist durchaus wahr. Und indem der Mensch mit seinem Ich als Mensch eigentlich die Anlage legt, um sich bis zu seinem Atma oder Geistesmenschen zu entwickeln, bildet er immer mehr und mehr die Kräfte aus, welche ihn instand setzen, in die Waage des Tierkreises hinaufzuwirken. Er wird seine volle Macht über diese Waage des Tierkreises erlangen, wenn er sein Ich ‹durchgedrückt› hat bis zum Atma oder Geistesmenschen. Da wird er ein Wesen sein, das etwas ausströmt, das aus dem Stadium der Zeit in das Stadium der Dauer, der Ewigkeit, übergeht.

Indem der Mensch so seinen Weg geht, gibt es aber andere Wesenheiten, bei denen das, was beim Menschen sozusagen höchste Wirkung ist, niederste Wirkung ist. Suchen wir jetzt diese Wesen, bei denen das Niederste ebensolche Wirkung ist wie beim Menschen die Waage im Tierkreis. Wenn wir uns den Menschen im Tierkreis aufschreiben, so haben wir ihn bis zur Waage reichend. Die Wesenheit, die mit ihrem eigentlichen Wesen ganz dem Tierkreis angehört, deren Kräfte ganz dem Tierkreis angehören und die sich im Planetenleben nur in ihrem niedersten Glied äußert, das mit der Waage bezeichnet ist – wie beim Menschen das niederste Glied mit den Fischen bezeichnet ist –, das ist diejenige Wesenheit, welche, wie Sie sehen, Leben verbreitet über unser ganzes Weltenall:

	♈	Widder	12. Glied	«Mystisches Lamm» (6.–12. Glied)
	♉	Stier	11. Glied	
	♊	Zwillinge	10. Glied	
	♋	Krebs	9. Glied	
	♌	Löwe	8. Glied	
7. Geistesmensch	♍	Jungfrau	7. Glied	
6. Lebensgeist	♎	Waage	6. Glied	
5. Geistselbst	♏	Skorpion		
4. Ich	♐	Schütze		
3. Astralleib	♑	Steinbock		
2. Ätherleib	♒	Wassermann		
1. Physischer Leib	♓	Fische		

Wie der Mensch das Leben aufnimmt, strahlt diese Wesenheit Leben über unser ganzes Weltenall aus. Das ist diejenige Wesenheit, die das große Opfer zu bringen vermag, und die im Tierkreis eingeschrieben ist als die sich für unsere Welt opfernde Wesenheit. Wie der Mensch aufstrebt in den Tierkreis hinein, so sendet uns diese Wesenheit aus dem Widder, der ihr angehört wie dem Menschen die Waage, ihre Opfergabe dar. Und wie der Mensch sein Ich hinaufwendet zur Waage, so strömt diese Wesenheit ihr Wesen über unsere Sphäre als Opfer. Man bezeichnet diese Wesenheit daher als das sich opfernde ‹mystische Lamm›, denn Lamm ist dasselbe wie Widder; daher die Bezeichnung des sich opfernden Lammes oder Widder für Christus. Christus wird Ihnen jetzt so charakterisiert als dem ganzen Kosmos angehörig. Sein Ich strebt bis zum Widder; und strömt das Ich bis zum Widder, so wird er dadurch das ‹Große Opfer› selber und steht so mit der ganzen Menschheit in einem Verhältnis, und in einer gewissen Weise sind diese Wesenheiten und Kräfte, die auf der Erde sind, seine Schöpfungen. Er steht seiner ganzen Wesenheit nach in der Sonne und ist in seinen Schöpfungen mit dem Mond und der Erde verbunden, und seine Kraft liegt im Sternbild des Lammes. So liegen die Kräfte, dass er Schöpfer dieser Wesen werden konnte, im Sternbild des Widder (oder des Lammes). Aus dem Himmel selbst ist die Bezeichnung des ‹Opferlammes› oder des ‹mystischen Lammes› herabgeholt.

Das ist einer der Aspekte, eine der Ansichten, zu denen man kommt, wenn man von unserem engbegrenzten Dasein aufblickt in Himmelsräume und sieht, wie die Himmelskräfte und Wesenheiten im Weltenraum ineinanderwirken. Und dadurch werden uns allmählich die Kräfte, die von Himmelskörper zu Himmelskörper gehen, ebensolche Kräfte wie die, die von Menschenseele zu Menschenseele gehen als Liebe und Hass. Wir sehen Seelenkräfte von Stern zu Stern herüber- und hinübergehen, und wir lernen erkennen, dass uns am Himmel geschrieben ist, was von solchen Kräften im Weltenraum gewirkt, getan, gehandelt wird.»

In diesem Auszug wird auf eine bestimmte *Sternenschrift* hingewiesen, die «uns am Himmel geschrieben» ist. Aus anderen Vorträgen Rudolf Steiners wissen wir, dass die Anthroposophen die Aufgabe haben, diese himmlischen Schriftzeichen lesen zu lernen: «Versuchen wir, meine lieben Freunde, uns würdig zu machen, diese Sternenschrift in neuer Gestalt wieder lesen zu lernen; versuchen wir es, sie so lesen zu lernen, wie sie uns jetzt gegeben werden muss ... Versuchen wir, eine Weisheit zu ergründen, die uns den Zusammenhang des Irdischen und des Himmlischen wiederum enthüllen kann, enthüllen kann ohne alte Tradition, so, wie wir sie versuchen zu finden, wie sie in der Gegenwart geoffenbart werden kann» (GA 149, 2.1.1914). Versuchen wir also das, was «uns» in der Sternenschrift dieses Auszugs «geschrieben ist», auf Grundlage der in ihm befindlichen Hinweise zu lesen.

Als Erstes fällt uns auf, dass hier von zwei Wesen gesprochen wird: von dem sich von unten hinaufentwickelnden mikrokosmischen Menschenwesen und von dem von oben herabkommenden makrokosmischen Christus-Wesen, dem «Mystischen Lamm».

Wir wollen unsere Betrachtung zunächst mit dem mikrokosmischen Menschenwesen beginnen. Gemäß den Hinweisen des angeführten Auszugs vollzieht sich der *Anfang* der menschlichen Ich-Entwicklung aus den Kräften des Waage-Bereichs. Das scheint der Tatsache zu widersprechen, dass die Geister, welche dem Menschen zur lemurischen Zeit die Ich-Substanz schenkten (die Geister der Form), mehr mit dem Bereich des Skorpion-Adler verbunden sind, mit der Waage hingegen die Geister der Bewegung, die dem Menschen auf dem alten Mond seinen Astralleib gaben. Dieser «Widerspruch» löst sich jedoch auf, wenn wir das Folgende beachten. Gemäß Rudolf Steiner war der Beweggrund für die Throne, auf dem alten Saturn ihr Weltenopfer zu bringen, dass sie die Cherubim in der Umgebung des Saturn schauten. Es war aus diesem Schauen heraus, dass die Throne – gleichsam durch sie angeregt – den Willensimpuls in sich fühlten, sich den Cherubim zu opfern. «Das ist die letzte Vorstellung, zu der man überhaupt kommt, wenn man sich, rückwärtsgehend, dem Saturn nähert – die sich opfernden

Geister des Willens, die ihre Opfer hinauflenken zu den Cherubim» (GA 132, 31.10.1911). So sehen wir, dass es die Cherubim waren, welche die Throne zu ihrem Opfer bewegten.

Dasselbe wiederholte sich auf der alten Sonne. «So bekommen wir ein Bild der alten Sonne. Wir denken uns gleichsam einen Zentralsitz, wo vereinigt ist das, was vom alten Saturn herübergekommen ist: die Opfertaten der Throne gegenüber den Cherubim, im Anblick dieser Opfertaten versunken die Geister der Weisheit. Durch den Anblick dieser Opfertaten werden sie veranlasst, von sich auszustrahlen, was ihr eigenes Wesen ist: strömende, flutende Weisheit als schenkende Tugend» (GA 132, 7.11.1911). Und etwas Ähnliches vollzieht sich auf dem alten Mond. Hier werden die Geister der Bewegung dadurch zu ihrem Opfer angeregt, dass sie die Folgen des Opfers für den alten Mond schauen, welches die Geister der Weisheit auf der Sonne brachten.

Und dieses Geschehen wiederholt sich, wiederum eine Stufe tiefer, auf der Erde. Hier werden die das Opfer darbringenden Geister der Form von den Geistern der Bewegung angeregt. Deshalb entspricht es vollkommen den okkulten Tatsachen, wenn *der erste Impuls* zum Entstehen des individuellen Ich dem Zeichen der Waage und nicht dem des Skorpion-Adler zugeschrieben wird. Rudolf Steiner drückt sich hier außerordentlich genau aus, indem er nur den *Anfang* der menschlichen Ich-Entwicklung mit der Waage in Zusammenhang bringt («... wo es *anfing* an das Ich heranzugehen ... nun hatte das Ich mit dem Moment der Waage *begonnen,* selbst seinen Anteil zu nehmen ...»). So geht der erste, anfängliche, man kann auch sagen: der «alles veranlassende» Impuls zur Ich-Entwicklung von den Geistern der Bewegung (Waage) aus.[41] Sodann ergießt sich infolge des Opfers der Geister der Form die Ich-Substanz in den Menschen (Skorpion-Adler). Danach wird diese Ich-Substanz durch die Geister der Persönlichkeit (Schütze) im Menschen weitergestaltet, und es wird ihr nun gleichsam eine endgültige Form gegeben. Eine solche Beteiligung der Geister der Persönlichkeit (Archai) an der Arbeit am menschlichen Ich beruht darauf, dass das Menschen-Ich ihr niederstes Wesensglied ist, das heißt (von oben zählend) das letzte Glied am Menschen, zu dem sie noch einen *unmittelbaren* Zugang haben. Das niederste Glied der Geister der Form hingegen entspricht dem menschlichen Geistselbst, die Ich-Substanz jedoch, die sie jetzt dem Menschen opfern, haben sie zur Erde aus ihrer Entwicklung auf dem alten Mond mitgebracht, als sie selbst auf der Archai-Stufe standen und die Ich-Substanz ihr niederstes Glied war.[42]

Das stellt Rudolf Steiner so dar: «Die Geister der Form kommen herüber vom Monde. Ihr niederstes Glied ist das Ich; dieses Ich opfern sie jetzt auch noch hin und befruchten den Menschen in seiner Anlage mit dem Ich, so dass das Ich, wie es auf der Erde auftritt, eine befruchtende Kraft ist, die jetzt ausströmt von den Geistern der Form; und die Geister der Form behalten als niederstes Glied ihrer Wesenheit das Geistselbst oder Manas. Wenn wir sie also beschreiben wollten, müssten wir sagen: Über uns walten in unserer Umgebung in der Erdenatmosphäre die Geister der Form. Ihr niederstes Glied ist Geistselbst oder Manas, in dem leben und weben sie, und geopfert haben sie dasjenige, was sie noch auf dem Monde hatten, das nach allen Seiten wirkende Ich. Das träufelte herunter und befruchtete den Menschen» (GA 102, 29.2.1908).

So haben wir im Ganzen gesehen drei Stufen des Prozesses, durch den der Mensch mit seinem Ich begabt wird: Die Geister der Bewegung rufen ihn hervor, die Geister der Form verwirklichen ihn, und die Geister der Persönlichkeit bringen ihn zur Vollendung. (In der Sternenschrift kommt das durch den Gang von der Waage über den Adler-Skorpion zum Schützen zum Ausdruck.)

Von jetzt an lebt die Ich-Substanz auf der Erde und muss selbst allmählich die menschlichen Hüllen durchdringen. Dabei sind dem Menschen die folgenden Hierarchien behilflich. Gemäß Rudolf Steiner durchdrangen gegen Ende der lemurischen Epoche die Ich-Kräfte zunächst den Astralleib, auf der

Atlantis dann den Ätherleib und gegen das Ende der Atlantis sowie im Laufe der nachatlantischen Entwicklung auch den physischen Leib (siehe GA 102, 29.2.1908), wobei der Mensch, als die Ich-Kräfte den Astral- und Ätherleib durchdrangen, noch in hohem Grade hellsichtig war und in hellsichtigem Zustand die Erzengel wahrnehmen konnte, die sein Ich im Astralleib führten, und später die Engel, die es im Ätherleib leiteten. Und erst als die Ich-Kräfte bis zum physischen Leib vorgedrungen waren, trat die Führung durch die Hierarchien allmählich vom Menschen zurück, sodass er, als sich sein Ich-Bewusstsein endgültig in den physischen Leib gesenkt hatte, sein altes Hellsehen vollkommen verlor und der Mensch ganz auf sich gestellt war.[43]

Dieser tiefste Punkt des Abstiegs in die Materie war in der fünften nachatlantischen Epoche erreicht. In der Sternenschrift entspricht diese Entwicklung dem Fortgang im Tierkreis vom Steinbock (Erzengel) zum Wassermann (Engel) und schließlich zu den Fischen (Mensch).[44]

Aber erst in den Fischen erlebte der Mensch die vollkommene Abtrennung von der Welt der Hierarchien, gleichzeitig aber auch seine Freiheit, da sein Ich sich nur in den schattenhaften, wesenlosen Bildern des abstrakten Denkens als freies Wesen erleben kann, in Bildern, die infolge ihres abbildhaften Charakters nichts Zwingendes haben (siehe GA 187, 28.12.1918).

Andererseits eröffnet sich heute für jeden Menschen dank der Anthroposophie gerade von diesem niedersten Punkt aus die Möglichkeit, seine höhere Entwicklung selbst in die Hand zu nehmen, sein neues, nun aber voll bewusstes Aufsteigen in die höheren Welten zu beginnen.

Vom Standpunkt der Sternenschrift ist das der Weg zurück von den Fischen über den Wassermann, Steinbock und so fort bis zur Waage und sogar zur Jungfrau. Vom Standpunkt des anthroposophischen Erkenntnisweges würde eine solche Entwicklung dem Gang durch die sieben Stufen der christlich-rosenkreuzerischen Einweihung, wie sie in der «Geheimwissenschaft im Umriss» von Rudolf Steiner beschrieben sind, entsprechen.

In diesem Fall entspricht das der ersten Stufe des Studiums der Geisteswissenschaft mit Hilfe der gewöhnlichen, in der physisch-sinnlichen Welt gewonnenen Urteilskraft, und das bedeutet, der rechten Verbindung mit denjenigen Kräften, die aus dem Bereich der Fische kommen. Die zweite Stufe, die der Imagination, ist mit dem Aufstieg zu den Kräften des Wassermann-Bereiches verbunden. Die Stufe der Inspiration führt in den Bereich des Steinbock; die Intuition zu den Kräften des Schützen; die Erkenntnis der Verhältnisse von Mikrokosmos und Makrokosmos zu den Kräften des Skorpion-Adler; im Einswerden mit dem Makrokosmos gelangt man zu den Waage-Kräften; und die «Seligkeit in Gott» schließlich führt zu den Kräften der Jungfrau.[45]

Als ein Beispiel für ein solches Aufsteigen, das zwar noch unter vorchristlichen Entwicklungsbedingungen stattfand und deshalb einen völlig anderen Charakter hatte, kann die Individualität des Gautama-Buddha genommen werden. In einem anderen Buch des Autors, «Rudolf Steiner und die Grundlegung der neuen Mysterien» (Kapitel 3), wurde bereits gezeigt, dass ein Wesen, das auf der Bodhisattva-Stufe steht, an der Bildung seines Geistselbstes in einem bestimmten Grad arbeitet.

Ist ein Bodhisattva zum Buddha geworden, wie im Falle des Gautama im 6. Jahrhundert vor Christi Geburt, dann eröffnet sich ihm die Möglichkeit, bewusst an der Bildung der ersten Keime des Lebensgeistes in sich zu arbeiten. In der Sprache der Sternenschrift bedeutet das (siehe das Schema im Zitat Rudolf Steiners auf Seite 55), dass jeder Bodhisattva ein unmittelbares Erleben der Tierkreiskräfte bis hin zum Bereich des Skorpion-Adler erreicht (wenn auch auf einem anderen Weg, als das heute möglich ist), und das entspricht in der christlich-rosenkreuzerischen Einweihung der fünften Stufe, der Erkenntnis der Verhältnisse von Mikrokosmos und Makrokosmos. Zum Buddha geworden, gelangt eine solche Individualität im Tierkreis noch weiter und kann die Kräfte aus dem Bereich der Waage unmittelbar erleben, was in der christlich-rosenkreuzerischen Einweihung der sechsten Stufe, dem Einswerden mit dem Makrokosmos, entspricht, das heißt im Falle des Gautama-Buddha, dem Eingehen in das Nirwana, nachdem er aus seinem eigenen Karma heraus weiterer Verkörperungen auf der Erde nicht bedurfte.

Wenn wir uns nun daran erinnern, dass die Hierarchie der Geister der Bewegung mit dem Tierkreisbereich der Waage verbunden ist, so können wir die folgenden Worte Rudolf Steiners noch besser verstehen: «Damit war diese Individualität [der Gautama] aus einem Bodhisattva ein Buddha geworden, das heißt einer der Geister, welche das, was sie erfüllt, hereininspiriert bekommen nicht aus der Erdensphäre, sondern ... aus dem Kosmos. Damit war er der Erdensphäre entrückt nach Nirwana, das heißt in das Gebiet, wo die Erdensphäre nicht mehr hineinspielt ... Das Wesentliche ist, dass von dem Zeitpunkte an die anderen Geister, der unteren Hierarchien, wegfielen, dass er *unmittelbar sozusagen zu jenen Wesenheiten hinkommen konnte, welche man als die normal entwickelten Geister der Bewegung bezeichnet*» (GA 136, 13.4.1912).

Ehe wir nun von der Betrachtung des von unten nach oben aufsteigenden mikrokosmischen Weges des Menschen zur Betrachtung des von oben herabkommenden makrokosmischen Weges der Christus-Wesenheit übergehen, ist auf die entscheidende Veränderung von Ort und Aufgaben des Tierkreisbereiches der Waage einzugehen. Eine Veränderung, die in einem bestimmten Augenblick der Erdenentwicklung stattfand.

Als Ausgangspunkt kann uns hier der Begriff der aufsteigenden und absteigenden Tierkreiskräfte dienen, von denen Rudolf Steiner in dem oben angeführten Auszug spricht. Im selben Vortrag – nur etwas vorher – konkretisiert er diese Kräfte folgendermaßen: «Wenn Sie sich also den ganzen Tierkreis denken, so haben Sie sich vorzustellen, dass aus diesem Tierkreis ein Teil von Kräften absteigt, ein Teil von Kräften aufsteigt. Diejenigen Kräfte, die heute in aufsteigender Entwicklung begriffen sind, fassen wir zusammen, weil sie diesen Sternbildern auch angehören, unter den Sternbildern Widder, Stier, Zwillinge, Krebs, Löwe, Jungfrau, *Waage*. Das sind die sieben Sternbilder, die den aufsteigenden Kräften entsprechen. Fünf Sternbilder *etwa* entsprechen den absteigenden Kräften: Skorpion, Schütze, Steinbock, Wassermann und Fische» (GA 102, 27.1.1908).

Hier ist unsere Aufmerksamkeit auf das Wort «etwa» gelenkt. Und tatsächlich gehörte der Bereich der Waage nicht immer zu den sogenannten «hellen Sternbildern», sondern erst seit der Mitte der atlantischen Epoche: «Seit der Mitte der atlantischen Rasse ist die Zeit gekommen, in der überhaupt erst für den Menschen diejenigen Zustände begonnen haben, wo ein Übermaß des Aufsteigens da ist. Würden wir das Verhältnis von absteigenden und aufsteigenden Kräften zum Tierkreis *vor* der Mitte der atlantischen Zeit messen, würden wir sagen müssen: es ist ein Gleichmaß vorhanden. Wir müssten dann anders sprechen und als die aufsteigenden Kräfte aufzählen: Widder, Stier, Zwillinge, Krebs, Löwe, Jungfrau. Wir müssten die *Waage* zu der anderen Partie zählen, zu denen, die im Heruntersteigen sind» (ebd.).[46]

Daraus ersehen wir, dass der sogenannte «helle Tierkreis» sich erst nach der Mitte der atlantischen Entwicklung bildete, nachdem die Waage zur Gruppe derjenigen Sternbilder übergegangen war, die mit den aufsteigenden Tierkreiskräften verbunden ist. Von der Tätigkeit der Hierarchien her betrachtet bedeutet das, dass damals eine große Gruppe der Geister der Bewegung den Weg zum Aufsteigen in den Rang der Geister der Weisheit begonnen hatte.

Eine solche Entwicklung in der Welt der Hierarchien braucht uns nicht zu verwundern, denn wir kennen solche Ereignisse in den höheren Welten aus den Mitteilungen der Geisteswissenschaft bereits. So sind in unserer Zeit eine ganze Reihe von Geistern, die zur Hierarchie der Archai gehören, im

Begriff, Geister der Form zu werden (d.h. in der Sternensprache: Sie suchen den Übergang vom Tierkreisbereich des Schützen zu dem des Skorpion-Adler). Und mit diesem Wechsel ist auch in hohem Grade der Charakter der modernen Einweihung in Verbindung zu sehen (siehe GA 187, 28. und 31.12.1918). Zunächst wollen wir jedoch keine weitere Erklärung für diese Veränderung im Bereich der Waage suchen. Später werden wir noch sehen, welche Bedeutung sie für die Entwicklung unseres gesamten Kosmos hat.

Nachdem Rudolf Steiner die Bereiche der aufsteigenden und absteigenden Tierkreiskräfte (sieben und fünf Sternbilder) angeführt hat, fährt er fort: «Diejenigen Kräfte, die aufsteigen, entsprechen auch im Menschen den höheren Gliedern seiner Wesenheit, den höheren, edleren Eigenschaften. Diejenigen Kräfte, die in absteigender Entwickelung sind, *müssen erst durch den Menschen durchgehen, müssen erst im Menschen jene Stufe sich erringen, durch die auch sie aufsteigende Kräfte werden können*» (GA 102, 27.1.1908).

Diese Worte können wir am besten verstehen, wenn wir uns dem Bild des Kentauren zuwenden und uns einmal vergegenwärtigen, dass heute jeder Mensch dieses Wesen bis zu einem gewissen Grad in sich trägt, auch wenn das nur der Hellseher schauen kann (siehe GA 145, 28.3.1913). Der Kentaur ist halb Mensch, halb Tier. Versucht man, ihn in der Sternensprache zu beschreiben, so ergibt sich das Folgende. Vom Kopf (Widder) bis zum Sonnengeflecht (Jungfrau) ist der Kentaur Mensch. Von den Geschlechtsorganen bis zu den Füßen (vom Skorpion bis zu den Fischen) ist er Tier. Seine Hüfte (Waage) nimmt die Mittelstellung ein. Sie beginnt als menschliche Form und setzt sich weiter als tierische Form fort. Mit anderen Worten: in der Waage beginnt der Mensch – der Kentaur – seine Tierheit endgültig zu überwinden.

Zählen wir nun für unsere Zeit die Waage zu den hellen Sternbildern, so weisen die fünf dunklen auf die noch immer tierhafte, das heißt von absteigenden Kräften durchsetzte Menschennatur hin. Und gerade diese absteigenden Kräfte müssen «durch den Menschen durchgehen», um aufgrund der Berührung mit dem Christus-Impuls in seinem Ich die Kräfte zur eigenen aufsteigenden Entwicklung zu gewinnen.

Deshalb beginnt jeder Mensch, der den Weg der modernen christlich-rosenkreuzerischen Einweihung heute bewusst betritt, mit der «Umwandlung des Tierkreises», mit der Verwandlung seiner dunklen in helle Bereiche. Denn in dem Maße, in dem der Mensch die erste Stufe dieses Weges beschreitet, trägt er dazu bei, dass die kosmischen Kräfte aus dem Bereich der Fische, die durch sein Ich hindurchgehen, zu hellen Kräften in unserem Kosmos werden können.

Indem der Mensch die zweite Stufe durchmacht, trägt er zur Verwandlung des Wassermann-Bereichs bei; auf der dritten Stufe zur Verwandlung der Sphäre des Steinbock und so fort bis zur sechsten Stufe, welche den höchsten Punkt der Entwicklung des individuellen Ich in der Waage bedeutet. Wenn einstmals die gesamte Erdenmenschheit diese Stufe erreicht haben wird, dann wird der «dunkle Tierkreis» in einen hellen umgewandelt sein, und die Menschheit kann, nachdem sie das planetarische Prinzip in sich vollkommen verwandelt haben wird, zu rein kosmischem Sternenschaffen übergehen (siebente Stufe).[47]

Rudolf Steiner weist mit folgenden Worten auf diese höchste Stufe hin: «Er [der Mensch] wird seine volle Macht über diese Waage des Tierkreises erlangen, wenn er sein Ich durchgedrückt hat bis zum Atma oder Geistesmenschen [Jungfrau]. Da wird er ein Wesen sein, das etwas ausströmt, das aus dem Stadium der Zeit in das Stadium der Dauer, der Ewigkeit übergeht» (GA 102, 27.1.1908).

Das ist zugleich auch ein wichtiger Hinweis auf die kosmische Wirkenssphäre des Wesens der *Anthropos-Sophia.* Denn wenn die erste Stufe des modernen Einweihungsweges mit dem Bereich der Fische zusammenhängt, das heißt mit dem Prinzip des Ur-*Anthropos* (siehe Seite 17), so ist die siebente und letzte Stufe mit dem Bereich der Jungfrau, mit der Hierarchie der Geister der Weisheit verbunden, die in unserem Weltall die Kräfte der kosmischen *Sophia* repräsentieren.

Und so steigt der Mensch auf diesem Weg von seiner gegenwärtigen Entwicklungsstufe durch die allmähliche Verwandlung der Kräfte des planetarischen Kosmos in sich zur höchsten Sternenweisheit, der göttlichen Sophia, auf, die im «mystischen Lamm» das letzte Sternenglied bildet und zugleich das Tor zum kosmischen Reich des Christus darstellt. Denn darin besteht die Hauptaufgabe der Anthroposophie in der Welt: einen Weg zu bahnen, der den Menschen von seinem begrenzten, irdischen Sein zur Vereinigung mit der Sphäre des «Mystischen Lammes» führt, zur Vereinigung mit dem kosmischen Christus. «Anthroposophie ist ein Erkenntnisweg, der das Geistige im Menschenwesen zum Geistigen im Weltenall führen möchte» (GA 26).

Wie bereits erwähnt, ist dieses erhabene Ziel der zukünftigen Entwicklung heute vor allem mit dem modernen Einweihungsweg verbunden, und dieser ist allen Menschen zugänglich, obwohl ihn bis jetzt nur Wenige wirklich gehen. Dass dennoch die übrige Menschheit nicht von einer positiven Entwicklung abgeschnitten ist, das verdanken wir dem Christus-Impuls. Denn die Aufnahme der christlichen Wahrheiten während der Zeit, die seit dem Mysterium von Golgatha bis heute vergangen ist, bewirkte die Umwandlung der absteigenden in aufsteigende, im Bereich der Fische wirkende Kräfte im Menschen.

Das in unserer Zeit beginnende Erscheinen des Christus im Ätherleibe aus der Angeloi-Sphäre heraus (siehe GA 152, 2.5.1913), das allmählich durch die in der Menschheit erwachenden imaginativen Fähigkeiten wahrgenommen werden kann, wird zu einer ähnlichen Umwandlung der im Menschen aus dem Bereich des Wassermann heraus wirkenden Kräfte führen.

Nach dem weiteren Verlauf von 3000 Jahren wird sich sodann der Menschheit durch das Erlangen der Inspirationsfähigkeit die Möglichkeit eröffnen, den Christus in seinem Astralleib in der Erzengelsphäre zu erleben. Das wird den Impuls zur Umwandlung der Kräfte des Steinbock im Menschen geben.

Und schließlich wird sich der Christus noch später durch die erworbene Intuitionsfähigkeit den Menschen als Welten-Ich in der Archai-Sphäre offenbaren, was die Möglichkeit eröffnen wird, diejenigen Kräfte in sich zu verwandeln, welche aus der Sphäre des Schützen herabströmen.[48]

Jetzt wird uns auch die okkulte Bedeutung der Tatsache verständlich, die bereits in Anmerkung 44 erwähnt wurde, dass nämlich in der Epoche der Fische die oben beschriebene hierarchisch-zodiakalische Entwicklung beginnt mit der historisch-zodiakalischen zusammenzufallen.

In der sechsten Kulturepoche, die unter dem Zeichen des Wassermann steht, wird dann das ätherische Wahrnehmen des Christus allgemein werden, das astralische Wahrnehmen des Christus in der siebenten, unter dem Zeichen des Steinbock stehenden Epoche. Und schließlich wird das Wahrnehmen des Christus als Ich nach dem «Krieg aller gegen alle» in jener fernen Epoche, in welcher der Punkt der Frühlings-Tag-und-Nacht-Gleiche in den Bereich des Schützen rückt, für alle Menschen möglich sein.

Nachdem wir das alles über die Vergangenheit und die Zukunft des Menschen in der Sternenschrift gelesen haben, können wir versuchen, in ihr auch etwas über den Christus, das «Mystische Lamm», zu entziffern; über Sein Leben im Kosmos bis zum Mysterium von Golgatha und Sein Herabsteigen durch alle höheren Hierarchien auf die Erde und in die Menschheit hinein, um ihrer Vollendung willen.

Für eine solche Betrachtung müssen wir uns jedoch vorbereiten, wozu einige Mitteilungen dienen sollen, die in dem Zyklus «Die geistigen Wesenheiten in den Himmelskörpern und Naturreichen» (GA 136) enthalten sind. Dort findet sich im Vortrag vom 10. April 1912 die folgende Klassifikation der Hierarchien im Verhältnis zu ihrem Wirken in den Fixsternen, Planeten und Trabanten der Planeten (ganz besonders der die Erde umgebenden Mondensphäre).

In den Fixsternen wirken die höheren Hierarchien von den Seraphim bis zu den Geistern der Weisheit einschließlich, in den Planeten die Seraphim bis zu den Geistern der Form und auf dem Mond (in der Mondensphäre) die Seraphim bis zu den Erzengeln.

Eine besondere Stellung nimmt die Sonne in dieser Hinsicht ein, denn sie hat zwei Aspekte: einen Fixstern- und einen Planetenaspekt. Jedoch gilt auch hier die angeführte Gesetzmäßigkeit: Die Hierarchien von den Seraphim bis zu den Geistern der Weisheit sind allein mit dem «Sternenaspekt» der Sonne verbunden, die Geister der Bewegung sowie die Geister der Form hingegen, deren Wirken auch von der Sonne ausgeht, haben eine Beziehung nur zu ihrem planetarischen Aspekt.

Und hier wird jetzt die Bedeutung des Übergangs der Waage vom «dunklen» Tierkreisbereich in den «hellen» deutlich, denn jener Teil der Geister der Bewegung, der in den Rang der Geister der Weisheit aufzusteigen begonnen hat, hat sich aus der Sphäre der Planetenwirkung in die Sphäre der Fixsternwirkung erhoben, wodurch die Waage zu demjenigen Bereich des Tierkreises wurde, unter dessen Leitung die Kräfte der Planeten mit denen der Fixsterne in die richtige Beziehung treten.

Das lässt sich auch folgendermaßen zum Ausdruck bringen: Die seitdem mit der Waage verbundenen Geister der Bewegung halten sozusagen das Gleichgewicht, indem sie als Vermittler zwischen dem reinen Fixsternbereich der Geister der Weisheit (Jungfrau) und dem Planetenbereich der Geister der Form (Skorpion-Adler) wirken.[49]

Diese besondere Stellung der Waage im Tierkreis – die damit zusammenhängt, dass die Sonne ein Planet und ein Fixstern zugleich ist – kann uns das Verständnis einer weiteren, zunächst widersprüchlich erscheinenden Stelle des oben angeführten großen Zitates erschließen. Denn wenn Rudolf Steiner über das höchste Ziel der Entwicklung des Menschen-Ich, über die Stufe des Geistesmenschen, spricht, der nach dem Schema auf Seite 55 zum Bereich der Jungfrau gehört, dann verbindet er dieses Ziel auch mit der Waage, obwohl die Waage selbst mit dem Lebensgeist verbunden ist. Mit anderen Worten: Rudolf Steiner beschreibt den Menschen nur bis zur Waage, obgleich dieser bis zur Jungfrau in den Tierkreis eingeschrieben ist.

Etwas Ähnliches liegt auch beim Lamm vor, nur in der Richtung von oben nach unten. Rudolf Steiner trägt es nur bis zur Waage in den Tierkreis ein, dennoch gehört zum «kosmischen Leib» des Lammes in einem gewissen Sinne auch der Bereich des Adler (Skorpion). Somit berühren sich die beiden Bereiche – der des Lammes und der des Menschen – im Zeichen der Waage, und das ist auch der Grund, weshalb dieses Zeichen von Rudolf Steiner besonders hervorgehoben wird.

Denn weil der «Leib des Lammes» seinem Wesen nach nur mit der Welt der Fixsterne verbunden ist, erwähnt Rudolf Steiner den Bereich des Adler (Skorpion) im Zusammenhang mit ihm nicht, obwohl das einzige planetarische Glied des Lammes sich im Adler (Skorpion) befindet.[50] (Darüber, wie im Laufe der Entwicklung zum Sternenleib des Lammes dieses planetarische Glied hinzukam, werden wir noch sprechen.) Der Mensch hingegen wird sich zunächst nur innerhalb der Grenzen des Planetendaseins realisieren können. Und deshalb legt Rudolf Steiner, wenn er vom Menschen spricht, den Akzent auf die Waage und nicht auf die Jungfrau. (Das wird durch die folgende Darstellung noch deutlicher werden.)[51]

Nun können wir uns unmittelbar dem Prozess des Herabkommens der Christus-Wesenheit aus kosmischen Höhen auf die Erde zuwenden und versuchen, dieses in der Sprache der Sternenschrift zu schildern. Als Ausgangspunkt wollen wir eine bestimmte Darstellung des Zyklus «Die geistigen Wesenheiten in den Himmelskörpern und Naturreichen» (GA 136) vor unsere Seele stellen. Hier sagt Rudolf Steiner im Vortrag vom 7. April 1912, dass im Kosmos, außer den Wesenheiten der neun Hierarchien, die den Anthroposophen bekannt seien, noch andere, höhere und umfassendere Wesenheiten wirken, die ihre einzelnen Glieder aus den Geistern der verschiedenen Hierarchien bilden. Diese Wesenheiten sind ihrer Natur nach so erhaben und so verschieden von allem, womit der Mensch gewöhnlich zu tun hat, dass man sich lediglich durch einen Vergleich oder eine Analogie eine entfernte Vorstellung von ihnen zu bilden vermag.

Rudolf Steiner macht in diesem Zusammenhang einen Vergleich mit dem Menschen. Er sagt: so, wie der Mensch aus physischem, ätherischem, astralischem Leib und weiter aus der Empfindungs-, Verstandes- und Bewusstseinsseele besteht und von der Letzteren aus vorläufig nur von unten nach oben auf die über ihm schwebende höhere Dreiheit seines Wesens, auf Manas, Buddhi, Atma, schauen kann, so bestehen auch die genannten kosmischen Wesenheiten aus sechs Gliedern, nur haben sie zu ihrem niedersten Glied nicht so etwas, «was wir nur als physischen Leib wie beim Menschen bezeichnen, sondern was wir selber als eine Wesenheit bezeichnen müssen, als *Geist der Form.* Wie wir in unserem physischen Leibe leben, so leben Wesenheiten von höherer Erhabenheit so, dass sie die Geister der Form, oder einen Geist der Form meinetwillen, zu ihrem untersten Gliede haben. Wir Menschen haben dann den ätherischen Leib, statt dessen haben diese Wesenheiten als zweites Glied Geister der Bewegung; statt des astralischen Leibes des Menschen haben diese Wesenheiten Geister der Weisheit; statt dessen, was wir Menschen als Empfindungsseele haben, haben diese Wesenheiten als ihr viertes Glied Throne oder Geister des Willens; statt unserer Verstandesseele haben diese Wesenheiten als fünftes Glied Cherubim; als sechstes haben sie, wie wir die Bewusstseinsseele haben, Seraphim. Und wie wir hinaufschauen zu demjenigen, was wir uns allmählich erst aneignen in zukünftigen Erdentagen, so schauen diese Wesenheiten hinauf zu dem, was überragt das Wesen der Hierarchien. Wie wir von unserem Manas, Buddhi, Atma oder Geistselbst, Lebensgeist, Geistesmenschen sprechen, so schaut gleichsam aus seinem seraphischen Glied, wie wir aus unserer Bewusstseinsseele, diese Wesenheit hinauf zu einer Urgeistigkeit. Da erst haben diese Wesenheiten dann etwas dem Analoges, was wir unser geistiges Innenleben nennen. Es ist außerordentlich schwierig, von dem, was da oben über den Hierarchien gleichsam als die geistige Wesenheit *höchster Geister* selber vorhanden ist, Vorstellungen zu erwecken» (GA 136, 7.4.1912).

Wenn wir nun versuchen, in Sternensprache das Wesen dieser «höchsten Geister» auszudrücken, dann müssen wir sagen, dass sie zu demjenigen Bereich am Himmel gehören, der sich vom Adler (Geister der Form) bis zu den Zwillingen (Seraphim) erstreckt. Wir können den von Rudolf Steiner gebrauchten Vergleich weiterführend aber auch von der Tatsache ausgehen, dass der Mensch einer Entwicklung unterliegt. So lebt die ganze Menschheit in der Gegenwart in der Epoche der Bewusstseinsseele, in der sechsten Kulturepoche wird der Mensch vom Geistselbst überleuchtet sein (als erste irdische Vorwegnahme des Jupiterzustandes), und in der siebenten Kulturepoche werden ihm die Kräfte des Lebensgeistes – zwar nur als eine Gabe von oben – zugänglich werden (und das wird die erste Vorwegnahme des zukünftigen Venuszustandes sein).

Etwas Ähnliches können wir ebenso in Bezug auf die genannten «höchsten Geister» voraussetzen. Auch sie können sich als Ergebnis ihrer Entwicklung eine noch höhere Einflusssphäre als die der Seraphim erschließen. Dabei wird sich ihnen der Weg zu dem eröffnen, was in christlicher Terminologie der Göttliche oder Heilige Geist und der Göttliche Sohn, der Sohn Gottes, genannt wird.

In der Sprache der Sternenschrift hieße das, dass die «höchsten Geister» ihrem höchsten, «seraphischen» Glied, das sich im Zeichen der Zwillinge befindet, einen noch höheren Einfluss aus den Bereichen von Stier und Widder eingliedern und somit in gewissem Sinne eine achtgliedrige Wesenheit bilden würden, die mit einer Sphäre außerhalb des Tierkreises in Berührung stünde.

Was hätte das Entstehen einer solchen «Über-Wesenheit» jedoch zur Folge? Die Folge wäre, dass sich zum ersten Mal in unserem Kosmos die Möglichkeit eröffnen würde, dass das göttliche *Prinzip des Sohnes* unmittelbar von oben nach unten bis zur Hierarchie der Geister der Form (das heißt bis zur Sphäre des Skorpion-Adler) zu wirken vermöchte. Und diese «Über-Wesenheit» wäre dann der wahre kosmische Leib des «Mystischen Lammes».

Gäbe es denn ein Ereignis in der Geschichte der Entwicklung unserer Erde, welches das oben Gesagte bestätigen würde, das heißt, das von einer solchen Teilnahme des *Sohnes selbst* an unserer planetarischen Entwicklung durch die Geister der Form zeugte? Ja, ein solches Ereignis gibt es in der Tat. Es ist die in der Bibel beschriebene Schöpfung des Menschen durch die Elohim. Rudolf Steiner spricht über dieses Ereignis: «Die Elohim ... sagten: Nun lasset uns den Menschen machen! – Da woben sie alles das, was sie im einzelnen konnten, zu einem Gesamtwerk zusammen. Alle Tätigkeiten, die sie herüberbrachten von früheren Stufen, woben sie zusammen, um zuletzt den Menschen hervorzurufen. Alle diese Hierarchien also, die der des Menschen vorangegangen sind und die wir bezeichnen als Seraphim, Cherubim, Throne, als Geister der Weisheit, der Bewegung, der Form, als Archai oder Geister der Persönlichkeit, als Feuergeister oder Erzengel und als Engelwesen, alle diese Wesenheiten, wir haben sie gefunden webend und wesend in all diesem Dasein. Und wenn wir das, was uns die Genesis berichtet, verfolgen bis zu jener Krönung des Gebäudes hin, die mit dem Menschen erscheint am sogenannten sechsten Schöpfungstage, wenn wir das ganze Weben und Wesen sozusagen der vormenschlichen Erdenentwicklung in Betracht ziehen, so finden wir schon darin alle die verschiedenen Hierarchien. Und alle diese Hierarchien mussten zusammenwirken, um das vorzubereiten, was zuletzt im Menschen zutage trat.

Wir dürfen also sagen: Es ist ein Bewusstsein vorhanden gewesen bei jenem Seher oder jenen Sehern, denen die Genesis entsprang, dass alle die aufgezählten Hierarchien schon für das Vorbereitungsstadium des Menschen wirken mussten. Aber auch davon mussten sie ein Bewusstsein haben, dass zur Hervorbringung des Menschen selber, *zur letzten Krönung dieser ganzen hierarchischen Ordnung,* noch eine Hilfe kommen musste von einer Seite her, die in einer gewissen Beziehung noch höher liegt als alle diese Hierarchien. Wir blicken also gleichsam über die Seraphim hinauf nach einer zunächst unbekannten, nur geahnten göttlichen Wesenheit. Verfolgen wir einmal die Tätigkeit zum Beispiel irgendeines Gliedes der hierarchischen Ordnung, sagen wir, die Tätigkeit der Elohim. Solange sie nicht zu dem Entschlusse gekommen waren, ihre Werke durch die Bildung des Menschen zu krönen, so lange reichte es aus, dass sie ihre eigene Tätigkeit in Einklang versetzten mit der Tätigkeit der Hierarchien bis zu den Seraphimen hinauf [das heißt: innerhalb der Bereiche vom Skorpion-Adler bis zu den Zwillingen]. Dann aber musste ihnen eine Hilfe kommen von jener Seite, zu der wir eben ahnend den geistigen Blick erheben, die sozusagen *über den Seraphimen steht»* (GA 122, 22.8.1910).

Dazu sei noch hinzugefügt – und das ist für unsere Betrachtung besonders wichtig –, was Rudolf Steiner über die Elohim selbst und ihre eigene innere Entwicklung sagt: «Wenn die Elohim zu dieser schwindelerregenden Höhe hinauf ihre schöpferische Tätigkeit richten wollten, so dass sie Hilfe von dieser Seite empfangen konnten [das heißt: aus den Bereichen über den Seraphim], dann musste etwas eintreten, was wir seiner ganzen Tragweite nach verstehen wollen. Sie mussten sozusagen *über sich selbst hinauswachsen.* Sie mussten lernen, mehr zu können, als sie bloß im Vorbereitungswerke gekonnt hatten ... Es musste also die Gruppe der Elohim gewissermaßen über sich selber hinauswachsen.» Denn «das, was der Mensch war, war gleichsam nur eine Vorstellung, in der sie zusammenwirken konnten ... In dieser Arbeit selber entwickelten sie sich aber höher, entwickelten sie ihre Einheit zu einer Realität, so dass sie jetzt nicht nur sieben waren, sondern dass die Siebenheit ein Ganzes war, so dass wir jetzt von einer Elohimheit sprechen könnten, welche sich auf siebenfache Weise offenbart. Diese Elohimheit ist erst geworden. Sie ist das, wozu sich die Elohim hinaufgearbeitet haben … Und diese reale Einheit der Elohim, in welcher die einzelnen Elohim tätig als Glieder, als Organe wirken, nennt die Bibel Jahve-Elohim» (ebd.).

Stellen wir nun diese Worte Rudolf Steiners neben das oben Gesagte, so sehen wir, dass das siebengliedrige Wesen, das aus dem «Zusammenwachsen» der Elohim entstanden ist, gleichsam in der Sphäre der Geister der Form eine Art Abbild derjenigen «Über-Wesenheit» bildet, von der oben gesprochen wurde. So gehören die Elohim selbst einerseits zu dem niedersten Glied dieser «Über-Wesenheit», andererseits vereinigen sie sich in ihrer eigenen Sphäre zu einem *neuen Wesen,* das gleichsam mikrokosmisch in seinen sieben Glicdern die *sechs* Glieder der «Über-Wesenheit», von den Geistern der Form bis zu den Seraphim (siehe Seite 70f.), und im siebenten die genannte Entwicklung der «Über-Wesenheit» bis zur Sphäre des kosmischen Geistes (Stier) widerspiegelt.[52] Dadurch ist diese siebenfache Einheit der Elohim in der Lage, *wie ein Ganzes* einen Impuls aus einer noch höheren, der achten, Sphäre zu empfangen, den Impuls des Sohnes, um mit Hilfe dieses Impulses «den Menschen zu schaffen», zu schaffen wahrhaftig «zum Bilde Gottes» (Genesis 1,26–27). Das ist auch ein Hinweis auf das Geschehen, durch das zu dem kosmischen Leib des «Mystischen Lammes», der zunächst nur aus Sternengliedern bestand, noch ein planetarisches Glied hinzukam, das von der Gesamtheit der sieben Elohim gebildet wurde.

Nun können wir das Herabsteigen des Sohnes-Prinzips oder des Christus als «Mystisches Lamm» noch genauer betrachten. Wie bereits gesagt, gehört der Leib des «Mystischen Lammes» vollkommen zur Fixstern-Sphäre und umfasst, außer den höchsten

Tierkreisbereichen des Sohnes und des Geistes (Widder und Stier), vor allem die «Sternen»-Hierarchien von den Seraphim bis zu den Geistern der Weisheit (oder, in der Sprache der Sternenschrift, von den Zwillingen bis zur Jungfrau). Das ist die Ursprungssphäre des «Mystischen Lammes». *Durch das Tor des Widder* tritt das Prinzip des Sohnes oder der kosmische Christus aus den Weltbereichen jenseits des Tierkreises in diesen ein und durchdringt nacheinander alle Bereiche bis zur Jungfrau. *Das ist das erste große Opfer des Sohnes und zugleich das erste Stadium seines Abstiegs zur Erde,* währenddessen das Prinzip des Sohnes zunächst immer noch nur mit dem Sternenkosmos verbunden ist. Um sich der Erde jedoch weiter zu nähern, muss er auch noch den Weg aus den Sternensphären in den Wirkensbereich der Wandelsterne oder Planeten finden, wozu die Vereinigung mit der Sonne notwendig ist, denn die Verbindung mit den Planeten geht innerhalb der Grenzen des Sonnendaseins vor sich.

Gemäß den Angaben der modernen Geisteswissenschaft betritt der Christus die Sonne durch das Tor eines Sonnengeistes der Weisheit: «Das heißt, dasjenige, was man in der Sprache der heiligen Rishis als Vishvakarman bezeichnet, in der des Zarathustra als Ahura Mazdao, in der der ägyptischen Kultur, wenn man wirklich versteht, was hinter dem Namen steckt, als Osiris, und was man bezeichnete in der Sprache des vierten Kulturzeitraumes mit dem Wort Christus, das hat hereingeleuchtet durch das Tor des Sonnengeistes der Weisheit ... Er [der Sonnengeist der Weisheit] war das Tor, um hinauszurichten den okkulten Blick in unendliche Sphären, worin die Geister der höheren Hierarchien vorhanden sind; aber der Einlass war der Geist der Weisheit, der Sonnengeist der Weisheit» (GA 136, 13.4.1912).

Und so tritt das Prinzip des Sohnes oder der Christus *durch das Tor der Jungfrau* in die Sonnensphäre ein, zunächst sich aber nur mit dem verbindend, was noch zu ihrer Sternennatur gehört (das heißt, mit der Sonne in ihrem Fixstern-Aspekt). Um dann jedoch den Weg zu ihrem zweiten, dem «Planeten»-Aspekt zu finden, verbindet sich der Christus noch innerhalb des Sonnenlebens mit dem Bereich der Geister der Bewegung, die, wie wir sahen, das Gleichgewicht zwischen der Fixstern- und der Planetenwelt herstellen. In ihrem Kreis (das heißt im Waage-Bereich) weilt der Christus noch in den Grenzen des uranfänglichen Leibes des «Mystischen Lammes» (siehe Schema auf Seite 55), denn die Sternenkräfte wirken noch unmittelbar in dieser Sphäre, wenn auch schon im Wechsel mit Planeteneinflüssen.[53]

Nun vollzieht der Christus das *zweite große Opfer, das zugleich das zweite Stadium seines Näherkommens zur Erde bedeutet:* Er muss von den Sternengliedern des «Mystischen Lammes» zu seinem niedersten, dem «planetarischen» Glied übergehen, das in der Sprache der Sternenschrift dem Bereich des Adler-Skorpion entspricht. Das wird dadurch möglich, dass die sieben Sonnen-Elohim «über sich selbst hinauswachsen» und in ihrer Gesamtheit ein neues höheres Wesen zu bilden vermögen, das (von oben nach unten zählend) zum achten «planetarischen» Glied des Lammes werden kann. So vereinigt sich der Christus infolge seines zweiten großen Opfers mit dem planetarischen Aspekt der Sonne und durch sie auch mit allen Planetenwirksamkeiten innerhalb unseres Sonnensystems.

Danach muss der Christus, um der Erde noch näher zu kommen, eine weitere Stufe hinabsteigen und aus dem Planeten- in das Mondendasein übergehen. Wenn nun, wie oben (Seite 68) bereits gesagt, im Planetendasein die Hierarchien von den Seraphim bis zu den Geistern der Form wirken, so kommen im Mondendasein die Geister der Persönlichkeit (Archai) und die Archangeloi noch hinzu. Um jedoch in das Mondendasein einzutreten, muss der Christus die Sonne *durch das Tor des Skorpion-Adler* verlassen.

Den Aspekt des Skorpion als den des «Sterbens» können wir in den folgenden Worten Rudolf Steiners, mit denen er diesen Prozess charakterisiert, ganz besonders nachempfinden: Christus «starb kosmisch von der Sonne zur Erde herab, er kam zur Erde herunter» (GA 240, 27.8.1924).

In diesem Herabkommen in die Mondensphäre haben wir *das dritte große Opfer des Christus und zugleich ein weiteres Stadium auf seinem Wege zur Erde.* In der Sprache der Sternenschrift können wir über dieses Ereignis sagen: Der Christus verließ auf seinem Weg zur Erde die Sphäre des Skorpion-Adler und trat, nachdem er durch die Region des Schützen hindurchgegangen war, in das Gebiet des Steinbock ein. Dieser ist ganz besonders mit der Hierarchie der Erzengel verbunden. Und hier, in ihrem Kreise, begegnet der Christus auch den *sieben* Bedeutendsten unter ihnen und ganz besonders ihrem Sonnenführer, dem Erzengel Michael, der seit dieser Zeit den Weg geht, der es ihm ermöglicht, allmählich vom Antlitz Jahves zum Antlitz Christi zu werden.

Wenn wir nun – ehe wir zu dem letzten und größten Opfer des Christus übergehen – alles bisher Gesagte vom Standpunkt der geistesgeschichtlichen Entwicklung der Menschheit betrachten, dann sehen wir, dass die *sieben* heiligen Rishis im alten Indien den Christus – man nannte ihn damals Vishva-Karman –, der in den Bereichen *jenseits* des Tores des Sonnengeistes der Weisheit (in den Sphären vom Widder bis zur Jungfrau) weilte, als «über ihrer Sphäre» auffassten (GA 136, 13.4.1912). Denn ihre Sphäre war die der Planetenentwicklung, die nicht bis zur Welt der Fixsterne (von der Jungfrau an aufwärts) hinaufreicht.[54]

Weiter wurde die Christus-Wesenheit, als sie im Bereich *diesseits* vom Tor des Geistes der Weisheit in den Sphären der Geister der Bewegung und ganz besonders der Geister der Form weilte, in der Epoche des alten Persien Zarathustras als der Sonnengeist Ahura Mazdao aufgefasst, dessen Gegner der Geist der Finsternis Angramanyu (Ahriman) war. Und dieser Dualismus der Religion Zarathustras ist auch im Charakter des Skorpion-Adler-Gebietes zu finden: einerseits im Adler – andererseits im Skorpion.[55] Das Herabsteigen der Christus-Wesenheit *durch das Tor des Steinbock* in die Mondensphäre schließlich wurde bereits in der Erdenumgebung und sogar in den Erdenelementen unmittelbar wahrgenommen. Hier wirkte die Christus-Wesenheit nun, wie wir sahen, aus der Sphäre der Erzengel heraus und offenbarte sich durch sie den einzelnen Völkern der Erde auf verschiedene Weise: den Griechen als Apollon, den Ägyptern als Osiris, in Kleinasien als Adonis, in Persien als Mithras, im europäischen Norden als Baldur und im alten Israel als «Ejeh asher ejeh» (Ich bin der Ich-Bin) im brennenden Dornbusch vor Moses auf dem Berge Sinai.[56] Jetzt befindet sich die Christus-Wesenheit schon ganz nah bei der Erde. Aber es steht ihr noch das *größte, vierte Opfer* bevor, was ihre Abtrennung aus der Sphäre der Hierarchien und ihre Vereinigung mit dem Menschen Jesus von Nazareth auf der Erde bedeutet, mit Jesus, der unter der Einwirkung des *Fische-Bereichs* steht, denn er soll der Erstling und Stammvater der Menschheit als neue, zehnte Hierarchie werden.

Um dieses höchste Opfer zu vollbringen, das durch das Mysterium von Golgatha vollendet wurde («Doch darum bin ich in diese Stunde gekommen», Joh 12,27), verlässt der Christus das Gebiet des Steinbock und zieht, die Engelsphäre nicht unmittelbar berührend (siehe GA 152, 1.6.1914), in die Hüllen des Jesus ein. (Wenn die Taufszene richtig dargestellt wird, dann werden die Engel stets rechts als eine gesonderte Gruppe in einiger Entfernung abgebildet, denn sie schauen das letzte Stadium des Herabkommens des Christus nur von außen.)

Nun wollen wir den gesamten Weg nochmals betrachten und die wichtigsten Stufen hervorheben. Zu Beginn tritt die Christus-Wesenheit als Sohnes-Prinzip durch das Tor des Widder in den Tierkreis ein. Dadurch wird der Christus, weil er sich opfervoll in den geschaffenen Kosmos hineingegeben hat, zum «Großen Opfer», zum «Mystischen Lamm», das alle Sternenhierarchien bis zu den Geistern der Weisheit und zum Teil sogar zu den Geistern der Bewegung umfasst. Das ist das erste Opfer des Christus. Sodann betritt er durch das Tor der Jungfrau die Sonne, sich zunächst nur mit ihrem «Sternen»-Aspekt vereinigend. Allmählich durchdringt und durchgeistigt er jedoch die

Deshalb kommt dieses Streben der Isis vom Stier zum Widder – oder im Bereich des Sonnensystems aus der Monden- in die Sonnensphäre – in der weiteren Metamorphose des äußeren Antlitzes der Isis zum Ausdruck: Es erscheint die Sonnenscheibe zwischen den beiden Stier-Monden-Hörnern auf ihrem Haupte. Dieses verwandelte Bild der Isis weist prophetisch auf den Übergang von der Monden- zur Sonnenepoche hin oder, okkult gesprochen, vom Monden-Logos zum Sonnen-Logos (siehe GA 227, 29.8.1923), historisch betrachtet auf den Übergang von der dritten zur vierten Kulturepoche.[33]

Eine interessante Parallele zu dieser Metamorphose der Isis-Gestalt ist die analoge Verwandlung des Stierkopfes im ägyptischen Apiskult. Auch hier erscheint in dem Maße, in dem sich dieser dem Osiriskult annähert (Apis wird allmählich zum «Stier des Osiris»), die Sonnenscheibe zwischen den Hörnern, welche die Form einer horizontal liegenden Mondensichel bilden. Beim Übergang von der dritten zur vierten Kulturepoche (das heißt vom Stier zum Widder) verschmelzen diese beiden Kulte vollständig zu dem des Osirapis (Osiris-Apis) oder Serapis. Dieser neue Kult tritt zunächst in Ägypten auf, verbreitet sich jedoch mit dem Beginn der letzten vorchristlichen Herrschaftsepoche Michaels (550–200 v. Chr.) weit innerhalb der griechisch-römischen Welt. Unter der Dynastie der Ptolemäer ist Serapis dann der Hauptgott Ägyptens und der Beschützer der Stadt Alexandria – der neuen Hauptstadt des Landes.[34]

In der alten Welt spielte die Gestalt des Stieres jedoch noch eine ganz andere Rolle. Denn einerseits ist der Stier, sofern er als Träger der Sonnenscheibe erscheint und so prophetisch auf die beschriebene Entwicklung vom Stier zum Widder hinweist, Repräsentant des *rechtmäßigen Zeitgeistes.* Will er sich jedoch nicht in Richtung des Widder bewegen, will er nicht mit der Sonnensphäre in Berührung kommen, sondern egoistisch für immer in der Mondensphäre bleiben, so tritt er gegen die rechtmäßige Entwicklung auf und wirkt als unrechtmäßiger *luziferischer* ganze Sonnensphäre mit seinem eigenen Wesen und vereinigt sich auf diese Weise auch mit dem «planetarischen» Aspekt der Sonne, dem Bereich der Geister der Form, indem er seine Macht auch auf alle einzelnen Planeten unseres Sonnensystems ausdehnt (zweites Opfer). Dann verlässt der Christus durch das Tor des Skorpion die Sonne und tritt, sich der Erde nähernd, durch das Tor des Steinbock aus dem Kreis der Erzengel (drittes Opfer) in die Mondensphäre ein. Schließlich verlässt er auch diese Sphäre, um sich bei der Taufe im Jordan mit dem Menschen Jesus von Nazareth zu vereinigen (viertes Opfer).

So haben wir im Ganzen gesehen *vier* große Opfer, welche die Christus-Wesenheit auf ihrem Wege zur Erde bringt, und jedes ist mit dem Durchgang durch ein Tor verbunden. In der Sprache der Sternenschrift können wir sie als das Tor des Widder, der Jungfrau, des Skorpion-Adler, des Steinbock und der Fische bezeichnen, wobei das Tor des Widder in die Tierkreissphäre hineinführt, die Tore von Jungfrau und Skorpion-Adler als Ein- und Ausgang der Sonnensphäre *zusammengehören* und so beide mit der Sonne verbunden sind, und das Tor des Steinbock, auch Tor des Mondes, den Zugang zur Mondensphäre bildet.

Und so sehen wir drei *kosmische Stufen* beim Herabkommen des Christus: die Sternenstufe (Widder), die Sonnenstufe (in ihren beiden Aspekten als Jungfrau und als Skorpion-Adler) und die Mondenstufe (Steinbock). Zu diesen drei kosmischen Stufen oder Opfern kommt dann noch die vierte, ebenso mit einem Opfer verbundene *irdische Stufe* unter dem Zeichen der Fische, die Vereinigung des Christus mit dem Jesus bei der Taufe im Jordan, hinzu.

Wir können die vier Stufen, über die der Christus zur Erde hinabstieg, auch folgendermaßen benennen: Die erste ist die *Sternenstufe (Widder)*, die zweite die *Sonnen-,* die dritte die *Monden-* und die vierte die *Erdenstufe.* Damit haben wir den Schlüssel für die Worte Rudolf Steiners, die oben (auf Seite 56) angeführt wurden: «Er [der Christus] steht seiner ganzen Wesenheit nach in der *Sonne* und ist in seinen Schöpfungen mit dem *Mond* und der *Erde* verbunden, und seine Kraft liegt im Sternbild des Lammes *(Widder)»* (GA 102, 27.1.1908).

Das erklärt auch die unterschiedlichen Bezeichnungen für den Christus. Wenn er durch das Tor des Widder in den Tierkreis eintritt, erscheint er als der Sohn, auf der Sonne als der «große Sonnengeist» (eine Bezeichnung, die sehr oft von Rudolf Steiner benutzt wird). Den Namen Christus (aus dem Griechischen «Christos» – der Gesalbte) erhält er zu der Zeit, als er seinen Einfluss bis zur Mondenumgebung der Erde ausdehnt; auf der Erde aber wirkt er als Christus Jesus, als Gott-Mensch. Und durch alle diese Stufen geht, sie gleichsam mit einem alleinen Strom durchdringend, die Offenbarung des Christus als dem Logos oder Wort. Es tritt im Tierkreis in der Widder-Sphäre – aus der Sphäre jenseits des Zodiak kommend («Im Urbeginne war das Wort, und das Wort war bei Gott, und ein Gott war das Wort») – als neuer Schöpfungsimpuls in Erscheinung («Alles ist durch dasselbe geworden, und außer durch dieses ist nichts von dem Entstandenen geworden»). Von dort tönt es durch alle absteigenden Ränge der Hierarchien[57], indem es auf der Sonne – in ihrem Sternenaspekt – Leben («In diesem war das Leben») und in ihrem Planetenaspekt Licht («Und das Leben war das Licht ...») wird. In der Mondensphäre begegnet es deren dunklen Kräften, um sie zu überwinden («Und das Licht scheint in die Finsternis, aber die Finsternis hat es nicht begriffen»), um auf der Erde dann zum verkörperten Wort, zum Gott-Menschen, dem Christus Jesus zu werden («Und das Wort ist Fleisch geworden ...»). Sodass wir mit den Worten Rudolf Steiners sagen können: «Der Christus aber in seiner ihm eigenartigen Wesenheit ist darin nicht etwa beschlossen, dass er in der Hülle des Jesus von Nazareth drei Jahre war, sondern *er ist der Führer und Lenker auch aller Wesenheiten der höheren Hierarchien»* (GA 129, 21.8.1911).[58]

Viele tiefe und weltumfassende Geheimnisse kann man durch das Lesen der Sternenschrift erschließen. Ganz zum Abschluss wollen wir noch bei einem besonderen verweilen.[59] Wir sahen bei der Beschreibung der himmlischen Tore, durch welche die Christus-Wesenheit im Makrokosmos hindurchschreitet, dass wir sie mit den Zeichen Widder, Jungfrau, Skorpion-Adler und Steinbock bezeichnen können. Führen wir nun alle zwölf Tierkreis-Bereiche in der Reihenfolge auf, wie sie uns in den zwölf heiligen Nächten entgegentritt, indem wir vom Jesus-Geburts-Fest (Fische) zum Christi-Geburts-Fest (Widder) durch die zwölf Stufen fortschreiten, so ergibt sich uns, wenn wir bei den Fischen beginnen, an dritter Stelle – der Steinbock, an der fünften – der Skorpion-Adler, an der siebenten – die Jungfrau und der zwölften – der Widder. Damit erhalten wir in der Mysteriensprache der Zahlen eine Reihenfolge, welche die erhabensten und heiligsten Ereignisse *in unserem Kosmos* zum Ausdruck bringt: (1)[60] – 3 – 5 – 7 – 12.

Wie bekannt, beachtete Rudolf Steiner gerade diese Reihenfolge, als er den Grundstein des ersten Goetheanum legte, der in Form zweier miteinander verbundener Dodekaeder, eines größeren und eines kleineren, gestaltet war und dann in die Erdensubstanz versenkt wurde als Sinnbild «der strebenden, als Mikrokosmos in den Makrokosmos eingesenkten Menschenseele»[61].

Danach wurde dieser Grundstein auf dreifache Weise geweiht: zunächst als Sinnbild aus den Kräften der die Erde unmittelbar umgebenden geistigen Welt oder Mondensphäre. Sind doch alle Bilder, so, wie alle alten Symbole, die größtenteils auf vorchristliche Zeiten zurückgehen, nichts anderes als Abbilder von Weltengeheimnissen, die in der imaginativen Mondensphäre geschaut wurden.

In der Folge wurde der Grundstein durch 3 – 5 – 7 Schläge auf seinen kleinen und mit 12 auf den großen Teil[62] aus einem Sinnbild zu einem *Zeichen* geweiht. Diesen Vorgang erklärt Rudolf Steiner weiter so: «Dreifach steigt auf die Menschenseele zu den drei Geheimnissen des Daseins: Sinnbilder sind sie zuerst, Zeichen sind sie dann, indem die *Seele liest das ewige Weltenwort,* doch die tiefsten Tiefen der Weltengeheimnisse, sie werden lebendig verbunden mit der Seele, wenn diese Seele aus dem Reiche der Hierarchien sich selber zu geben vermag die Hülle.»[63]

So «liest die Seele das ewige Weltenwort» auf der zweiten Stufe, und das hängt damit zusammen, dass wir das okkulte Zeichen nicht mehr nur in der Imagination sehen, sondern auch geistig in der Inspiration beim Lesen des Sonnen-Welten-Wortes «hören» können, wie es sich unaufhörlich in der Sonnensphäre offenbart. Auf der dritten Stufe aber muss sich die Seele selbst unmittelbar in den Sternenwelten, im Tierkreis, erleben, um sich dort aus den Kräften der höheren Hierarchien eine *Hülle* zu bilden. Und eine solche Hülle braucht die Seele in den höheren Geistessphären, wenn sie ihr individuelles Ich, ihr Selbstbewusstsein nicht verlieren will.

Wir können auch von dem in diesem Aufsatz dargelegten Standpunkt aus sagen: Die Menschenseele, deren Ausgangsimpuls für ihre innere Entwicklung im Tierkreisbereich der Fische zu suchen ist, sie erhebt sich zunächst in die Monden-Sphäre, die Wirkenssphäre der Kräfte aus dem Bereich des Steinbock; dann steigt sie in die Sonnen-Sphäre auf, in der die Kräfte wirken, die vom Tierkreisbereich zwischen dem Skorpion-Adler und der Jungfrau ausgehen. Schließlich kann sie sich mit den Kräften verbinden, die aus der Sphäre jenseits des Tores der Jungfrau erfließen. Und schließlich wird die menschliche Seele im Makrokosmos, in der wahren Sternenwelt, geboren und kann sich ihre Hülle nicht nur aus den Kräften der höheren Hierarchien, sondern aus dem «Mystischen Lamm» selbst bilden.

Dieses dreistufige Aufsteigen ist bei der Grundsteinlegung des ersten Goetheanum in dem Augenblick geschehen, da «Merkurius als Abendstern in der Waage stand»[64]. Der Tierkreisbereich der Waage aber ist, wie wir bereits sahen, mit jener Sphäre im Innern des Sonnendaseins verbunden, wo die Vereinigung und das gegenseitige Sich-Durchdringen des planetarischen und des Fixstern-Kosmos stattfindet (siehe Seite 68ff.). Und das ist zugleich der Bereich, wo die Taten des Menschen als eines Planeten-Wesens sich mit den Sternen-Taten (den makrokosmischen) der höheren Hierarchien verbinden können, wo das einheitliche Menschen-Ich, «den höchsten Punkt seiner Entwickelung anstrebend ..., teilnehmen [kann] an den Kräften, die dem Tierkreis angehören», wo es «in den Tierkreis hineinwirken» kann (GA 102, 27.1.1908).

Das ist die Grundrichtung der Menschheitsentwicklung aus der Gegenwart in die Zukunft hinein. Mit ihrer Verwirklichung muss aber bereits im Laufe der zweiten Hälfte der gegenwärtigen Erdenverkörperung, die unter der Führung der Merkur-Kräfte steht, begonnen werden. Um das zu ermöglichen, dazu ist im Besonderen die moderne, anthroposophisch orientierte Geisteswissenschaft berufen.

3. Die Sternenschrift und der Baugedanke des ersten Goetheanum

«Versuchen wir einen Augenblick daran zu denken, dass, indem wir das getan haben, was wir heute Abend vollbringen wollten, wir das Bewusstsein in uns tragen müssen, hinauszuschauen in weite, weite Zeitenkreise, um gewahr zu werden, wie sich die Mission, deren Wahrzeichen werden soll dieser Bau, einreihen wird der großen Mission der Menschheit auf unserem Erdenplaneten.»
Rudolf Steiner,
Ansprache bei der Grundsteinlegung des ersten Goetheanum
am 20. September 1913 (GA 268)

Die folgende Betrachtung ist der Frage gewidmet: Was ist die geistig-okkulte Bedeutung der Sternkonstellation zur Zeit der Grundsteinlegung des ersten Goetheanum, der Konstellation, die mit den Worten beschrieben wurde: «da Merkurius als Abendstern in der Waage stand», und wie ist ihre Beziehung zum Baugedanken des Goetheanum?

Schon die bedeutsame Tatsache, dass sich in der Urkunde, die in den Grundstein gelegt wurde, ein Hinweis auf diese Konstellation findet, führt gleichsam von selbst zu dem Gedanken, ob sie wohl wie in einem kosmischen Brennpunkt die Grundidee des Baues enthält. In anderen Worten: Kann diese Grundidee auch *in den Zeichen der Schrift gelesen werden,* die am Abend des 20. September 1913 am Himmel geschrieben stand?

Auf Grundlage des Versuchs zum «Lesen der Sternenschrift» im vorangehenden Kapitel wollen wir jetzt auch diese Konstellation zu entziffern suchen. Um sie im eigentlichen Sinne lesen zu können, müssen wir uns jedoch vorbereiten und uns zunächst ihrem äußeren, astronomischen Aspekt zuwenden, über den Elisabeth Vreede in dem dieser Konstellation gewidmeten Artikel schreibt:

«Gehen wir von der äußeren Konstellation aus, die da erwähnt wird: Merkur in der Waage. Schlagen wir eine sogenannte Ephemeride für den 20. September 1913 auf, so finden wir, dass an demselben Tage gegen 11 Uhr vormittags der Planet Merkur den himmlischen Äquator nach abwärts überschritten hatte, so *dass er abends noch im ersten Grad des Zeichens der Waage stand.* Unweit von ihm stand die Sonne, mit der er kurz vorher in Konjunktion gewesen war. Durch diese Konjunktion war Merkur von der Westseite der Sonne als Morgenstern zu der Ostseite übergegangen, war Abendstern geworden und hatte sich, für das äußere Auge noch ganz unwahrnehmbar, erst 3½° von ihr entfernt.

Da die Sonne am 20. September in Dornach um 18.30 MEZ untergeht[65], war in jenem Augenblick, da die eigentliche Grundsteinlegung stattfand, Merkur unmittelbar auf dem Horizont im Untergehen begriffen. Da er aber soeben den Äquator überschritten hatte, stand er im ‹Herbstpunkte›, der Herbst-Tag- und Nachtgleiche, welche die Sonne erst am 23. September erreichen sollte. Der Äquator aber berührt den Horizont eines jeden Orts genau im Osten und Westen. Die Ost-West-Linie bezeichnet immer die Schnittpunkte des Himmelsäquators mit dem Horizont. Folglich stand Merkur in bezug auf den Bau genau im Westpunkt, das heißt er war unmittelbar in der Längsachse des ja streng ‹orientierten› Goetheanum gelegen, zu gleicher Zeit durch die Erddrehung den Horizont und durch seine Eigenbewegung den Äquator nach abwärts überschreitend.»

Das heißt: Merkur bewegte sich, als er bezüglich der Sonne rückläufig war, in Bezug auf das Goetheanum genau in Richtung von dessen Längsachse: von Westen nach Osten.

Nun ist noch zu beachten, dass Rudolf Steiner hier das *Zeichen,* nicht das *Sternbild* der Waage meinte, als er davon sprach, dass Merkur im Augenblick der Grundsteinlegung in der Waage stand. Elisabeth Vreede äußert dazu in einem anderen Artikel[66]: «Wir finden die alten Namen auch in dieser Weise von Rudolf Steiner angewendet [«die Namen», das heißt: nicht der Sternbilder, sondern der Zeichen], zum Beispiel ... in dem bei der Grundsteinlegung des ersten Goetheanum gebrauchten Ausdruck: ‹Da Merkurius als Abendstern in der Waage stand.› Merkur hatte an dem betreffenden Tage (20. September 1913) kurz vor der feierlichen Handlung den Äquator überschritten, hatte eine ‹Waage›-Stellung zwischen dem oberen und dem unteren Tierkreisbogen. *Doch liegt dieser Punkt heute in der Jungfrau.* Wäre aber gesagt worden: Da Merkur in der Jungfrau stand –

so würde das, worauf es ankam, das Stehen im Gleichgewicht, nicht zum Ausdruck gekommen sein.»

Tatsächlich aber befand sich vom Standpunkt der modernen Astronomie gesehen nicht nur die Sonne, sondern auch Merkur, ungeachtet seiner rückläufigen Bewegung, im Augenblick der Grundsteinlegung im *Sternbild* der Jungfrau. Denn in das *Sternbild* der Waage tritt die Sonne erst am *1. November*[67], das heißt beinahe *vierzig Tage* nach der Grundsteinlegung. Merkur andererseits eilt bei seiner rückläufigen Bewegung «nach Osten» der Sonne nicht so weit voraus, dass er schon am 20. September in dieses Sternbild eintreten würde. In das *Zeichen* der Waage tritt die Sonne jedoch bereits am 24. *September*[68], was es dem ihr vorauseilenden Merkur ermöglicht, diesen Übergang etwas früher zu vollziehen, sodass er schon am 20. September in den «ersten Grad» dieses Zeichens eintritt.

Damit ist ganz deutlich zu sehen, dass Merkur im Augenblick der Grundsteinlegung einerseits ganz zum *Sternbild* der Jungfrau gehörte und andererseits schon in den ersten Grad des Waage-*Zeichens* eingetreten war. Folglich haben wir es hier nicht nur mit einer bestimmten Konstellation, sondern vor allem mit einem bestimmten *Prozess* zu tun, und zwar mit dem Prozess des Übergangs vom Merkur (in seiner rückläufigen Bewegung in Bezug auf die Sonne) aus dem Bereich der Jungfrau in den der Waage.

Betrachtet man dazu noch die bereits erwähnte physische Bewegung des Merkur von Westen nach Osten im Augenblick der Grundsteinlegung, so offenbart auch sie ihr okkultes Wesen. Die physische Sonne war gerade im Westen unter die Horizontlinie gesunken. Einem solchen «Untergehen» der physischen Sonne im Westen entspricht aber ein allmähliches «Aufgehen» der geistigen Sonnenkräfte im Osten. Und der Weg zum Erleben der Sonne um Mitternacht lag seit ältesten Zeiten in Richtung von West nach Ost[69].

In einem späteren Vortrag beschreibt Rudolf Steiner, sich an den okkulten Ausspruch Jakob Böhmes von der «Morgenröte im Aufgang» anlehnend[70], das Erlebnis eines früheren Eingeweihten so, dass dieser beim Erwachen am Morgen zu sich selbst sagen konnte: «Ich weiß, was ich während des nächtlichen Lebens erlebt habe. Ich erinnere mich ganz genau, dass ich geschaut habe, wie nach und nach ein bläulich glimmerndes Licht von der Abenddämmerung aus weiterhin *ging von Westen nach dem Osten,* und wie ich schaute, woran ich mich jetzt genau erinnere, um die Mitternachtsstunde die Sonne am entgegengesetzten Himmelspunkte, gegenüber dem Punkte, wo sie in ihrer glänzenden Mittagsstärke war ... Ich habe gesehen die Sonne um Mitternacht» (GA 236, 27.6.1924).

Und Merkur weist uns, sich beim Untergehen von Westen nach Osten bewegend, auf eben diesen Weg: von der physischen zur geistigen Sonne. An uns aber ist es, ihm zu folgen. Vermögen wir das, so wird er zum wahren geistig-himmlischen Führer für uns, der uns hilft, den Weg aus der Erdensphäre durch die geistige Mondensphäre in die höhere Sonnensphäre zu finden. Über diese Tätigkeit des Merkur-Geistes als Führer und Leiter in der an die Erde angrenzenden geistigen (imaginativen) Welt spricht Rudolf Steiner in folgenden Worten:

«An diesem geistigen Nachthimmel erglänzt jetzt in wunderbarem glimmenden Lichte Merkur. Es geht der Stern Merkur in dieser in den Tag hineingezauberten Nacht wirklich auf, aber nicht so, wie man den Merkur durch das Teleskop sieht, sondern man wird gewahr: das ist etwas Lebendiges. Man kann nicht gleich die lebendigen Geistwesen, die den Merkur bewohnen, unterscheiden, aber man wird gewahr im allgemeinen, an der Art und Weise, wie einem der Merkur entgegentritt, dass man es mit einer geistigen Welt zu tun hat, dann geht allmählich der Geiststern Merkur in dieser in den Tag hineingezauberten Nacht auf. Heraus tritt aus diesem funkelnden Dämmern und dämmernden Funkeln, in dem einem der Merkur entgegentritt, diejenige Wesenheit, die dann als das Götterwesen Merkur bezeichnet wird. Den braucht man. Den braucht man unbedingt, sonst kommt Verwirrung zustande. Man muss zunächst in der geistigen Welt dieses Wesen finden, von dem man genau weiß, es gehört zu den Merkurwesen ... Man braucht nicht mehr so wie ein Mondenwandler sich unbestimmten Wegen zu überlassen, sondern man kann an der Hand dieses Götterboten Merkur die bestimmten Wege in die geistige Welt hinein tun.

Und so handelt es sich darum: Will man die richtigen Wege in die geistige Welt hinein finden, so muss man ganz bestimmte Erfahrungen zunächst machen, welche lenkend und leitend sind ... Aber indem man in die Merkur-Wirkungen eintritt, gehen diese Imaginationen zu ihren Wesenheiten über ... Und so werden Sie sich der Merkur-Wirkungen bewusst, indem Ihre visionäre Welt in eine wahre Wahrnehmungswelt des Geistigen hineinfließt» (GA 243, 21.7.1924).

So tritt der Mensch unter der Führung des *Abendsterns* Merkur, der sich vom Westen nach dem Osten bewegt und den Weg vom verdämmernden physischen zum aufgehenden geistigen oder astralischen Licht weist, allmählich in die geistige Welt ein, indem er ein *wahres* Leben in Imaginationen erlangt, durch die sich ihm auch der *geistige Aspekt* der Konstellation des 20. September erschließt, der darin besteht, dass in dem Augenblick, als der physische Merkur den Übergang aus dem Bereich der Jungfrau in den der Waage vollzieht, der *geistige Merkur* vom Standpunkt der übersinnlichen Welten *umgekehrt, aus dem Bereich der Waage in den der Jungfrau übergeht.* Vom Standpunkt der im Kosmos wirkenden geistigen Hierarchien aus betrachtet, entspricht dem das Aufsteigen aus der Sphäre der Geister der Bewegung in die Sphäre der Geister der Weisheit oder, anders gesagt, aus den mit der Erde verbundenen Planetenbereichen in den Wirkensbereich der Fixsterne (und vom Standpunkt der okkulten Zahlensymbolik aus: der Übergang von der Gesetzmäßigkeit der Sieben zu derjenigen der Zwölf).[71]

Und nun wollen wir, dieser Führung des «Götterboten» Merkur folgend, in Gedanken das erste Goetheanum in Richtung von Westen nach Osten betreten. Da erweist sich schon sein allgemeiner Bauplan als eine Art «Erinnerung» an die Himmelskonstellation bei seiner Grundsteinlegung. Das stellt Elisabeth Vreede folgendermaßen dar: «Wir sehen, wie die Längsachse des Baues – die einzige Symmetrie-Achse, die von West nach Ost geht und die auch die Symmetrie-Achse des Grundsteines ist – unmittelbar hinführt zu dem unter den Horizont tauchenden Merkur, der genau seine Gleichgewichtsstellung zwischen Himmel und Erde – Äquator und Ekliptik –, zwischen oberirdischer und unterirdischer Welt einhält. Diese Symmetrie-Achse ist zu gleicher Zeit die Willensachse des Baues.» (Siehe die Zeichnungen in dem Aufsatz von Elisabeth Vreede.)

Folglich entsteht im Augenblick der Grundsteinlegung schon aus der Stellung des Merkur «zwischen Himmel und Erde», zwischen der großen und der kleinen Welt (beim Grundstein wurde der große Dodekaeder nach Osten, der kleine nach Westen ausgerichtet), geistig gesehen im «Waage-Gleichgewicht» zwischen der mit der Erde verbundenen Planetenwelt und der Fixsternwelt, gleichsam aus sich heraus das erhabene Bild des doppelkuppeligen Baues, in dessen einer Kuppel die Planetengesetzmäßigkeit der Sieben und der anderen die Sternengesetzmäßigkeit der Zwölf herrscht. So offenbart sich uns das erste Goetheanum, wenn wir es im Westeingang betreten.

Wie aber erscheint es uns von diesem Standpunkt aus in Bezug auf die äußere Welt, in Bezug auf die es umgebende Landschaft und Natur, und wie ist sein Verhältnis zur Welt des gewöhnlichen Tagesbewusstseins? Wir wissen aus den Mitteilungen der Geisteswissenschaft, dass die Naturkonfiguration der Erde, soweit sie konkrete *Formen* hat, eine Schöpfung der führenden Geister unserer gegenwärtigen Erdenverkörperung, der Elohim oder Geister der Form ist (siehe GA 105, 10.8.1908; GA 121, 11.6.1910). Sie bilden zugleich aber auch diejenige Hierarchie, die schon zur Zeit des alten Lemurien den Menschen mit dem individuellen Ich-Prinzip begabte, auf dessen Grundlage das moderne wache Tages-Ich-Bewusstsein allmählich entstand.

Ganz anders ist das Goetheanum in seinen Formen und seiner plastischen Ausgestaltung. In ihm erhielt gleichsam die Substanz der imaginativen Welt ihren äußeren Ausdruck in auch für das gewöhnliche Tagesbewusstsein sichtbaren Formen und plastischer Gestaltung. Unter gewöhnlichen Bedingungen erleben wir die imaginative Welt nur nachts, in voller oder teilweiser Unbewusstheit.

Jedoch kann der Mensch durch okkulte Entwicklung eine Stufe erreichen, auf welcher er, um ein Wort Rudolf Steiners zu gebrauchen, «die Nacht in den Tag hineinzaubert», das nächtliche, imaginative Bewusstsein im wachen Tagesbewusstsein zu erwecken, das heißt ein voll bewusstes Erleben *objektiver Imaginationen* zu erreichen vermag. Und eine solche, *auch für äußere Augen sichtbar gewordene Imagination war das erste Goetheanum*[72]. Es ist in Wahrheit in all seinen Formen, Farben und in seiner Plastik das Ergebnis der Tatsache, dass die nächtlichen, imaginativen Erlebnisse in den Bereich des Tagesbewusstseins, das heißt in die den Bau umgebende, sonnenerhellte Naturlandschaft, getragen wurden. Aus dieser zunächst rein naturhaften Umgebung müssen wir nun mit vollem Bewusstsein in die Welt der nächtlichen Imaginationen eintreten, welche im Tagesreich erschienen sind.

Denn im Goetheanum können wir in unserem Tagesbewusstsein ganz bewusst erleben, was wir sonst unbewusst im Laufe der Nacht durchmachen. Deshalb kann man sagen: Indem wir über dic Schwelle des Westportals des Goetheanum treten, überschreiten wir in Wirklichkeit zugleich auch die Schwelle zur geistigen Welt, selbst dann, wenn das für uns *zunächst* weitgehend ein mehr symbolischer denn ein realer Akt zu sein scheint. Und das Erste, was uns jenseits der Schwelle des Westportals begegnet, ist das mittlere rote Glasfenster, welches einen Menschen darstellt, der das *Schwellenerlebnis* auf rechte Weise durchmacht und zu gleicher Zeit die Widersachermächte (die drei Tiere) besiegt, die den Menschen nicht in die geistige Welt hinein lassen, ihn in diesem Falle jedoch am Betreten des Goetheanum hindern (das heißt, kein richtiges Verhältnis zu ihm gewinnen lassen wollen).

Unter dem mittleren Bild des roten Fensters lesen wir die Worte: *«Ich* schaue». Das «Ich» ist hier der Repräsentant des wachen Tagesbewusstseins, das eine Folge der ursprünglichen Gabe der Geister der Form ist und auf dessen Felde der die Schwelle überschreitende Mensch die «Nachterlebnisse» bewusst hervorrufen soll, die sich dann als die Welt der objektiven Imaginationen offenbaren, des objektiven, geistigen Schauens: «Ich *schaue.»* Und das, was sich so «jenseits der Welt der Formen» offenbart – jenseits des Goetheanum-Westportals –, das ist diejenige geistige Welt, in welcher der verwandelte Merkur als «Bote der höheren Götter» erscheint, der Merkur, der sodann im «funkelnden Dämmern und dämmernden Funkeln» der acht farbigen Glasfenster des großen Saales den Schüler durch die sich unaufhörlich wandelnde, bewegliche Bilderwelt der Imaginationen führt, die in den Farben der Kuppel und den Metamorphosen der Motive der Architrave und Säulen zum Ausdruck kommt. Wobei der verwandelte Merkur, sich vom Westen nach dem Osten bewegend und den Schüler in diese Richtung führend, gleichsam selbst im Dämmerlicht der Glasfenster die ihm ursprünglich eignende Form des Caduzeus[73], des *vierstufigen* Merkurstabs[74], schafft, dessen Windungen und Schnittpunkte durch den Inhalt und die Lage der neun farbigen Glasfenster die Stufen «Ich», «Form», «Leben», «Bewusstsein» bilden (siehe Zeichnung auf Seite 95). Denn das sind die Hauptstufen, über die der Merkurbote den Schüler im dämmernden, funkelnden Lichte der farbigen Glasfenster führt.[75]

Den Ausgangspunkt dieser Bewegung bildet, wie wir sahen, das Ich-Erlebnis (rotes Fenster im Westen), der Ur-Impuls der Erdenentwicklung, den Moses einst als höhere Offenbarung des Jahve-Eloah auf dem Berge Sinai schaute. «Ejeh asher ejeh» – «Ich bin der Ich-bin», dieses grundlegende Erlebnis ist der

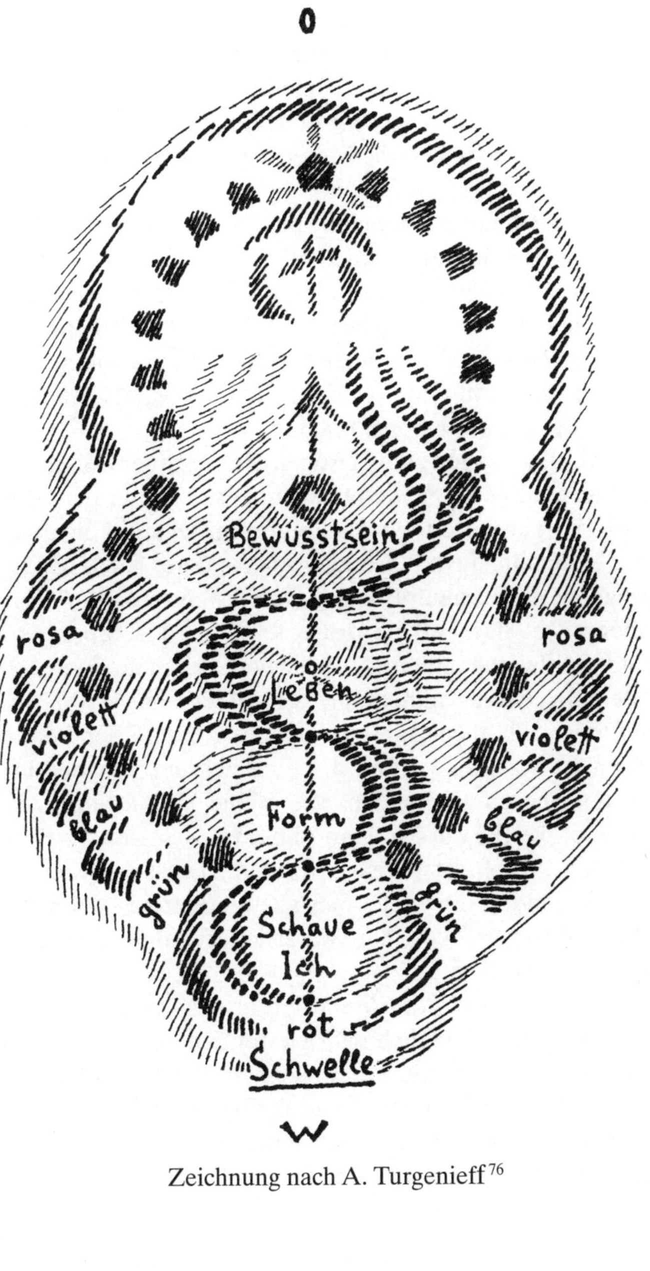

Zeichnung nach A. Turgenieff[76]

einzig richtige Boden und Beginn des modernen Geistesweges, weshalb es zu Beginn der Führung durch den Merkur sogleich auftritt. Nur durch dieses Erlebnis gerüstet, ist es möglich, Stützpunkt und *Gleichgewicht* zwischen den beiden Kategorien von Widersacherwesen (die Motive der beiden grünen Fenster) in der geistigen Welt zu finden.[77]

Nun folgt die zweite Windung des Merkurstabes. Hier nähern wir uns, indem wir uns dem Urquell der äußerlich sichtbaren Raumeswelt zuwenden, jener Stufe der Erdenentwicklung an, als die gesamte sichtbare Welt der *Form* aus dem mächtigen Geist der Schöpfer der Erde, der sechs Sonnen-Elohim, hervorging, dessen kosmisches Schaffen auch den *westlichen* Teil der Malerei der großen Kuppel prägt.

Dieses Aufsteigen zum geistigen Urquell aller irdischen Formen (die Motive der beiden blauen Fenster) unter der Führung des Merkurgeistes leitet uns bereits unmittelbar in die imaginative Welt hinein, die im Grunde nichts anderes ist als das immer bewegliche, sich unaufhörlich metamorphosierende *Leben* des Weltenäthers. Das ist die dritte Windung des Merkurstabes, dessen Mitte ungefähr mit dem geometrischen Zentrum des großen Saales zusammenfällt. Sie bildet eine Art zentralen Quell der nach allen Seiten strahlenden Kräfte der Bewegung (Leben ist stets Bewegung[78]), die gleichsam von der in den Planetensphären wirkenden Hierarchie der Dynamis selbst ausgehen, welche die Metamorphosen der Säulen, Architrave, Sockel und Kapitelle plastisch formen. (Dieses sich unaufhörlich bewegende, immer die Gestalt wechselnde Lebensprinzip im Verhältnis zum Gang der Weltenzeit ist den beiden violetten Fenstern eingeprägt.)

Doch der Götterbote Merkur führt uns noch weiter. Jetzt nähern wir uns allmählich dem vierten Knotenpunkt des Merkurstabs, um durch ihn in den Bereich einzutreten, der durch seine abschließende, letzte Windung bestimmt ist, von der aus sich uns erstmals der Blick auf den *ganzen* Raum der kleinen Kuppel eröffnet. Hier, auf der Schwelle einer vollständig neuen

Welt, muss in uns schließlich das höhere *Geistbewusstsein* erwachen, das von allen Eigenschaften und Attributen der Erdenwelt wie «Form», «Raum» und «Zeit» frei ist und nur den Ausgangsimpuls bewahrt, der erst jetzt seine volle Verwirklichung erfährt: *«Ich schaue»*.

Und das, was der Geistesschüler, der den beschriebenen Weg vollendet, nun schaut, das ist in den beiden rosa Glasfenstern abgebildet, die eine Art Präludium zu dem grundlegenden Erlebnis bilden: dem Aufgehen der geistigen Christus-Sonne im Osten im Mittelpunkt der kleinen Kuppel, zu deren bewusstem Schauen der Merkurbote den Menschen in der Richtung, die durch seinen Stab bestimmt wird, von Westen nach Osten führt.

Nun können wir die geistige Bedeutung dieser wunderbaren Form des Merkurstabs verstehen. Denn der von uns zurückgelegte geistige Weg, der vom Ich-Impuls ausgegangen ist und der, wie wir sahen, die Vereinigung der Nacht- und Tageserlebnisse zum Ziel hat – die «Überwindung der Gegensätze von Schlafen und Wachen in der Bewusstseinssphäre durch das höhere Selbst» (A. Turgenieff, «Rudolf Steiners Entwürfe für die Glasfenster») –, er findet seinen symbolischen Ausdruck in der Form, von der Rudolf Steiner in einem Vortrag sagt, dass wir im Merkusstab «ein Symbolum für das Vorrücken des Ich durch die Erlebnisse des Tages und der Nacht» haben (GA 119, 28.3.1910).

Nachdem wir so den Gang von West nach Ost entlang der Längsachse des Goetheanum unter der Führung des Merkurboten beschrieben haben, müssen wir nun die oben genannten übersinnlichen Aspekte oder das Gegenbild dieser Bewegung betrachten, das heißt: das geistige Aufsteigen aus dem Bereich der Waage in den der Jungfrau, aus dem Planeten- in den Sternenkosmos und im Goetheanum den Übergang aus dem Raum der großen Kuppel in den der kleinen.

Auch hier ist unser Ausgangspunkt die Schwelle des Westportals als Mittelpunkt und Wirkensquell der Kräfte der Geister der Form, die den Menschen mit dem Impuls seines Ich begabten. Sie schenkten ihm auch die Fähigkeit des alltäglichen, «gegenständlichen» Denkens, das er im Allgemeinen zum Erfassen der vielgestaltigen *Formen* der natürlichen Welt (hier der äußeren Umgebung des Goetheanum) verwendet und dessen Quell im Reich der Geister der Form zu suchen ist. Bleibt der Mensch jedoch bei diesem Denken stehen, so kann er eigentlich nicht weiter in das Goetheanum hineingehen als bis zu dessen westlichem Portal. Denn es würde ihm alles, was ihm schon allein unter der großen Kuppel begegnen wird, vollkommen unverständlich bleiben.

Um zu verstehen, was sich den Sinnen dort bietet, ist es notwendig, wenigstens anfänglich den Übergang vom aus dem Reich der Geister der Form stammenden erstorbenen zum *lebendigen,* beweglichen, mit dem Reich der folgenden Hierarchie, den Geistern der Bewegung, verbundenen Denken zu vollziehen. Nur dieses lebendige, bewegliche und zu immerwährender Metamorphose fähige Denken kann der Lösung der zahlreichen Geheimnisse näherkommen, die in Malerei und Plastik des großen Saales in Erscheinung getreten sind. So formuliert das Rudolf Steiner: «Denn es erfordert das wirkliche [lebendige] Denken immer ein ganz enges, in gewisser Beziehung unbewusstes Berührtsein von einem Hauch aus dem Reiche der Geister der Bewegung» (GA 151, 20.1.1914).

Über ein solches Denken verfügte auch Goethe. Er «brachte» in seiner «Metamorphose der Pflanzen» und seiner «Metamorphose der Tiere» die «starren Begriffe der Formen in Bewegung» (ebd.). Deshalb haben wir in der Plastik der Architrave, Kapitelle und Sockel der Säulen gleichsam das Prinzip der Goethe'schen Metamorphose[79], jedoch in vergeistigter Form durch ihre Übertragung aus dem «ätherischen» in den seelischen und geistigen Bereich. Daher auch der Name «Goetheanum», über dessen Baugedanken Rudolf Steiner einmal sagte: «Wir gehen in Verehrung in den Geist ein, auf dass wir eins werden mit dem Geiste, der sich ausgießt um uns herum in den Formen, weil um uns herum die Geister der Form sind, und der in

Bewegung kommt, weil hinter den Geistern der Form die Geister der Bewegung stehen – das ist der neue ‹baukünstlerische Gedanke›» (GA 286, 28.6.1914). Wir können auf dem genannten Weg jedoch noch eine Stufe weitergehen. Goethe selbst blieb zwar bei der seelischen Anschauung der «ätherischen Idee» der Pflanzen stehen: er konnte nicht weiter gehen. Er fand den Weg vom seelischen Erleben der «ätherischen Idee» zum rein geistigen Schauen in der Welt der Imaginationen, zum geistigen Forschen, nicht.

Zum Wahrnehmen der «hinter» der Urpflanze wirkenden Gruppenseele als einem konkreten geistigen Wesen konnte Goethe sich nicht erheben[80]. Dennoch besteht im Übergang vom lebendigen, beweglichen Denken zum geistig schauenden Denken, das die lebendigen Gedankenwesen der geistigen Welt zu erleben vermag[81], nicht nur die wichtigste Stufe der Menschheitsentwicklung nach dem Ende des Kali Yuga, sondern in gewissem Sinne auch die *Hauptaufgabe der fünften nachatlantischen Kulturepoche*, die zu verwirklichen die eigentliche Aufgabe der modernen anthroposophisch orientierten Geisteswissenschaft ist. Vom Standpunkt der hierarchischen Sphären bedeutet ein solcher Übergang ein weiteres Aufsteigen, nun aber aus dem Reich der Geister der Bewegung in das Reich der Geister der Weisheit, und das bedeutet in der Sprache der Sternenschrift: aus dem Waage-Bereich in den Bereich der Jungfrau.

Im Goetheanum entspricht dieser neuen Stufe die gesamte Architektur, Malerei und Plastik der kleinen Kuppel und sie ist der Übergang – das Betreten dieses Kuppelraumes beim weiteren Vorwärtsschreiten von West nach Ost in der Richtung der Längsachse des Goetheanum.[82]

Ein seltsames Gefühl kann den Menschen bei diesem Übergang erfassen. Denn alles, was in der großen Kuppel so veränderlich und beweglich wurde, das erstarrt hier gleichsam aufs Neue, wird bewegungslos, einem mächtigen Strom vergleichbar, der in einen unbeweglichen See strömt, welcher die ungezählten

Geheimnisse des Sternenhimmels in seinen stillen, durchsichtigen Wassern spiegelt. Wie der reinste Kristall der höchsten Sternenweisheit eröffnet sich uns jetzt der Blick in den Raum der kleinen Kuppel mit ihren zwölf Säulen und zwölf Thronen, auf denen die strebende Seele einmal reale, geistige Wesen gegenwärtig erblicken soll. Und in der Malerei finden wir die Bilder der zwölf großen Eingeweihten, die der Menschheit im Laufe der Epochen die zwölf Hauptwege wiesen, welche zu dem alleinen Quell des gesamten Lebens und aller Weisheit unseres Kosmos, zu dem Christus-Logos, führen.[83]

Während so in der großen Kuppel alles dem Prinzip der Bewegung und Metamorphose untergeordnet ist, herrschen in der kleinen Kuppel überall, bis ins kleinste Detail hinein, Harmonie und leuchtende Weisheit.[84] Dieses Erlebnis höchster Weisheit, das jedem Menschen beim Übergang aus dem Raum der großen in den der kleinen Kuppel begegnet, entspricht auf das Genaueste einem der ersten Erlebnisse nach dem Tod[85] oder, was dasselbe ist, den ersten wahren Einblicken in die geistige Welt. «Das nämlich ist das Überraschende, dass es dem Menschen in der geistigen Welt nicht an Weisheit fehlt» (GA 153, 12.4.1914), äußert Rudolf Steiner in diesem Zusammenhang. Denn in der geistigen Welt wird alles von den aus allen Richtungen erstrahlenden kosmischen Weisheitskräften durchdrungen.[86] Und dieses Prinzip der kosmischen Weisheit tritt uns, wie in den Formen höchst vergeistigter Kunst verkörpert, im Raum der kleinen Kuppel entgegen.[87]

So haben wir uns vom gewöhnlichen, gegenständlichen Denken (Geister der Form) zum lebendigen, beweglichen Denken (Geister der Bewegung) und schließlich zum schauenden Denken (Geister der Weisheit) vorgearbeitet. Das lässt sich auch noch auf folgende Weise ausdrücken: Wenn wir aus dem Bereich der gewöhnlichen natürlichen Welt kommen und unter das Westportal des Goetheanum treten, versetzen wir uns innerlich in den eigentlichen Quell des menschlichen Ich und zugleich der gesamten materiellen Welt der Formen (dieses Motiv enthält der westliche Teil der Malerei der großen Kuppel), indem wir uns gleichzeitig mit unserem ganzen Wesen in die Erinnerung an den geistigen Ursprung der Welt und des Menschen im Sinne des Wortes «Übe Geist-Erinnern» versenken[88].

Treten wir im weiteren Gang unter das Gewölbe der großen Kuppel, so versetzen wir unser denkendes Erinnern in Bewegung. Dieses verliert nun die ihm eigene Tendenz, die erstarrten Form-Bilder (Erinnerungen) mechanisch auf einen Gedankenfaden zu reihen, es wird beweglich und plastisch. Das ist bereits ein realer *Prozess,* der mit den Worten «Übe Geist-Besinnen» beschrieben werden kann. Schließlich wird beim Übergang vom großen zum kleinen Saal das dritte Wort «Übe Geist-Erschauen» verwirklicht, in diesem Fall das Schauen des neuen Heiligen Geistes, der vom Menschheitsrepräsentanten, vom Dreizehnten, dem Christus-Geist, ausgeht und die Zwölf erfüllt.

Vom Standpunkt der Sternenschrift aus können wir sagen: Im großen Kuppelraum herrscht die Gesetzmäßigkeit der Waage. Deshalb erscheint das Gesetz der Symmetrie in ihr anders als im kleinen Kuppelraum. Im Ersteren liegt eine «absolute» Symmetrie vor, welche durch die vollständige Wiederholung der gesamten siebengliedrigen planetarischen Entwicklung vom Saturn bis zur Venus auf der Nord- und Südseite des Saales zum Ausdruck kommt; im kleinen Kuppelraum hingegen ist die Symmetrie eine relative, denn wenn auch die Zwölfheit der Säulen durch die Symmetrieachse des Baues in sechs zu sechs unterteilt ist, so bleibt sie dennoch eine *in sich abgeschlossene Einheit,* eine Art geistiger Organismus, der berufen ist, das in seiner Mitte in Erscheinung tretende und ihn zu einem einheitlichen Ganzen vereinigende dreizehnte Prinzip *zu spiegeln* und *zum Ausdruck zu bringen*, sodass die Symmetrie im großen Kuppelraum das Resultat des beweglichen Gleichgewichts der Waage ist, die Symmetrie im kleinen Kuppelraum jedoch der harmonische Ausdruck der einen einheitlichen Wesenheit, des Trägers der allumfassenden zwölffachen Weltenweisheit.[89]

Im Raum der großen Kuppel begegnen wir gleichsam den sieben hauptsächlichen planetarischen Geistern der Bewegung (siehe GA 136, 10. und 13.4.1912) bei ihrem Schöpferwirken. Aus noch höheren Sphären, aus dem Raum der kleinen Kuppel, kommen ihnen die zwölf fortgeschrittensten Geister der Weisheit sich selbst offenbarend entgegen, in deren Mitte, aus Sternenwelten in die Planeten- und Erdensphäre herabsteigend, die Gestalt des Christus-Logos erscheint, der in unser Sonnensystem («auf die Sonne») «durch das Tor» des führenden «Sonnengeistes der Weisheit» eintritt (GA 136, 13.4.1912).

Mit diesem Blick auf die Christus-Wesenheit an der Ostseite der kleinen Kuppel – in der Skulpturgruppe und der über ihr befindlichen Malerei – ist unser Gang durch das Goetheanum unter der Führung des Merkurboten und zugleich auch der geistige Übergang vom Waage-Bereich der großen Kuppel in den Bereich der Jungfrau – kleine Kuppel – vollendet, und zwar in denjenigen Bereich der Kuppel, in deren Mittelpunkt auf bislang noch verborgene Weise und gleichsam *«hinter»* den plastisch dargestellten Figuren des Menschheitsrepräsentanten zwischen den Widersachermächten Luzifer und Ahriman, die *schlafende* Wesenheit der neuen Isis[90], der göttlichen Weisheit, der himmlischen Jungfrau Sophia ruht (siehe GA 180, 6.1.1918).

Zum Abschluss soll die ganz besondere Stellung, welche die Waage in dem von uns beschriebenen Übergangsprozess einnimmt, noch einmal betrachtet werden. Wie wir sahen (siehe Seite 63), erhebt sich die Waage erst seit der Mitte der atlantischen Zeit aus dem «dunklen» in den «hellen» Teil des Tierkreises oder, anders gesagt, aus dem noch mit den Planetenwirksamkeiten verbundenen in den von diesen freien Bereich. Bis heute ist dieser Prozess des Aufsteigens bei weitem noch nicht vollendet.[91] In gewissem Sinne wurde bis in unsere Zeit erst etwa die Hälfte des Weges zurückgelegt. Seine Vollendung hängt mit der Entwicklung des Menschen-Ich zusammen, das eine bestimmte Stufe erreicht haben muss, denn «... je mehr das Ich den höchsten Punkt seiner Entwickelung anstrebt, desto mehr arbeitet es hinein in den Tierkreis. Nichts geschieht im Innersten des Ich, was nicht seine Folgen bis hinauf in den Tierkreis zieht … und indem der Mensch mit seinem Ich als Mensch eigentlich die Anlage legt, um sich bis zu seinem Atma oder Geistesmenschen zu entwickeln, bildet er immer mehr und mehr die Kräfte aus, welche ihn instand setzen, in die Waage des Tierkreises hinaufzuwirken. Er wird seine volle Macht über diese Waage des Tierkreises erlangen, wenn er sein Ich durchgedrückt hat bis zum Atma oder Geistesmenschen [das heißt bis zum Bereich der *Jungfrau,* siehe Seite 55]. Da wird er ein Wesen sein, das etwas ausströmt, das aus dem Stadium der Zeit in das Stadium der Dauer, der Ewigkeit übergeht» (GA 102, 27.1.1908).

So gibt es im Ganzen gesehen drei Stufen in der Entwicklung des menschlichen Ich, die ihrerseits mit drei Veränderungen in der kosmischen Stellung der Waage zusammenhängen:

1. Das Ich-Prinzip beginnt im Menschen zu wirken; der Mensch betritt den Weg seiner Individualisierung, indem er allmählich das Tages-Ich-Bewusstsein entwickelt. Die Waage beginnt, aus dem «dunklen» Teil des Tierkreises in den «hellen» überzugehen.
2. Der Mensch verfügt vollständig über sein Tages-Ich-Bewusstsein, wodurch sich ihm die Möglichkeit eröffnet, den Weg zu betreten, der allmählich zu einem neuen, geistigen Bewusstsein führt. Die Waage hat etwa die Mitte ihres Übergangsprozesses erreicht. Ein Teil ihrer Kräfte hat sich bereits mit dem Wirken der Sternenmächte (Jungfrau) vereinigt, während sie durch den anderen Teil noch immer mit dem Bereich des Skorpion-Adler verbunden ist (siehe Anmerkung 91 mit Zeichnung).
3. Der Mensch erreicht die erste Stufe zum Geistesmenschen (noch im Erdbereich). – Die Waage ist vollkommen zum «Sternen»-Zeichen geworden.

So bilden diese drei Stufen gleichsam den Werdeprozess des Menschen-Ich *in den Grenzen der Sonnen-Sphäre,* in der die Geister der zweiten Hierarchie, die Exusiai, Dynamis, Kyriotetes, ihren Hauptsitz haben und aus der heraus sie vornehmlich wirken (GA 236, 27.6.1924). Graphisch kann man die genannten Stufen versuchsweise etwa folgendermaßen darstellen:

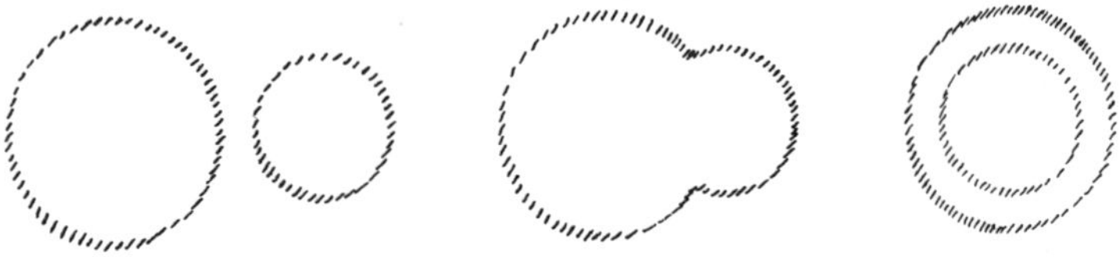

Stadium der Zeit — Übergang aus dem Stadium der Zeit in das Stadium der Dauer — Stadium der Dauer

Damit haben wir auf der ersten Stufe den Plan der ältesten Tempel des Ostens (der sogenannten «Stupas»), auf der zweiten den Plan des ersten Goetheanum und auf der dritten den des zukünftigen Tempels des Heiligen Gral (siehe GA 194, 13.12.1919).[92]

Daraus folgt, dass schon die Grundidee des ersten Goetheanum als doppelkuppeliger Bau, der das *Gleichgewicht* der Planeten- und Sternenkräfte im Menschen und gleichzeitig den allmählichen Übergang der einen in die anderen im Aspekt des sich vom Mikrokosmos zum Makrokosmos entwickelnden freien individuellen Ich zeigt, unmittelbar aus der damaligen Himmelskonstellation, «da Merkurius als Abendstern in der Waage stand [das heißt, bei seiner Bewegung von West nach Ost]», hervorging.[93] Diesem erhabenen Ziel – dem Erwachen des neuen Geistbewusstseins in der Menschheit – («Wir gehen in Verehrung in den Geist ein, auf dass wir eins werden mit dem Geiste ...», siehe Seite 98) war das erste Goetheanum geweiht, das so gestaltet war, dass der Mensch, der bewusst im Tierkreis wirken will, sich im Bau von West nach Ost durch die Kraft seines freien Ich aus dem planetarischen in das Sternen-Sein erhebt. Und es kommt ihm, aus dem Sternen- in das Planeten-Sein schreitend, indem er sich vom Osten nach dem Westen bewegt, der Christus, der Repräsentant des makrokosmischen Ich-Prinzips entgegen, was allein den beschriebenen Übergang möglich macht.

Vom Standpunkt des christlich-rosenkreuzerischen Erkenntnisweges kann dieser Prozess etwa folgendermaßen charakterisiert werden: Wir betreten das Goetheanum durch das Westportal zunächst mit unserem gewöhnlichen Tages-Ich-Bewusstsein, das sodann durch das Miterleben der Formverwandlungen im Raum der großen Kuppel zum imaginativen Bewusstsein erwacht; weiter wird dieses beim Übergang in den Raum der kleinen Kuppel von den Kräften der Inspiration durchdrungen, wenn vom Rednerpult, an der Grenze der beiden Kuppeln, das Wort erklingt, welches in den Lauten der menschlichen Sprache die es umgebenden Formen zum Ausdruck bringt (hier empfängt die – imaginative – wellenmäßige Entwicklungsbewegung, indem sie zur Inspiration wird, zugleich einen «Kehlkopf» für ihr «Laut-Werden» und wird zum Wort); und schließlich werden wir durch den Anblick der Gestalt des Menschheitsrepräsentanten im Osten zur Intuition erweckt, zum intuitiven Erleben des Christus als dem höheren Ich jedes Menschen und der gesamten Menschheit.[94]

Auf diese Weise wird das Goetheanum zu einem wahren Tempel der modernen christlichen Einweihung für uns, indem wir, vom Merkur-Geist geleitet, von Westen her eintreten, um den vom Osten her wirkenden Boten des kosmischen Christus, den Geistern der zweiten, der Sonnen-Hierarchie zu begegnen: den Geistern der Weisheit (in der kleinen Kuppel), den Geistern der Bewegung (in der großen Kuppel) und den Geistern der Form (im Westportal):

> «Kyriotetes, Dynamis, Exusiai,
> Lasset vom Osten befeuern,
> Was durch den Westen sich formet»[95].

Aus der Sphäre dieser «Lichtes-Geister» kam das Goetheanum auf die Erde[96], aus dem erhabenen Sonnenreich der zweiten, der «Christus»-Hierarchie[97], um auf der Erde zum Haus des Wortes zu werden, zur sichtbaren Offenbarung des

Sonnen-Logos.

Teil II

1. Der kosmische Aspekt der Sophia-Wesenheit

«Nicht der Christus fehlt uns, die Erkenntnis des Christus, die Isis von Christus, die Sophia von Christus fehlt uns.»
Rudolf Steiner, 24. Dezember 1920 (GA 202)

Alles, was in Teil I, Kapitel 2, der vorliegenden Arbeit über das Verhältnis der Christus-Wesenheit zum Makrokosmos und ihr allmähliches Herabkommen zur Erde durch die aufeinanderfolgenden Ränge der Hierarchien und gleichzeitig die zwölf Sphären des Tierkreises gesagt wurde, kann uns als Grundlage dienen, um eine Antwort auf die Frage zu finden: Welcher Art ist, von dem von uns eingenommenen kosmischen Standpunkt aus, die Beziehung des Christus-Wesens zu derjenigen geistigen Wesenheit, welche bereits im Alten Testament[98] und später im alten Griechenland sowie in frühchristlicher Zeit die göttliche Weisheit oder Heilige Sophia genannt wurde?

Im Vortrag vom 15. Februar 1909 «Das Christentum im Entwicklungsgang unserer gegenwärtigen Menschheit. Führende Individualitäten und avatarische Wesenheiten» (GA 109) stellt Rudolf Steiner vom Standpunkt der anthroposophisch orientierten Geisteswissenschaft die östliche Lehre von den Avatar-Wesen eingehend dar, das heißt von Wesen höherer Ordnung, welche für ihre eigene Entwicklung einer Inkarnation in einem physischen Leibe nicht bedürfen und sich nur ausnahmsweise in der Menschheit verkörpern, um deren Evolution einen weiterführenden geistigen Impuls zu geben.

«Die größte Avatar-Wesenheit, die auf der Erde gelebt hat» (GA 107, 15.2.1909), eine «avatarische Wesenheit von einer ganz einzigartigen Bedeutung» (ebd.) nennt Rudolf Steiner die zentrale Wesenheit unseres gesamten Kosmos, die Christus-Wesenheit, in diesem Vortrag. Diese hohe kosmische Wesenheit, die in den Kreisen des esoterischen Christentums auch «das Große Opfer» oder das «Mystische Lamm» genannt wird, dessen Geistesleib den ganzen hellen Teil des Zodiak im Sternenkosmos bildet, der sich vom Widder bis zur Waage erstreckt (siehe das Schema auf Seite 55), ging an der Zeitenwende bei dem Geschehen, das in allen vier Evangelien als die Johannes-Taufe im Jordan geschildert wird, in die Hüllen des Menschen Jesus von Nazareth in dessen dreißigstem Lebensjahr ein.

Sowohl durch dieses Ereignis als auch durch das später von der Christus-Wesenheit vollbrachte Mysterium von Golgatha, wurde der Menschheitsentwicklung eine neue Richtung und der Erde ihr eigentlicher geistiger Sinn gegeben.

Betrachten wir die Ereignisse an der Zeitenwende noch genauer, so finden wir in Wirklichkeit dort nicht einen, sondern *zwei* Fälle des Eintretens einer Avatar-Wesenheit in das Erdensein. Denn neben dem *vollständigen Eingehen* der Christus-Wesenheit in einen menschlichen Leib vollzog sich etwas früher ein weiteres, jedoch nicht vollständiges, sondern mehr «stellvertretendes» Herabkommen einer *anderen* Avatar-Wesenheit in ein bestimmtes Menschenwesen, dessen Aufgabe es war, das Erscheinen des Christus auf der Erde *vorzubereiten.* Diese zweite kosmische Wesenheit, die von allen in den geistigen Welten wirkenden Avatar-Wesen der Christus-Wesenheit am nächsten steht, überleuchtete an der Zeitenwende jene menschliche Gestalt, welche uns durch die Mitteilungen der Geisteswissenschaft als lukanische Maria bekannt ist.

Emil Bock weist in seinem Buch «Kindheit und Jugend Jesu»[99] mit den folgenden Worten auf dieses Geheimnis der lukanischen Maria hin: «In ungetrübtester Reinheit und Vollkommenheit spiegelt sich in ihrem Wesen und Antlitz ein göttliches Urbild, das in der geistigen Welt die Menschheit überschwebt. Wie sich in dem Kinde, das sie gebären soll, das Urbild des Kindes und der Kindlichkeit spiegelt und verkörpert – ein Brennpunkt alles Kindesseins auf Erden –, so ist die lukanische Maria wie das auf die Erde versetzte Urbild alles jungfräulichen Frauentums, die Gestaltwerdung des ‹Ewig-Weiblichen›, die Frau der Frauen ... In aller äußeren Unscheinbarkeit war hier eine Menschenseele ganz und gar überschwebt und durchdrungen von der Weltseele und durch sie hindurch von der reinen Lichtwesenheit des Kosmos, die in der Alten Welt Isis-Sophia und im Christentum der ‹Heilige Geist› genannt worden ist.»

So steht in der lukanischen Maria ein menschliches Wesen vor uns, das erwürdigt wurde, an der Zeitenwende der Träger eines der höchsten Avatar-Wesen nach der Christus-Wesenheit zu werden, jener erhabenen Wesenheit, welche man in den ersten christlichen Gemeinden und den Kreisen des esoterischen Christentums stets mit dem Namen «Heilige Sophia» bezeichnet hat.[100]

Auch dieses erhabene Avatar-Wesen, das als Instrument für sein Wirken auf der Erde zunächst die lukanische Maria und später durch deren Vermittlung die salomonische Maria wählte – so, wie Christus den Jesus von Nazareth als sein irdisches Instrument wählte –, gehört seiner ganzen Wesenheit nach zum Makrokosmos und kann deshalb von demselben Standpunkt aus betrachtet werden, von dem aus in Teil I, Kapitel 2, dieser Arbeit die Christus-Wesenheit betrachtet wurde.

Dabei ergibt sich das Folgende. Ähnlich wie Christus als Quell seiner geistigen Ausstrahlung in unserem Kosmos das *Sternbild des Widder* dient – «Seine Kraft liegt im Sternbild des Lammes», sagt Rudolf Steiner (GA 102, 27.1.1908) – und sich von da ausgehend über die Ränge der absteigenden Tierkreissphären ausdehnt und dabei *sieben* von ihnen bis zum Sternbild der Waage umfasst, so bildet das *Sternbild der Jungfrau* für die Sophia-Wesenheit den Quell ihrer geistigen Ausstrahlung im Makrokosmos, die, sich nach unten ausweitend, ebenso *sieben* absteigende Tierkreissphären bis hin zu den Fischen umfasst (siehe Seite 112).

Diese Siebengliedrigkeit des Geistleibes der Sophia im Makrokosmos war bereits in der althebräischen Esoterik bekannt. Einen Nachhall dieses Wissens finden wir zum Beispiel in den «Sprüchen Salomos», deren 9. Kapitel mit den Worten beginnt: «Die Weisheit baute ihr Haus und hieb sieben Säulen». So wurde die Sophia auf einem Thron sitzend, der von sieben Säulen getragen wird, häufig auf russischen Ikonen dargestellt. Diese sieben Säulen sind nichts anderes als die geistigen Strömungen und Impulse, welche sich aus den *sieben* Tierkreissphären (von der Jungfrau bis zu den Fischen), die den geistigen Leib der Sophia bilden, in die Menschheitsentwicklung ergießen.

		♈	Widder	1	
		♉	Stier	2	
		♊	Zwillinge	3	
		♋	Krebs	4	«Mystisches
		♌	Löwe	5	Lamm»
	1	♍	Jungfrau	6	
	2	♎	Waage	7	
	3	♏	Skorpion (Adler)		
Kosmische	4	♐	Schütze		
Sophia	5	♑	Steinbock		
	6	♒	Wassermann		
	7	♓	Fische		

So bezeichnet Rudolf Steiner auch im Vortrag vom 25. November 1917 (GA 178) gerade die Sternbilder der Jungfrau und der Fische als jene kosmischen Richtungen, von denen in Zukunft geistige Kräfte ausgehen werden, welche für die weitere Menschheitsentwicklung besonders günstig sind. Diese Mitteilung Rudolf Steiners können wir in all ihrer Tiefe verstehen, wenn wir beachten, dass die Sternbilder Jungfrau und Fische uns die Wirkensgrenzen der Sophia-Kräfte im Makrokosmos anzeigen.

Aus dem Verhältnis des Wirkens der kosmischen Kräfte des Christus und der Sophia ersehen wir, dass die Tierkreisbereiche, in denen sich ihre geistigen Sphären gegenseitig berühren, die Bereiche von Jungfrau und Waage sind. Das ist aber auch diejenige kosmische Region, von der in der Apokalypse als von dem «Ort» gesprochen wird, wo die Vermählung der Braut (der Sophia) mit dem Lamm[101] geschieht, das heißt jene Gebiete des Sonnenreichs, wo die kosmischen Ströme, die von den Tierkreisbereichen der Jungfrau und der Waage ausgehen, sich vereinigen und gemeinsam wirken.

Zudem gehören die genannten beiden Tierkreisbereiche, welche *die kosmische Sophia mit dem «Mystischen Lamm»* gemeinsam hat, zum hellen Teil des Zodiak, zu seinen sieben «hellen Sternbildern».[102] In Letzteren wirken, wie das im zweiten Teil dargestellt wurde (siehe Seite 68 und Anmerkung 71), nur reine, von keinerlei Einflüssen aus den Planetensphären getrübte Gesetzmäßigkeiten. Das ändert sich in den fünf unteren Gliedern des kosmischen Leibes der Sophia, welche sich im Tierkreis «unter» den Sternbildern der Waage befinden (vom Skorpion-Adler bis zu den Fischen). Deshalb sprach man in den Werken der frühchristlichen Gnostiker nicht nur von der Heiligen Sophia, das heißt dem Himmelswesen, dessen Mittelpunkt seiner kosmischen Kräfte sich in den «hellen» oder reinen Sternen-Bereichen des Zodiak (der Jungfrau) befindet und das auf diese Weise eine Brücke zwischen der Erdenmenschheit (Fische) und der kosmischen Sphäre des Christus-Wirkens bildet, sondern auch von der sogenannten «irdischen Sophia» oder Achamot, deren Kräfte nicht bis zum Bereich des «hellen Tierkreises», zur Vereinigung mit dem «Mystischen Lamm» reichen. Mit anderen Worten: wenn sich die alten Gnostiker bei ihrem hellsichtigen Schauen des Geist-Kosmos nicht bis über die Wirkensgrenzen der Kräfte der fünf «dunklen» Tierkreisbilder zu erheben vermochten, dann sprachen sie von der Sophia (Achamot) als von einem Wesen, das den Zusammenhang mit jenem kosmischen Bereich verloren hat, wo seit dem Uranfang die wahre Sophia, die *ewige* Braut des Lammes weilt, und das «durch den Menschen» hindurchgehen muss, um sich abermals mit ihm zu vereinigen.[103]

Die Heilige Sophia hingegen, wie sie im esoterischen

Christentum stets verstanden und verehrt wurde, war, ebenso wie ihre menschliche Repräsentantin an der Zeitenwende – zunächst die Maria des Lukas-Evangeliums und dann die Maria des Matthäus-Evangeliums –, die eigentliche Mittlerin zwischen der Erdenmenschheit und der Sphäre des Gottes-Sohnes (des Christus) und bildete damit, vom kosmischen Standpunkt aus betrachtet, das Bindeglied zwischen dem Menschen-Anthropos (den Fischen) und der kosmischen Sphäre des «Mystischen Lammes», dessen unterstes, reines Sternenglied dem Tierkreisbereich der Jungfrau entspricht.[104]

Alles bisher Gesagte kann auch auf den Vortrag vom 3. Februar 1913 «Das Wesen der Anthroposophie» ein neues Licht werfen. Dort spricht Rudolf Steiner davon, dass noch am Anfang der vierten nachatlantischen Epoche, am Beginn der altgriechischen Kultur, die Sophia als eine reale geistige Wesenheit von den Menschen erlebt wurde und später dann, zwar auf eine persönlichere Weise, jedoch auch abstrakter als «Philo-Sophia» (Ich liebe die Sophia!). Was so zunächst ein objektives Wesen der geistigen Welt war, das vereinigte sich dann allmählich mit der Menschheit, und dieser Prozess erlangte etwa am Beginn der Epoche der Bewusstseinsseele seine Vollendung.

Damit ist jedoch der genannte Prozess nicht vollständig erfasst. Er muss noch in der Richtung weiter verfolgt werden, die Rudolf Steiner folgendermaßen beschreibt: «Aber der Mensch hat gelernt, diese Sophia auf seine Bewusstseinsseele zu beziehen, sie an den Menschen unmittelbar heranzubringen. Das geschah während des Zeitalters der Bewusstseinsseele. Dadurch ist diese Sophia unmittelbar die Wesenheit geworden, die den Menschen als solchen erklärt. Nachdem sie eingezogen ist in den Menschen, muss sie mitnehmen das Menschenwesen und es wieder objektiv vor den Menschen draußen hinstellen. Sie wird sich wieder loslösen, aber mitnehmen, was der Mensch ist, und sich hinstellen objektiv, jetzt nicht bloß als Sophia, sondern als Anthropo-Sophia, als diejenige Sophia, die, nachdem sie durchgegangen ist durch die Menschenseele, durch das

Wesen des Menschen, dieses Wesen des Menschen fortan in sich trägt.»

In der Sprache der Sternenschrift heißt das, dass sich der Menschheit im Laufe der Erdenentwicklung und mit dem Verlust des alten, atavistischen Hellsehens allmählich die Möglichkeit eröffnet, in unmittelbare Beziehung zu denjenigen Bereichen der geistigen Welt zu treten, welche die Wirkenssphäre der Sophia-Kräfte im Makrokosmos bilden (von den Fischen bis zur Jungfrau). Es ist der Mensch jedoch in Bezug zum Makrokosmos ein wahrer Mikrokosmos. Vom Urbeginn her durch die Hierarchien «zum Bilde Gottes» geschaffen, «dass er ihm gleich sei» (1. Mose 26,27), das heißt aus den Sophia-Kräften – denn die Sophia ist im Kosmos nichts anderes als «das makrokosmische Bild des göttlichen Urgrundes des Weltgebäudes», «dem sie gleicht» –, trägt der Mensch als Mikrokosmos alle makrokosmischen Ursprungskräfte der Sophia-Wesenheit in sich. Rudolf Steiner nennt dies «das Durchgehen der Sophia durch das Wesen des Menschen», auf das er im Vortrag vom 27. Januar 1908 hinweist, wo er die von ihm in dem Schema angeführten sieben Tierkreisbereiche (siehe Seite 55), welche den kosmischen Leib der Sophia bilden, in Beziehung setzt zu den sieben Gliedern des Menschenwesens:

7. Geistesmensch	♍	Jungfrau
6. Lebensgeist	♎	Waage
5. Geistselbst	♏	Skorpion (Adler)
4. Ich	♐	Schütze
3. Astralleib	♑	Steinbock
2. Ätherleib	♒	Wassermann
1. Physischer Leib	♓	Fische

Dann sagt Rudolf Steiner im Vortrag vom 3. Februar 1913 weiter: «Was wir durch Anthroposophia aufnehmen, ist das Wesen von uns selbst, das erst bis an den Menschen heranschwebte, um sich zu zeigen wie eine himmlische Göttin, zu der er in ein

Verhältnis kommen konnte, das als Sophia, als Philosophia lebte und das er wieder aus sich herausgebären wird, vor sich hinstellend als Ergebnis wahrer Selbsterkenntnis in der Anthroposophie.»

Letzteres aber bedeutet: Strebt der Mensch in unserer Zeit ernsthaft nach Selbsterkenntnis im anthroposophischen Sinn, was in Wirklichkeit nur dann möglich ist, wenn er den Pfad der wahren Geistesschülerschaft betritt, dessen sieben Hauptstufen Rudolf Steiner in der «Geheimwissenschaft im Umriss» beschrieben hat, so beschreitet er auf diese Weise den Weg des bewussten geistigen Aufsteigens in die makrokosmische Sphäre der Sophia. Deren untere Grenze bildet die Stufe des Anthropos (Fische) – sie entspricht dem «Studium der Geisteswissenschaft» –, und ihre Vollendung stellt die siebente Stufe der Sophia (Jungfrau) selbst dar; der gesamte Weg jedoch führt zum Erleben der objektiv im Makrokosmos wirkenden göttlichen Sophia als Anthropos-Sophia (siehe Seite 65 f.).

In der Terminologie der alten Gnosis könnten wir sagen: Beim «Durchgehen durch den Menschen», das heißt: auf dem Wege des Absteigens von der Jungfrau zu den Fischen, entfernte sich ein Teil der Kräfte der himmlischen Sophia von ihrem Urquell, was Rudolf Steiner einmal als die Tötung der Sophia durch Luzifer beschrieb (siehe GA 202, 24.12.1920), wodurch sie sich in die Achamot-Kräfte verwandelten, die Kräfte der Seele der Menschheit (siehe GA 225, 15.7.1923). Diese Seele der Menschheit ist seitdem von dem einzigen Streben erfüllt, sich abermals mit dem Urquell der Sophia-Kräfte im Makrokosmos zu vereinigen, dem Quell, der sich im Tierkreisbereich der Jungfrau befindet.[105]

Wie bereits im dritten Kapitel dargestellt, las Rudolf Steiner die letzte Stufe dieses Überganges – aus dem Waage-Bereich in den der Jungfrau – in der Himmelskonstellation der Gestirne bei der Grundsteinlegung des ersten Goetheanum, und er prägte sie dessen Doppelkuppel-Architektur ein, welche damit von der neuen Vereinigung der Menschheitsseele (Achamot)

– durch die Anthroposophie – mit der himmlischen Sophia zeugt.

So wird auch das *gemeinsame Wirken* des Christus und der Sophia im Makrokosmos verständlicher. Als «mystisches Lamm» dehnt der Christus den Wirkensbereich seiner kosmischen Kräfte nur innerhalb der Grenzen des reinen Sternenkosmos (des «hellen» Teiles des Zodiak) aus, das heißt bis zum Waage-Bereich, der im Menschen dem Lebensgeist entspricht (siehe das Schema auf Seite 55). Deshalb nennt Rudolf Steiner in frühen Vorträgen den Christus immer wieder den Träger des göttlichen Budhi-Prinzips oder der kosmischen Liebe.[106]

Aus dem Waage-Bereich heraus, der das unterste Glied des «Mystischen Lammes» bildet, gibt der Christus sodann den ersten Impuls für die gesamte Entwicklung des Ich-Prinzips in der Menschheit. Dazu äußert Rudolf Steiner im Vortrag vom 27. Januar 1908: «Der Einschlag des Ich im Menschen bedeutet, dass die aufsteigenden und absteigenden Kräfte sich die Waage hielten, und am Menschen liegt es, diese Waage in der richtigen Weise zum Ausschlag zu bringen. Daher haben die Okkultisten dasjenige Sternbild, das betreten wurde in dem Moment, wo es anfing an das Ich heranzugehen, die ‹Waage› genannt. Bis zum Ende der ‹Jungfrau› wurden die Taten des Ich in unserer planetarischen Entwickelung zwar vorbereitet, aber es kam nicht bis zum Ich. Nun hatte das Ich mit dem Moment der Waage begonnen, selbst seinen Anteil zu nehmen, so dass das Ich einen wichtigen Moment seiner Entwickelung dadurch zustande gebracht hat» (GA 102).

Die Ich-Entwicklung ist jedoch noch komplizierter, denn jeder Mensch trägt im Grunde genommen nicht ein, sondern drei «Iche» in sich. In seinem Buch «Die Schwelle der geistigen Welt» beschreibt Rudolf Steiner diese als das gewöhnliche Ich, das «andere Ich» (das «höhere» Ich) und das «wahre Ich».[107]

Im Schema auf Seite 55 entspricht dem erstgenannten Ich der Tierkreisbereich des Schützen, dem zweiten Ich ist das Geistselbst-Bewusstsein verwandt und dem dritten Ich das Bewusstsein des Lebensgeistes, das heißt aber der Wirkensbereich des kosmischen Christus im Menschenwesen:

7. Geistesmensch	♍ Jungfrau	
6. Lebensgeist	♎ Waage	– wahres Ich
5. Geistselbst	♏ Skorpion (Adler)	– anderes (höheres) Ich
4. Ich	♐ Schütze	– Ich

Der Christus offenbart sich im Menschenwesen vollständig erst im «wahren Ich» (Waage) und verleiht von daher der Ich-Entwicklung auf der Erde den entscheidenden Impuls. Denn nur das unterste Glied des «Mystischen Lammes» kann auch innerhalb der *planetarischen* Entwicklung wirken, der die Menschheit noch angehört: «Die Wesenheit, die mit ihrem eigentlichen Wesen ganz dem Tierkreis angehört, deren Kräfte ganz dem Tierkreis angehören *und die sich im Planetenleben nur in ihrem niedersten Glied äußert, das mit der Waage bezeichnet ist* – wie beim Menschen das niederste Glied mit den Fischen bezeichnet ist –, das ist diejenige Wesenheit, welche, wie Sie sehen, Leben verbreitet über unser ganzes Weltall» (ebd.).

In diesen Worten ist das Bild einer bestimmten kosmischen Entwicklung in der Richtung von oben nach unten enthalten. Ihm kommt die neue, von dem Christus-Wirken in der Menschheit *nach* dem Mysterium von Golgatha hervorgerufene Entwicklung der Sophia-Kräfte entgegen, deren heutige Offenbarung in dem siebengliedrigen Einweihungsweg liegt, so, wie er in der «Geheimwissenschaft im Umriss» beschrieben ist. Sein Ziel ist, den Geistesschüler durch die Entwicklung der höheren Sophia-Kräfte in der Menschenseele zum bewussten Erleben des Christus als deren kosmisches Budhi-Prinzip zu führen, das sich im «wahren Ich» offenbart und seinen Quellpunkt in der «Waage» des Tierkreises hat.

Das erschließt auch den tieferen Sinn der Worte Rudolf Steiners: «Nicht der Christus fehlt uns, die Erkenntnis des Christus, die Isis von Christus, die Sophia von Christus fehlt uns» (GA

202, 24.12.1920). Mit anderen Worten: Das Menschen-Ich kann «die volle Macht über die Waage des Tierkreises» erlangen, und das bedeutet, sich voll bewusst mit der Sphäre des kosmischen Christus (des «Mystischen Lammes») vereinigen.

Jedoch verhält es sich mit der Weltentwicklung so, dass der Mensch, wenn er nicht nur eine bestimmte Schicht des Weltenseins erleben, sondern auch die *Macht über die sich in ihr abspielenden Prozesse* erlangen will, sich um eine Stufe höher erheben muss, um auf den entsprechenden Bereich mit Hilfe noch höherer Kräfte einwirken zu können. Auf dieses Geheimnis weist Rudolf Steiner mit den Worten hin: «Er wird seine volle Macht auf diese Waage des Tierkreises erlangen, wenn er sein Ich durchgedrückt hat bis zum Atma oder Geistesmenschen. Da wird er ein Wesen sein, das etwas ausströmt, das aus dem Stadium der Zeit in das Stadium der Dauer, der Ewigkeit, übergeht» (GA 102, 27.1.1908).[108]

«Atma oder Geistesmensch» – das entspricht im Makrokosmos dem Tierkreisbereich der Jungfrau, und so ist die volle Beherrschung der Kräfte des Ich oder – was dasselbe ist – das bewusste Aufsteigen in die Sphäre des kosmischen Christus nur dann möglich, wenn der Weg von der ersten Stufe, dem Anthropos (Fische), bis zur siebenten Stufe, der Sophia-Stufe (Jungfrau), vollständig zurückgelegt worden ist, das aber heißt: der *ganze* Weg der modernen Einweihung, welche dann nichts anderes ist als die reinste Offenbarung des Wesens der kosmischen Anthroposophie.

Hier ist nun noch ein weiterer Aspekt zu betrachten. In Anmerkung 53 wurde bereits bemerkt, dass die Begegnung des kosmischen Christus mit der Wesenheit des Bodhisattva in demjenigen geistigen Bereich vor sich geht, der unter der Einwirkung der Tierkreiskräfte des Adler (Skorpion) steht. Der Bodhisattva kann aus seinen eigenen Kräften nur den *planetarischen* Aspekt der Christus-Wesenheit erfassen.[109] Mit dem Buddha-Werden erlangt er jedoch die Möglichkeit, die Christus-Wesenheit in dem noch höheren Bereich, der unter der Einwirkung der Tierkreiskräfte der Waage steht, zu erleben. Dieser Bereich entspricht jedoch bereits dem untersten Glied des «Mystischen Lammes» und bildet zugleich die erste Stufe, auf der sich dem Eingeweihten nicht nur der planetarische, sondern auch der Sternenaspekt der Christus-Wesenheit offenbart.

Diese Offenbarung des Christus nicht nur als eine planetarische, sondern auch als eine Sternen-Wesenheit, die nicht allein aus dem Planeten-, sondern auch aus dem Sternenaspekt ihrer Sonnennatur heraus wirkt, vollzieht sich an der Zeitenwende in der Szene der Verklärung auf dem Berg Tabor. Im Matthäus-Evangelium lesen wir: «Sein Antlitz erstrahlte wie die Sonne» (17,2). Dabei sind Moses und Elias neben dem Christus eine Art «vermenschlichte» Waage-Imagination, die das Gleichgewicht zwischen den absteigenden und den aufsteigenden Kräften in der Menschheitsevolution repräsentieren (die Ersteren symbolisiert Moses, die Zweiten Elias).

Diese Entwicklungsstufe vermag auch der Buddha bis zu einem gewissen Grad im Augenblick seines irdischen Todes zu erreichen. «In der Sprache der Eingeweihten» bedeutet das: «Buddha ist bis zu dem Punkte gelangt, wo in dem Menschen das göttliche Licht anfängt zu glänzen. Er steht vor dem Tode des Irdischen. Er wird das Weltlicht.» Die Kräfte des Sonnen-Logos (des Christus) beginnen in seinem Wesen im Augenblick der Erleuchtung zu erglänzen. «Buddha hat mit seinem Leben das erwiesen, dass der Mensch der Logos ist und dass er in diesen Logos, in das Licht zurückkehrt, wenn sein Irdisches stirbt», schreibt Rudolf Steiner in diesem Zusammenhang in dem Buch «Das Christentum als mystische Tatsache und die Mysterien des Altertums» (GA 8).

Nach dem Mysterium von Golgatha wird das auf der Buddha-Stufe mögliche Aufsteigen in die geistigen Welten von dem *menschlichen Eingeweihten* jedoch nicht mehr ausgeschöpft werden. Denn in der Zukunft, die jedoch in unserer Zeit schon begonnen hat, eröffnet sich die Möglichkeit, die nächst höhere

Stufe zu erreichen, die im Osten die Stufe des Dhyani-Buddha[110] genannt wird oder – was im esoterischen Sinn dasselbe ist – des Manu. Das wird die Stufe des bewussten Erlebens des kosmischen Christus im geistigen Bereich der Sonne sein, diejenige Stufe, die unter der unmittelbaren Einwirkung der Tierkreiskräfte der Jungfrau oder der Kräfte der kosmischen Sophia steht.[111]

In vorchristlicher Zeit gehörte der Mensch noch vollständig zur *planetarischen* Evolution. Deshalb war auch die höchste Stufe, die der *menschliche Eingeweihte* in jener Zeit zu erreichen vermochte, die Buddha-Stufe. Sie erlaubte es ihm, sich bewusst bis zum Waage-Bereich des Tierkreises zu erheben, in dem sich erstmals die planetarischen Einflüsse mit den Einflüssen aus den reinen Sternensphären berühren und sogar bis zu einem gewissen Grade durchdringen. Davon finden wir einen Nachhall in den Worten Rudolf Steiners: «Wenn wir uns den Menschen im Tierkreis aufschreiben, so haben wir ihn bis zur Waage reichend» (GA 102, 27.1.1908).

Der Wirkensbereich des Manu oder Dhyani-Buddha liegt jedoch «über» der Waage – in der Jungfrau. Aus diesem Grunde spricht Rudolf Steiner mehrfach davon, dass alle früheren Manus, deren Aufgabe es war, den Übergang der Menschheit von einer Wurzelrasse zur anderen zu leiten, eigentlich nicht zur menschlichen, sondern zur übermenschlichen Evolution gehören; sie waren, im eigentlichen Sinn des Wortes, «übermenschliche Wesenheiten», welche bereits eine kosmische (das heißt nicht «planetarische», sondern «Sternen»-)Stufe der Entwicklung erreicht hatten.

Das bezieht sich ganz besonders auf den letzten der übermenschlichen Manus, der den Übergang der Menschheit von der atlantischen zur nachatlantischen Entwicklung leitete. Diese erhabene Wesenheit befand sich im «Verkehr» mit dem kosmischen Christus unmittelbar im Bereich der Jungfrau oder himmlischen Sophia. In der «Geheimwissenschaft im Umriss» nennt Rudolf Steiner ihn den höchsten Sonnen-Eingeweihten der Atlantis, den Leiter ihres zentralen oder «Christus»-Orakels, den Christus-Eingeweihten. Alle diese Bezeichnungen hängen damit zusammen, dass nur der Eingeweihte, der diese höchste Stufe erreicht hat, mit seinem Bewusstsein das *ganze* Wirken der Christus-Wesenheit in den Grenzen des Sonnendaseins umfassen kann, so, wie es sich durch die Vermittlung der zweiten oder Sonnen-Hierarchie zeigt:

♍ Jungfrau	– Geister der Weisheit	Hierarchie des Sohnes[112]
♎ Waage	– Geister der Bewegung	
♏ Skorpion (Adler)	– Geister der Form	

Denn der Manu umfasst in seiner Erkenntnis des kosmischen Christus nicht nur dessen planetarischen Aspekt (Adler-Skorpion), wie der Bodhisattva, und auch nicht nur denjenigen Aspekt, bei dem im rhythmischen Wechsel die planetarischen und die Sternenkräfte wirken (Waage), wie ihn der Buddha erreicht, sondern auch den noch höheren, reinen Sternenaspekt, insoweit dieser *in den Grenzen der Sonnensphäre selbst,* aber nunmehr gemeinsam mit den kosmischen Sophia-Kräften (Jungfrau) *in Erscheinung tritt.*

Wie bereits gesagt, ist das zugleich derjenige kosmische Bereich, wo nach der Apokalypse die geistige Vermählung der Braut (Sophia) mit dem Lamm stattfindet. Und so ist der Manu nicht nur der höchste Eingeweihte des zentralen Christus-Orakels auf der Atlantis, sondern auch der Leiter der *«Mutter-Loge»* der Menschheitsführung (siehe GA 114, 18. und 19.9.1909), welche das Sophia-Wirken in der Erdenentwicklung leitet, wobei der Quellpunkt von den geistigen Kräften der Sophia sich in den höheren Regionen der Sonnensphäre befindet, die unter der unmittelbaren Einwirkung des Tierkreisbereichs der Jungfrau (der Geister der Weisheit) stehen.

Nachdem jedoch das Mysterium von Golgatha auf der Erde vollzogen war und dank der sich von unserer Zeit an eröffnenden Möglichkeit, sich voll bewusst noch innerhalb des irdischen

Daseins mit dem Christus-Impuls zu vereinigen, bereitet sich eine Entwicklung in der Menschheit vor, welche die Stufe des Manu oder Dhyani-Buddha auch solchen Wesen erreichbar machen wird, die noch der *Menschheitsevolution* angehören und unmittelbar aus ihr heraus zu dieser Stufe aufsteigen werden. Über diesen wichtigen Übergang sagt Rudolf Steiner: «Ich habe öfters schon erwähnt, dass erst der Manu, der erscheinen wird in der nächsten Wurzelrasse, ein wirklicher Menschenbruder sein wird, während die früheren Manus übermenschlich, eine Art göttliche Wesen waren. Erst jetzt reift die Menschheit heran, um einen eigenen Menschenbruder als Manu zu haben» (GA 93, 11.11.1904). Und in einem anderen Vortrag desselben Zyklus äußert er: «Die sechste Wurzelrasse wird die erste sein, die von einem Erdenbruder als Manu geleitet sein wird. Die früheren Meister, die Manus der anderen Welten, geben dem Erdenbruder die Führung der Menschheit ab» (7. Oktober 1904).

Das Letztere wird dadurch möglich werden, dass eine wachsende Anzahl von Menschen eine bewusste Beziehung zum Auferstehungsleib oder Phantom erlangen wird, das an der Zeitenwende aus dem Grab von Golgatha auferstanden ist und seit dieser Zeit in den geistigen Substanzen der Erde aus denjenigen Kräften wirkt, die dem siebenten, noch höheren Glied des Menschenwesens, dem *Geistesmenschen*, angehören.

So wird es gegen Ende der nachatlantischen Zeit einem der führenden Eingeweihten, der sich aus der Menschheit selbst heraus entwickelt, möglich werden, bis zu den übersinnlichen Teilen seines physischen Leibes die Kräfte des Phantoms Christi solchermaßen in sich aufzunehmen, dass er der *neue Manu der Menschheit zu* werden vermag, ihr Führer aus der fünften in die sechste Wurzelrasse und im engeren Sinne aus der siebenten nachatlantischen Epoche, während der sich die Substanz des Lebensgeistes in die Menschheit ergießen wird, in die erste Epoche *nach* der großen Katastrophe, nach dem «Krieg aller gegen alle», wo sich die Substanz des Geistesmenschen in die

Menschheit senken wird. Vom Lebensgeist zum Geistesmenschen wird er die Menschheit führen.[113]

Daraus ergibt sich vom Standpunkt der Sternenschrift das folgende Verhältnis für unsere Zeit:

Dhyani Buddha	– 7. Geistesmensch	♍	Jungfrau
Buddha	– 6. Lebensgeist	♎	Waage
Bodhisattva	– 5. Geistselbst	♏	Skorpion (Adler)[114]

So sehen wir, dass das hauptsächliche Bestreben der Bodhisattvas, Buddhas und vor allem der Dhyani-Buddhas der Vereinigung mit den Kräften der himmlischen Sophia gilt, um mit ihrer Hilfe den höchsten, reinen Sternenaspekt des Christus, des «Mystischen Lammes», zu erleben. Und wir können sagen: Der Bodhisattva, der zum geistigen Bereich aufsteigt, in dem die Kräfte des Adler (Skorpion) wirken, empfängt die Geistesgaben der Sophia als Offenbarung von oben; der Buddha, der zum Waage-Bereich aufsteigt, tritt bereits bis zu einem gewissen Grad in ihre Sphäre ein, er kann sich in ihr jedoch nur mit den Kräften der unteren Regionen verbinden. Nur der Dhyani-Buddha wird ein wirklicher Träger der Sophia-Kräfte in einem solchen Maße werden, dass er ihr Wirken in der Menschheitsentwicklung leiten kann. Anders gesagt: Er wird der Lenker der «Mutter-Loge» in der Sonnen-Sphäre werden.[115]

Wir können das oben Gesagte auch in folgendes Bild zusammenfassen: Der Bodhisattva steht noch vor dem leuchtenden Sophia-Tempel in den geistigen Welten. Der Buddha tritt in ihn ein und gelangt bis zu dessen Allerheiligstem. Der Manu oder Dhyani-Buddha aber wirkt in der Welt unmittelbar aus dem Allerheiligsten dieses übersinnlichen Tempels heraus, der in einem gewissen Sinne das ist, was Rudolf Steiner die «Mutter-Loge» der Menschheitsführung nennt.

2. Der kosmische Aspekt der Michael-Wesenheit

«Und so reden wir von einem richtigen Verständnis des Christus-Impulses, wenn wir von einem richtigen Verständnis des Michael-Impulses in unserer Zeit sprechen.»
Rudolf Steiner, 20. Mai 1913 (GA 152)

Um einem Verständnis des kosmischen Aspektes der Michael-Wesenheit auf Grundlage der vorliegenden Arbeit noch näher zu kommen, wollen wir als Ausgangspunkt ihre Beziehung zur Sophia-Sphäre im Makrokosmos nehmen.

Eine bestimmte Seite dieser Beziehung beschreibt Rudolf Steiner eingehend im Vortrag vom 10. Januar 1915. Dort wird davon gesprochen, wie in der Entwicklung der Philosophie auf der Erde, die sich in einem periodischen Rhythmus von 700 bis 800 Jahren vollzieht, das Wirken des sogenannten «Sonnen-Gesetzes» in Erscheinung tritt, das heißt: eine Wiederholung im Erdenbereich des übersinnlichen Wirkens, das sich auf der alten Sonne zwischen der Hierarchie der Geister der Weisheit (Kyriotetes) und der Hierarchie der Archangeloi abspielte, oder, in der Sprache der Sternenschrift, zwischen dem Tierkreisbereich der Jungfrau und dem des Steinbock.

Infolge dieses ursprünglich nicht mit der irdischen Entwicklung, sondern mit der Entwicklung auf der alten Sonne verbundenen gemeinsamen Wirkens der Geister der Weisheit und der Erzengel kommen die kosmischen Sophia-Kräfte immer mehr aus dem Kosmos auf die Erde: «So, dass uns aus dem Nebel der Geschichte der Philosophie ein Wesen entgegentritt, zu dem wir aufschauen wie zu einer Göttin, die herabsteigt aus göttlichen Wolkenhöhen» (GA 161).

Das allmähliche Herabkommen der «Göttin Philo-Sophia» auf die Erde hängt mit einem der zentralen Mysterien Michaels zusammen, das aus seinem besonderen Verhältnis zur Sophia-Sphäre stammt. Es ist die Mission Michaels als Verwalter der kosmischen Intelligenz. Denn in dieser Tätigkeit, welche die

Erzengel unter der Leitung der Geister der Weisheit in unserem Kosmos im Dienste der Sophia-Sphäre vollziehen, nimmt der Erzengel Michael eine zentrale und führende Stellung ein.[116]

Wie bereits in Teil I, Kapitel 2, dargelegt (siehe Seite 75 f.), ist der führende Geist der Weisheit im Sonnen-Bereich derjenige, durch dessen Tor die kosmische Christus-Wesenheit einstmals aus geistigen Höhen zur Sonne herabkam. Und diese führende Stellung unter den übrigen Geistern derselben Hierarchie ist durch seine besondere Beziehung zur Christus-Wesenheit entstanden.

Etwas Ähnliches, nur einem anderen kosmischen Rang Entsprechendes, können wir über den Erzengel Michael sagen. Auch er hat, da er ein Sonnen-Erzengel ist, unter allen ihm gleichenden Wesenheiten die unmittelbarste Beziehung zur Christus-Sphäre. Über diese besondere Stellung Michaels im Kreise der Erzengel sagt Rudolf Steiner: «Er, Michael, ist die hervorragendste und die bedeutendste Wesenheit in der Hierarchie der Erzengel. Die Alten nannten Michael ‹Das Antlitz Gottes›» (GA 152, 2.5.1913). Den «Größten, den Mächtigsten, den Bedeutendsten» im Kreise der Erzengel nennt ihn Rudolf Steiner auch an anderer Stelle desselben Vortrags. Und in einem späteren Vortrag fügt er hinzu: «Er ist einer aus der Reihe der Archangeloi, aber er ist gewissermaßen der Fortgeschrittenste … der Oberste von der Natur der Archangeloi» (18. Mai 1913).

Mit anderen Worten: Innerhalb der Hierarchie der Erzengel nimmt Michael einen ebenso *zentralen Platz* ein wie der führende Sonnengeist der Weisheit in der Hierarchie der Kyriotetes. Das aber bedeutet, dass unter allen geistigen Wesenheiten, die zur Hierarchie der Erzengel gehören, insbesondere der führende Geist der Weisheit durch die Michael-Wesenheit wirkt, welche im genannten Sinne dessen Instrument und Mittler bei der Gestaltung bestimmter Prozesse in der Erdenentwicklung ist.

Aus den Inspirationen der hinter ihm stehenden und durch ihn wirkenden Geister der Weisheit – und insbesondere des

Fortgeschrittensten unter ihnen – schöpft Michael die geistigen Impulse, um seine Mission in unserem Kosmos bei der Verwaltung der himmlischen Intelligenz zu erfüllen. Dazu schreibt Rudolf Steiner: «Michael hat sich die Intellektualität aber nie angeeignet. Er verwaltet sie als göttlich-geistige Kraft, indem er sich verbunden fühlt *mit den göttlich-geistigen Mächten*» (GA 26, Kapitel «Die Weltgedanken im Wirken Michaels und im Wirken Ahrimans»). Und unter «göttlich-geistigen Mächten» sind in erster Linie Wesenheiten zu verstehen, die zur Hierarchie der Geister der Weisheit gehören.

Nachdem die Christus-Wesenheit die Sonne verlassen hatte, um das Mysterium von Golgatha auf der Erde zu vollbringen, geschahen in dem geistigen Bereich, in welchem zu wirken Michael oblag, tiefgreifende Wandlungen, die darin bestanden, dass die von ihm verwaltete kosmische Intelligenz – oder, bildhaft gesprochen, «der Schleier der Himmlischen Sophia» – allmählich die Sonnen-Sphäre verließ und sich zur Erde hinabbegab, um auf ihr zur Grundlage der Entwicklung eines eigenen, individuellen Denkens der Menschen zu werden (siehe GA 240, 20.7.1924 und GA 237, 8.8.1924). Das geschah etwa bis zum 8. christlichen Jahrhundert.

In der Sprache der Sternenschrift gesprochen, erreichte die Substanz der kosmischen Intelligenz, nachdem sie, aus dem Tierkreisbereich des Steinbock (der Erzengel-Sphäre)[117] kommend, durch den Wassermann-Bereich hindurchgegangen war, bis zum 8. Jahrhundert die Sphäre des Menschheitswirkens, das heißt die irdische, materielle Welt (den Bereich der Fische).

In diesem untersten Bereich entwickelte sie sich dann vom 9. bis zum 19. Jahrhundert allein durch die Kräfte der Menschen, *ohne* irgendeine Einwirkung Michaels, und geriet immer weiter in die Gefahr, an rein materielles Geschehen gebunden zu werden.

Diese neue Lage veranlasste Michael, den Entschluss zu fassen, während seiner nächsten Herrschaftszeit abermals eine unmittelbare Beziehung zur jetzt irdisch gewordenen Intelligenz herzustellen und eine Art «Abstieg» zur Erde vorzunehmen. Das beschreibt Rudolf Steiner folgendermaßen: «Michael stieg herunter auf die Erde. Er konnte dasjenige, was nun einmal seinen Gang in der Zwischenzeit hat machen müssen, damit die Menschen zur Intelligenz und zur Freiheit kommen, nur auf der Erde wiederfinden, so dass er es jetzt auf der Erde ergreifen muss, so dass er innerhalb der Erde wiederum Herrscher wird über die Intelligenz, die aber jetzt innerhalb der Menschheit wirkt» (GA 237, 28.7.1924). Und an anderem Orte äußert er: «Er tritt, um bei dem Gegenstande seiner Verwaltung zu bleiben, den Weg vom Kosmos zu der Menschheit an. Er ist auf diesem Wege seit dem achten nachchristlichen Jahrhunderte, ist aber eigentlich angekommen bei seinem Erdenamte, in das sich sein kosmisches Amt verwandelt hat, erst im letzten Drittel des neunzehnten Jahrhunderts» (GA 26, Kapitel «Michaels Erfahrungen und Erlebnisse während der Erfüllung seiner Mission»).

So sehen wir hier einen Prozess des allmählichen «Herabkommens» Michaels zur Menschheit, der etwa im 8. Jahrhundert begann und 1879 vollendet war. Das ist jedoch nichts anderes als die Ausdehnung der Macht Michaels über den Bereich, der von der Jungfrau und dem Steinbock nach «oben» hin begrenzt wird und der nach «unten» hin in den Bereich des Wassermann und besonders der Fische reicht. Letzteres war in geistiger Hinsicht für Michael jedoch nur möglich, weil er von der Erzengelstufe in den Rang des führenden Geistes unserer Zeit oder eines Archē aufgestiegen ist.

Gemäß den Angaben der modernen Geisteswissenschaft besitzt ein Erzengel einen vollentwickelten Lebensgeist, eine Wesenheit vom Range eines Archē aber einen vollentwickelten *Geistesmenschen.*[118] Durch diese Kräfte kann Michael als Archē auf das gesamte Erdengeschehen einwirken, bis hin zu den übersinnlichen Elementen der materiellen Welt selbst: «Es schickte sich also der Erzengel Michael an, nach und nach aus einem bloßen Erzengel ein Zeitgeist zu werden, eine solche Entwickelung zu erlangen, dass er eingreifen könne in das

Leben der Menschen nicht nur vom Standpunkte des Überirdischen, sondern unmittelbar vom Standpunkte des Irdischen aus. Vorzubereiten hatte sich der Erzengel Michael, auf die Erde selbst herabzusteigen, *gewissermaßen nachzuleben den großen Vorgang des Christus Jesus selber,* nachzuleben diesen großen Vorgang: hier auf der Erde seinen Ausgangspunkt zu nehmen und weiter zu wirken vom Gesichtspunkte der Erde aus» (GA 174a, 17.2.1918).

Und in einem anderen Vortrag weist Rudolf Steiner folgendermaßen auf diesen Tatbestand hin: «Michael ist in einer gewissen Weise *der stärkste* der einander stets ablösenden führenden Geister der Zeiten ... Die anderen waren vorzugsweise geistig im Geistigen wirksam. Michael hat die Stärke, den Geist durchzupressen bis in die physische Welt hinein» (GA 157, 19.1.1915). Aus diesem Grund gilt in unserer Zeit: «Michael muss uns durchdringen *als die starke Kraft,* die das Materielle durchschauen kann, indem sie im Materiellen zu gleicher Zeit das Geistige sieht, indem im Materiellen überall der Geist gesehen wird» (GA 194, 22.11.1919).

Vom Standpunkt der Sternenschrift bedeutet dieser Prozess des inneren Aufsteigens Michaels, dass er seit 1879 geistige Kräfte im Makrokosmos nicht nur aus dem Tierkreisbereich der Waage schöpfen kann, wie es früher der Fall war (weshalb er in vielen alten Darstellungen eine Waage in den Händen hält), sondern auch aus dem Tierkreisbereich der Jungfrau:

7. Geistesmensch	♍	Jungfrau
6. Lebensgeist	♎	Waage

So ist Michael, nachdem er sich in den Bereich der Jungfrau erhoben und den Rang eines Zeitgeistes erlangt hat, in der Lage, seine Impulse in die gesamte Erdenentwicklung bis hin zum eigentlichen materiellen Geschehen (Fische) zu senden. Das hat zur Folge, dass er auch eine vollkommen neue Beziehung zur Sophia-Sphäre im Makrokosmos eingeht. Denn wenn seine Beziehung zu den Sonnengeistern der Weisheit – und ganz besonders zu dem Fortgeschrittensten unter ihnen – eine Art «*Erinnerung*» an das alte Sonnen-Dasein darstellte, deren irdisches Abbild die Entwicklung der Philosophie ist, so wird dieses Verhältnis für ihn jetzt ein *Gegenwärtiges*.[119] Und das bedeutet, dass vom letzten Drittel des 19. Jahrhunderts an Michael den Menschen die Sophia-Kräfte auf vollkommen neue Art bringt, nicht mehr aus vergangenen, sondern unmittelbar aus *gegenwärtigen* Quellen im Makrokosmos.

Wir können auch sagen: Was Michael mit der «Philo-Sophia» der Menschheit als geistiges Licht der Vergangenheit schenkte, das wird mit der «Anthropos-Sophia» zum geistigen Licht der *Gegenwart,* das in die Dunkelheit der materialistischen Dämmerung des heutigen Menschheitszustandes scheint: «Michael kann uns neues spirituelles Licht geben, das wir als *eine Umgestaltung* jenes Lichtes betrachten können, das durch ihn zur Zeit des Mysteriums von Golgatha gegeben wurde, und die Menschen unserer Zeit dürfen sich in dieses Licht stellen» (GA 152, 2.5.1913).

Michael wird, indem er der Menschheit kosmische Kräfte aus den Tierkreisbereichen von der Jungfrau bis zu den Fischen sendet, zum Beschützer des modernen siebengliedrigen Einweihungsweges, wie er in der «Geheimwissenschaft im Umriss» durch die Inspiration Michaels von Rudolf Steiner beschrieben wurde (vgl. mit Seite 61). «Es ist Michaels Aufgabe, den Menschen auf den Bahnen des Willens dahin wieder zu führen, woher er gekommen ist, da er auf den Bahnen des Denkens von dem Erleben des Übersinnlichen zu dem des Sinnlichen mit seinem Erdenbewusstsein heruntergestiegen ist» (GA 26, Seite 81).

Und Michael kann das vollbringen, weil er «die Wege wieder aufwärts geht, welche die Menschheit abwärts auf den Stufen der Geistesentwickelung bis zur Intelligenzbetätigung gegangen ist. Nur wird Michael den Willen aufwärts die Bahnen führen, welche die Weisheit [das heißt die Sophia-Kräfte] bis zu ihrer letzten Stufe, der Intelligenz, abwärts gegangen ist» (ebd., Seite 86). Und das bedeutet, dass Michael die Menschheit in unserer Zeit *auf dem Wege des Willens* von der sinnlichen Welt abermals zum Erleben der übersinnlichen Welt führt.[120] Und so nennt Rudolf Steiner, besonders in seinen frühen Vorträgen, den in seiner «Geheimwissenschaft im Umriss» dargestellten christlich-rosenkreuzerischen Schulungsweg einen Weg der *Willens*einweihung (siehe zum Beispiel GA 104, 19.6.1908).

In der Sternenschrift lässt sich das folgendermaßen ausdrücken: Von den Impulsen, die vom Bereich der Jungfrau ausgehen, bis hin zu den Impulsen aus dem Fische-Bereich kam die Menschheit bis zum Beginn des 19. Jahrhunderts auf den Bahnen der Weisheit herab. Vom Jahre 1879 an aber will Michael die Menschheit auf den Bahnen des Willens wieder von den Fischen zur Jungfrau zurückführen, das heißt, durch alle sieben Stufen der modernen Einweihung.

Von einem etwas anderen Standpunkt weist Rudolf Steiner auch im Vortrag vom 30. November 1919 (GA 194) auf diesen Prozess hin, indem er ihn dort als «Lichtseelenprozess», als den Beginn des «neuen Joga-Willens» beschreibt, dessen Entwicklung der zukünftigen «Michael-Kultur» anstelle des alten Joga als Grundlage dienen soll.

> «Taghelles Licht
> Erstrahlte in Menschenseelen»

– wie schon Willem Zeylmans van Emmichoven in seinem Buch «Der Grundstein» nachwies, beziehen sich diese beiden Zeilen aus dem vierten Teil der Grundstein-Meditation auf das Licht des neuen Bewusstseins, das Michael heute in die Menschheitsentwicklung tragen will.[121] Und diese neue Aufgabe des führenden Sonnen-Erzengels innerhalb der Erdenentwicklung hängt unmittelbar mit jener Veränderung zusammen, die seine Stellung im Makrokosmos infolge des Mysteriums von Golgatha erfuhr. Diese Veränderung charakterisiert Rudolf

Steiner folgendermaßen: «Michael war der Offenbarer durch die Nacht und soll werden *in unserer Zeit* der Offenbarer während des Tages. Michael soll werden aus einem Nachtgeist ein Taggeist. Für ihn bedeutet das Mysterium von Golgatha die Umwandlung aus einem Nachtgeist in einen Taggeist» (GA 194, 22.11.1919). Das aber bedeutet: «Wie man früher sprechen konnte von *Jahve-Michael,* dem Leiter des Zeitalters, können wir jetzt sprechen von dem *Christus-Michael.* Michael hat eine Erhebung in eine höhere Stufe, vom Volksgeist zum Zeitgeist durchgemacht dadurch, dass er vom Sendboten Jahves zum Sendboten des Christus geworden ist» (GA 152, 20.5.1913).

Wir können noch tiefer in den Sinn dieser Worte eindringen, wenn wir uns bewusst machen, dass Michael bis zum Mysterium von Golgatha als der fortgeschrittenste Geist aus der Hierarchie der Erzengel und als ein Wesen, das einen voll entwickelten Lebensgeist in sich trug, seine kosmische Tätigkeit bis zur *Waage* des Zodiak entfaltete (siehe Schema auf Seite 55). Von dorther entwickelte er zu jener Zeit als Antlitz Jahves oder «Antlitz der Nacht» seine Tätigkeit in der *«Gegenwart»* vornehmlich in Richtung der «dunklen» oder «nächtlichen» Teile des Tierkreises, indem er seine Kräfte hauptsächlich aus den Bereichen vom Skorpion (Adler) bis zum Steinbock und sogar bis zum Wassermann schöpfte. Darin bestand in erster Linie in jener Zeit die *eine* Seite seiner kosmischen Mission als leitender Geist des althebräischen Volkes und als Vorbereiter des Mysteriums von Golgatha auf der Erde.

Eine ganz andere Seite der Mission Michaels tritt uns bei seiner Beziehung zum altgriechischen Volk entgegen, in dessen Mitte er nicht nur aus drei dunklen, sondern auch aus zwei hellen Tierkreisbereichen heraus wirkte (Waage und Jungfrau). Jedoch dieses «Tages»-Wirken geschah in jener Zeit nicht aus den Impulsen der «Gegenwart», sondern aus denen der «Vergangenheit», aus der Erinnerung Michaels an das gemeinsame Wirken der Erzengel (Bereich des Steinbock) und der Geister der Weisheit (Bereich der Jungfrau) auf der alten Sonne und aus ihrer Fortsetzung auf der Erde (siehe dazu Seite 127f.).

Weiterhin beginnt Michael vom Mysterium von Golgatha und besonders vom 8./9. Jahrhundert an allmählich aus einem Antlitz und Gesandten Jehovas zum Antlitz und Sendboten Christi zu werden. Das ist für ihn, wie wir bereits sahen, zugleich damit verbunden, dass er aus der Hierarchie der Archangeloi zum höheren Rang der Hierarchie der Archai oder Zeitgeister aufsteigt. Der Prozess dieses Aufsteigens beginnt im 9. Jahrhundert und erreicht seine Vollendung im Jahre 1879 (siehe die Worte Rudolf Steiners auf Seite 130f.).

Dabei erweist sich als wichtigste Folge dieses Aufsteigens die volle Herrschaft über das Prinzip des Geistesmenschen und die Tatsache, dass Michael dadurch eine unmittelbare Beziehung zum Tierkreisbereich der Jungfrau und zu den aus diesem wirkenden Geistern der Weisheit nun nicht als «Erinnern» an den alten Sonnenzustand erlangt[122], sondern als *gegenwärtige* Realität. Letzteres hat eine außergewöhnliche Bedeutung für die Stellung Michaels in unserem Kosmos. Denn wenn der Geistesblick Michaels früher in der Sonnen-Sphäre aus dem Waage-Bereich heraus mehr nach «unten» gerichtet war, in Richtung des «nächtlichen» Tierkreises, so wendet er heute seinen Blick mehr zum Bereich seiner «Tag»-Seite – zur Jungfrau und noch höher.

Mit anderen Worten: Michael erhebt sich heute aus seiner vergangenen Zugehörigkeit zum planetarischen Aspekt der Sonne (als Antlitz Jahves), zur Vereinigung auch mit ihrem Sternenaspekt[123], wodurch er in die Wirkenssphäre des «Mystischen Lammes» im Makrokosmos eintritt und durch die Pforte des führenden Geistes der Weisheit *in der Gegenwart* Offenbarungen des kosmischen Christus aus den noch höheren Tierkreisbereichen, dem Löwen, dem Krebs, den Zwillingen, dem Stier, dem *Widder,* aufnehmen kann.

Das ist der makrokosmische Aspekt der Aussage Rudolf Steiners, dass Michael in unserer Zeit allmählich zum Antlitz des Christus wird, zum Träger von dessen neuen Offenbarungen für die Erdenmenschen, wie das in der Sprache der Sternenschrift beschrieben und zum Ausdruck gebracht werden kann.

Von den Fischen bis zur Jungfrau erstreckt sich in der heutigen Epoche der *gegenwärtige* Wirkensbereich Michaels. «In der Jungfrau» empfängt er die Offenbarungen aus noch höheren Bereichen des Tierkreises – bis hin zum Widder, das heißt aus der Sphäre des «Mystischen Lammes» selbst.[124] Der Menschheit diese hohen Offenbarungen zu bringen, ist heute die Hauptaufgabe Michaels, und das irdische Instrument für deren Erfüllung ist die Anthroposophie.

Das oben Gesagte lässt auch besser verstehen, weshalb in den Darstellungen Rudolf Steiners gerade Michael von allen Erzengel-Wesenheiten eine so besondere Beziehung zur kosmischen Christus-Wesenheit innehat. Denn das Sein Michaels erstreckt sich in unserer Zeit vom Bereich der Fische bis zu dem der Jungfrau, wodurch sein Bewusstsein bis zum Widder zu reichen vermag, der das Ausstrahlungszentrum der Christus-Kräfte in unserem Kosmos ist. Deshalb spricht Rudolf Steiner auch immer wieder vom «Michael-Impuls, der vor dem Christus-Impuls steht» (GA 240, 27.8.1924), oder vom «Michaels-Weg, der seine Fortsetzung in dem Christus-Weg findet» (GA 194, 23.11.1919), was vom Standpunkt der Sternenschrift bedeutet: Der Michaels-Weg führt von den Fischen zur Jungfrau und findet seine Fortsetzung im Weg des Christus als «Mystischem Lamm» von der Waage bis zum Widder.

In einem weiteren Vortrag spricht Rudolf Steiner von der gegenwärtigen Epoche als von der Zeit der «Christus-Michael-Herrschaft» und beschreibt sodann, wie jede Menschenseele unmittelbar vor ihrer Geburt auf der Erde in der geistigen Welt von dem gemeinsam wirkenden «Licht des Michael und der Liebe des Christus» überleuchtet wird (GA 218, 19.11.1922), das heißt, vom geistigen Licht der Sophia aus dem Bereich von den Fischen bis zur Jungfrau und der Substanz der Liebe des «Mystischen Lammes» aus dem Bereich von der Waage bis zum Widder.[125]

«Vermittler, Sendboten, Abgesandten» nennt Rudolf Steiner Michael, welcher in der heutigen Zeit des ätherischen Erscheinens Christi die Aufgabe hat, die Menschheit vorzubereiten, dass «sie fähig werde, das Hinlenken des Christus-Bewusstseins aus dem Zustand des Unbewussten in den Zustand des Bewusstseins» zu erleben (GA 152, 2.5.1913), denn heute soll der «Christus seine Erklärung, *sein Erleben* in der Menschheit als Sonnenwesen finden ... durch ... den Sonnengeist Michael» (GA 240, 21.8.1924). Er ist der «Vorkämpfer des Sonnengeistes» (GA 174a, 3.12.1914), welcher «zur Rechten des Christus Jesus» diesen durch den Jahreslauf geleitet, indem er während der absteigenden Zeit dem neuen Geist der Erde voranschreitet und in der aufsteigenden ihm in die Weiten des Kosmos zurück nachfolgt, um seine im Kampf mit dem Drachen erschöpften Kräfte wieder herzustellen (GA 223, 31.3.1923).

In der gegenwärtigen Epoche ist Michael der Inspirator der anthroposophisch orientierten oder spirituellen Wissenschaft[126] als den ersten Strahlen des zukünftigen *kosmischen Christentums.* Deshalb äußert sich Rudolf Steiner auch so: «Michael verstehen heißt heute, den Weg finden zu dem Logos, den Christus unter den Menschen auf der Erde lebt» (GA 26, Kapitel «Menschheitszukunft und Michael-Tätigkeit»). Denn Christus sendet den Menschen heute durch sein Antlitz, den Taggeist Michael, eine neue Geistesoffenbarung herab. Davon zeugen die Worte des Christus, mit denen er sich durch den Mund seines irdischen Boten, des führenden christlichen Eingeweihten unserer Zeit, an alle Erdenmenschen wendet: *«Ich habe mich euch nicht nur geoffenbart in den Tagen, in denen die Evangelien geschrieben sind, ich werde durch meinen Taggeist Michael hereinsprechen zu euch immerdar, wenn ihr den Weg zu mir sucht»* (GA 194, 22.11.1919).

Die besondere Beziehung des Michael-Geistes zur Christus-Wesenheit ist jedoch durch das bisher Gesagte noch nicht erschöpft. Wir können ihr Verständnis noch mehr vertiefen, wenn wir uns bewusst machen, dass nach den Angaben der anthroposophischen Geistesforschung die reinen Fixsternkräfte im hierarchischen Kosmos «von oben nach unten» bis zu den Geistern der Weisheit wirken; mit ihnen verbinden sich sodann die bis zu den Geistern der Form wirkenden planetarischen Kräfte; hierauf folgen die «Mondenkräfte», welche sich bis zur Wirkenssphäre der Archangeloi erstrecken, und schließlich die «Erdenkräfte», die das Menschheitswerden auf der Erde gestalten. Damit ergeben sich im Ganzen gesehen die folgenden Beziehungen:[127]

Sternenimpuls	–	bis zu den Geistern der Weisheit (♈ – ♏)
Sternen- und Planetenimpuls	–	bis zu den Geistern der Form (♈ – ♏)
Sternen-, Planeten- und Mondenimpuls	–	bis zu den Archangeloi (♈ – ♑)
Sternen-, Planeten-, Monden- und Erdenimpuls	–	bis zu den Menschen (♈ – ♓)

Die letzte der hier angeführten Stufen trat mit dem Jesus von Nazareth als dem höchsten Repräsentanten der Menschheit *nach* der Taufe im Jordan in Erscheinung, durch dessen Hüllen im Laufe von drei Jahren der ganze zwölffache Geistkosmos vom Widder bis zu den Fischen auf der Erde wirkte. Deshalb sagt Rudolf Steiner von ihm: «Immer stand der Christus [Jesus] unter dem Einfluss des *ganzen Kosmos,* er machte keinen Schritt, ohne dass die kosmischen Kräfte in ihn hereinwirkten. Was hier bei dem Jesus von Nazareth sich abspielte ..., das konnte nur dadurch so sein, dass der ganze Leib des nathanischen Jesus beeinflussbar geblieben war gegenüber der Gesamtheit der unsere Erde lenkenden Kräfte der kosmisch-geistigen Hierarchien ... der *ganze Geist des Kosmos* in den Christus Jesus hereinwirkte» (GA 15, III).

Aus den angeführten Beziehungen geht hervor, dass die Christus-Wesenheit auf ihrem Weg vom höchsten Quellpunkt ihrer Kräfte im Makrokosmos (Widder) bis zu ihrer Verkörperung auf der Erde in den Hüllen des Jesus von Nazareth (Fische) durch das Tor eines Geistes der Weisheit, das eines Geistes der Form und das eines Archangelos hindurchgehen musste. Durch das Erstere betrat der Christus die Sonnen-Sphäre (Jungfrau), durch das zweite Tor verließ er diese (Skorpion) und vereinigte sich mit der Planetensphäre, und durch das dritte Tor betrat er schließlich die geistige Umgebung der Erde (Steinbock).

Dabei bildete der führende Sonnengeist der Weisheit das erste Tor für die Christus-Wesenheit, das zweite der fortgeschrittenste der Sonnen-Elohim, Jahve, der dadurch, dass er sein Tätigkeitsfeld von der Sonne auf den Mond verlegt hatte, dem sich der Erde nähernden Christus den Weg aus der Sonnen- zur Monden-Sphäre bahnen konnte. Die Monden-Sphäre schließlich verließ der Christus durch das Tor einer *bestimmten Wesenheit* aus der Hierarchie der Archangeloi, um sodann – die Engel-Hierarchie auslassend (siehe GA 152, 1.6.1914) – sich auf der Erde in den Hüllen des Menschen Jesus von Nazareth zu verkörpern.

Dieser Erzengel, welcher der Christus-Wesenheit als Tor diente, um in die geistige Umgebung der Erde hinabzusteigen, ist eben der Sonnen-Erzengel *Michael,* der fortgeschrittenste Geist unter allen Wesenheiten seiner Hierarchie, der schon in alten Zeiten einerseits mit dem führenden Geist der Weisheit verbunden war und andererseits mit dem Eloah Jahve, das heißt mit jenen beiden hierarchischen Wesenheiten, die unmittelbar am Prozess des Herabsteigens der Christus-Wesenheit zur Erde beteiligt gewesen waren. Seit der Zeit jedoch, als der Christus durch die Erzengelsphäre (Bereich des Steinbock) zur Erde herabkam, begann Michael allmählich vom Antlitz Jahves zum Antlitz Christi zu werden.[128]

Wie der führende Geist der Weisheit sich in alter Zeit als Antlitz des «Mystischen Lammes» offenbarte und Jahve vor dem Mysterium von Golgatha[129] als Antlitz Christi, so beginnt Michael heute als drittes Antlitz der Christus-Wesenheit zu wirken. Als Antlitz des Geistes der Weisheit (Sophia) wirkte Michael im antiken Griechenland und in allen Sonnenmysterien der alten Welt, als Antlitz Jahves (des Gottes des «Ich bin der Ich Bin») im alten Hebräertum. In der heutigen Epoche vollendet er, sich auf die Archē-Stufe erhebend und eine *gegenwärtige* Beziehung zum kosmischen Bereich der Jungfrau eingehend, seinen Weg, Antlitz des Christus zu werden, nachdem er durch das Tor des führenden Geistes der Weisheit die Kräfte des «Mystischen Lammes» bis hin zum höchsten Bereich des Widder in sich aufgenommen hat.

Jedoch auch die Folgen der anderen geistigen Einflüsse trägt Michael in seinem Wesen. In der Sprache der okkulten Zahlensymbolik lässt sich das folgendermaßen ausdrücken:

«1» Michael als Beschützer der nathanischen Seele und als Vermittler der neuen Geistes-(Christus-)Offenbarung in unserer Zeit.

«3» Michael als der fortgeschrittenste Erzengel im Kreise der übrigen Erzengel.

«5» Michael als Antlitz Jahves sowie in seiner Eigenschaft als Sonnen-Erzengel, als Repräsentant der geistigen Kräfte der sechs Sonnen-Elohim.[130]

«7» Michael als Antlitz des führenden Geistes der Weisheit und Lenker der Sophia-Kräfte in der Erdenentwicklung.[131]

«12» Michael als Antlitz des Christus («des Mystischen Lammes»).[132]

Das alles wird durch zahlreiche Äußerungen Rudolf Steiners über die kosmische Wesenheit Michaels bestätigt. So beschreibt er eine Michael-Imagination: «Er wallet durch den Zeitenlauf, das Licht aus dem Kosmos wesenhaft als sein Wesen tragend; die Wärme aus dem Kosmos als Offenbarer seines eigenen Wesens gestaltend; er wallet als Wesen wie eine Welt, sich selber nur bejahend, indem er die Welt bejaht, wie aus allen Weltenstätten

Kräfte zur Erde niederführend» (GA 26, Kapitel «Die Weltgedanken im Wirken Michaels und im Wirken Ahrimans»). Diese Worte können wir verstehen, wenn wir uns bewusst machen, dass mit «dem *Licht* aus dem Kosmos» die ihn durchdringenden Sophia-Kräfte gemeint sind und mit der *«Wärme* aus dem Kosmos» die ihn belebenden Kräfte der kosmischen Christus-Liebe.[133] «Er wallet als Wesen wie eine Welt» – denn sein Bewusstsein als das Bewusstsein des Michael-*Christus* umfasst den gesamten hierarchischen Kosmos, sodass er in der Lage ist, «aus allen Weltenstätten», das heißt allen zwölf Tierkreisbereichen, «Kräfte zur Erde niederzuführen» als die neue Offenbarung des kosmischen Christus.

Oder eine andere Charakteristik Michaels: «Michael trägt in sich *alle* die Ursprungskräfte seiner Götter und der des Menschen» (ebd.). Gemäß der «Geheimwissenschaft im Umriss» waren die Geister der Weisheit die Schöpfer der Hierarchie der Erzengel auf der alten Sonne und die Elohim oder Geister der Form die Schöpfer des Menschen auf der Erde. Auch wird in den angeführten Worten darauf hingewiesen, dass Michael die Kräfte der sieben Geister der Form – der Schöpfer des Menschen – in sich trägt[134] sowie die Kräfte der Geister der Weisheit als Antlitz des diese führenden Repräsentanten.

«Michael ist der Geist der Stärke» (GA 194, 22.11.1919). Aber seine Kraft ruht nicht in der Selbstbehauptung, sondern in seiner völligen Selbsthingabe an den kosmischen Christus. Das macht ihn *unbesiegbar,* deshalb wird er *stets* und auf *allen* Ebenen des Weltenseins den Drachen besiegen, sei er der luziferische, ahrimanische oder asurische Widersacher. Denn er wirkt nicht *nur* als Michael in der Welt, das heißt als eine bestimmte geistige Wesenheit, die zu einer bestimmten hierarchischen Stufe gehört, sondern als *Michael-Christus,* als das Antlitz des zentralen Geistes unseres Kosmos.

Aus alledem folgt, dass Michael in unserer Zeit die der Menschheit am nächsten stehende hierarchische Wesenheit ist, durch die sich *alle* geistigen Hierarchien offenbaren und durch welche die Kräfte aus den Sphären über ihnen, die ihr Abbild in den Tierkreisbereichen vom Stier bis zum Widder haben, wirken (siehe Teil I, Kapitel 1).

Michael wurde bereits auf altrussischen Ikonen als Führer *aller* himmlischen Heerscharen und als auserwählter Repräsentant in Bezug auf die Menschheit dargestellt. Ebenso weist Rudolf Steiner auf Michael als einen hierarchischen Geist hin, dessen Wesen «ein Ausdruck des Kosmos», «ein Ausdruck des Weltwesens», «ein Spiegel des Kosmos» ist (GA 26). Denn das, was Michael im Weltall verwaltet – die *kosmische Intelligenz* –, ist nichts anderes als das, was Rudolf Steiner «die gegenseitigen Verhaltungsmaßregeln der höheren Hierarchien» nennt. «Was die tun, wie sie sich zueinander verhalten, wie sie zueinander sind, das ist kosmische Intelligenz» (GA 237, 8.8.1924).

Und so ist Michael heute auch der Inspirator aller anthroposophischen Lehre von den Hierarchien, denn er trägt das Geheimnis ihres kosmischen Zusammenwirkens nicht nur in sich, er bringt es auch mit seinem ganzen Wesen zum Ausdruck, das Geheimnis ihrer Beziehungen zueinander und ihr Tun im Dienste des kosmischen Geistes des Christus-Logos.

Alles, was wir hier über die besondere Beziehung Michaels zur Christus-Wesenheit gesagt haben, kann nicht nur unter dem «geistig-räumlichen» Aspekt betrachtet werden, wie das oben geschehen ist, sondern das muss auch unter dem «geistig zeitlichen» geschehen. Dieser neue Standpunkt in Bezug auf die Tätigkeit Michaels in unserem Kosmos führt dann zur Antwort auf die Frage, woher diese besondere Beziehung Michaels zur Christus-Wesenheit stammt, die darin zum Ausdruck kommt, dass dieser bereits zu Beginn unseres Erden-Äons als *Sonnen-* oder, was dasselbe ist, als *Christus*-Archangelos erschienen war.

Insoweit Michael bereits am Anfang des Erden-Äons als solcher in Erscheinung tritt, müssen wir die Herkunft der von ihm bis zu dieser Zeit erreichten Entwicklungsstufe in den *vorhergehenden* Verkörperungen unseres Planeten suchen, und zwar in der Epoche der alten Sonne, während der die Wesenheiten, welche heute zur Hierarchie der Erzengel gehören, ihre «Menschheitsstufe» durchmachten.

Nur wenn wir uns so dem alten Sonnen-Zustand zuwenden, können wir uns dem Geheimnis des Ursprungs dieser besonderen Beziehung von Michael zu Christus nähern, einem Geheimnis, das etwa folgendermaßen zum Ausdruck gebracht werden kann: In der Epoche der alten Sonne stand der Erzengel Michael, welcher der führende Repräsentant der damaligen «Sonnen-Menschheit» war, zur Christus-Wesenheit in demselben Verhältnis, in dem Jesus von Nazareth zur Zeit der Ereignisse von Palästina auf der Erde zu ihr stand. Was Jesus von Nazareth (die nathanische Seele) an der Zeitenwende für die Erdenmenschheit bedeutete, *dasselbe* bedeutete für die «Menschheit der alten Sonne» – wenn auch selbstverständlich unter ganz anderen Bedingungen – dasjenige Wesen, das während des Erdenäons, als die Sonne sich von der Stufe des planetarischen auf die Stufe des Fixstern-Daseins erhob, ihn zum führenden Erzengel machte, der seitdem unter dem Namen Michael in der Evolution der Erdenmenschheit wirkt.[135]

«Den Eingeweihten der Eingeweihten» nannte Rudolf Steiner einmal «den Jesus, der den Christus in sich getragen hat» (GA 53, 16.3.1905). Dasselbe könnte man auch in irdischer Sprache von der Stellung Michaels auf der alten Sonne sagen, die es ihm bereits am Beginn des Erdenäons erlaubte, als führender Sonnen-Erzengel und Gesandter des kosmischen Christus zu wirken.[136]

So wird auch der Unterschied zwischen Michael als dem Repräsentanten der Sonnen-Intelligenz und den anderen führenden Erzengeln als den Verwaltern der Planeten-Intelligenzen verständlich. Die Einflusssphäre der Letzteren erstreckt sich «in der Gegenwart» nur bis zur Waage im Tierkreis oder, was dasselbe ist, bis zu den in der Planetenwelt wirkenden Geistern der Bewegung: Der Erzengel des Merkur wirkt bis zu den Merkurgeistern der Bewegung, der Erzengel des Mars bis zu den Marsgeistern der Bewegung und so fort.[137]

Ihre Verbindung mit dem Sternenkosmos und vor allem mit den seine Kräfte repräsentierenden Geistern der Weisheit hingegen kommt nur durch ihre «Erinnerung» an das alte Sonnen-Dasein, als die Sonne selbst noch kein Fixstern, sondern ein Planet war, zum Ausdruck. Mit anderen Worten: Im Unterschied zu Michael werden *alle* genannten Erzengel als Repräsentanten von Planeten-Intelligenzen gleichzeitig auch von demjenigen Planetensein begrenzt, dem sie zugehören, und haben demzufolge keinen unmittelbaren Zugang zur Sternenweisheit.[138]

Diese Lage der Dinge kann auch die Bedeutung des von Rudolf Steiner beschriebenen Gegensatzes der Sonnen- (Michaels) und der Planeten-Intelligenzen (der übrigen sechs Archangeloi) erhellen. Besonders in nachchristlicher Zeit erreicht dieser Gegensatz eine große Macht, ja seine Kulmination, die von dem Haupt-«Opponenten» Michaels im Chor der Erzengel, von dem Saturn-Archangelos Oriphiel, hervorgerufen wird.[139] Denn Oriphiel will, im Gegensatz zu Michael, nur bei den Planeten-Impulsen bleiben, die bis zu den Geistern der Bewegung hinaufreichen, und das bedeutet, er will seine Impulse nur aus dem «dunklen» oder «nächtlichen» Zodiak schöpfen, in dem die Gesetze der «eisernen Notwendigkeit» walten (wie sie auch bis zum Mysterium von Golgatha in der gesamten Erdenentwicklung herrschten), und die Sternenimpulse nur aus der kosmischen *Vergangenheit* unseres Kosmos, aus der Erinnerung an das alte Sonnen-Dasein empfangen.

Michael-Christus hingegen will die Menschheit heute über die Grenzen der Planetenwelt zur Vereinigung mit dem Sternen-Kosmos führen, zum *gegenwärtigen* Aufnehmen seiner Impulse unmittelbar aus der Sphäre der Geister der Weisheit heraus – oder aus der Sophia-Sphäre – und dadurch zu einer bewussten Vereinigung mit den Kräften des «mystischen Lammes», welche in unserem Kosmos durch die sieben Bereiche des «hellen» oder des «Tag»-Zodiak repräsentiert werden.

Zurück zur völligen Unterwerfung unter die kosmische Notwendigkeit, so, wie sie in alter Zeit durch die Jahve-Gottheit vertreten wurde, will Oriphiel die Menschheit führen; zu selbständiger, schöpferischer Aktivität, ausgehend von innerlich erlebter Freiheit im wahrhaft christlichen Sinne[140] will Michael die Menschheit in jene Sternensphäre unseres Kosmos führen, wo der Mensch dadurch, dass er die Waage-Kräfte aus den Kräften des Geistesmenschen heraus beherrscht, zu einem solchen Wesen werden kann, «das etwas ausströmt, das aus dem Stadium der Zeit in das Stadium der Dauer, der Ewigkeit, übergeht» (GA 102, 27.1.1908).

Im Vortrag vom 1. August 1924 (GA 237) spricht Rudolf Steiner abermals auf besonders eindrucksvolle Weise darüber. Er schildert dort, wie die übrigen Erzengel sich sozusagen mit der Tatsache «abgefunden» haben, dass die Menschheit durch den Einfluss der luziferischen und ahrimanischen Mächte von den geistigen Welten abgefallen ist und «Michael einzig und allein derjenige ist, der eben ... nicht nachgeben wollte» und der den Standpunkt vertritt, die Menschen *«können doch zur Gottheit hinauf»,* sie können kommen «zur Erfassung des Göttlichen auf der Erde in sündeloser Form».[141]

«Der Mensch kann nicht!» – das ist der Standpunkt der sechs anderen Archangeloi. Und gegen diesen Standpunkt stellt sich Michael heute, der, in den Worten Rudolf Steiners, «in der stärksten Weise protestierte gegen den Fall der Menschen» in unserem Kosmos. Und dieser Glaube an die Menschheit, daran, dass sie «doch zur Gottheit hinauf kann», zeugt unmittelbar von der Verbindung Michaels mit dem ganzen Sternen-Kosmos, im Gegensatz zu den übrigen Erzengeln, die in der Wirkenssphäre der Planeten-Intelligenzen bleiben wollen. Als einen «ungeheuer erhabenen Anblick», als «etwas überwältigend Grandioses» charakterisiert Rudolf Steiner, dass Michael den sechs anderen Erzengeln und ganz besonders dem Erzengel des Saturn, Oriphiel, gegenübersteht.

Sogar die Namen dieser beiden geistigen Wesenheiten zeugen vom Unterschied ihres Wirkens in unserem Kosmos.

Aus dem Althebräischen übersetzt bedeutet «Oriphiel» «mein Nacken [ist] Gott». Denn Oriphiel wendet sein Antlitz ganz und gar der planetarischen Welt zu (der Vergangenheit), und das Wirken der Sternengeister der Weisheit erlebt er nur als «Erinnerung» an den alten Sonnen-Zustand der Erde; er ist mit deren Wirken *in der Gegenwart* nicht verbunden, sodass man von ihm wahrhaftig sagen kann: für ihn wirkt Gott (die Sternenhierarchie) nur von «hinten», in seinem «Nacken», das heißt durch die Kräfte der Erinnerung.[142]

Im Gegensatz zu Oriphiel wendet Michael sich Gott (dem hierarchischen Kosmos) mit seinem «Angesicht» zu. Er erinnert nicht nur die Vergangenheit, sondern er fragt vor allem unaufhörlich nach dem Wirken der göttlichen Kräfte in der Gegenwart.

Aus dem Althebräischen übersetzt bedeutet der Name «Michael» die Frage: «Wer [ist] wie Gott?» Mit anderen Worten: Gott befindet sich immerdar *vor* ihm, er schaut ihn unaufhörlich und erlangt so das Lebenselement seines kosmischen Daseins, wobei das Schauen Gottes in der Gegenwart die Keime und Ziele der zukünftigen Welt- und Menschheitsentwicklung enthält.

Deshalb ist Michael, im Gegensatz zu Oriphiel, mit seinem ganzen Wesen der *Zukunft,* dem *Werdenden,* den göttlichen Zielen der Weltentwicklung zugewandt.

«Wo die ew'gen Götterziele
Welten-Wesens-Licht
Dem eignen Ich
Zu freiem Wollen
Schenken»

– mit diesen Worten aus dem dritten, dem «michaelischen» Teil der Grundstein-Meditation[143] kommt das wahre Wesen von Michaels Sendung als Verkörperung der «ew'gen Götterziele» und als Mittler zwischen diesen und der Menschheit zum Ausdruck.

Die Beziehung der Menschheit zur Michael-Offenbarung ist in unserer Zeit von entscheidender Bedeutung. Denn wenn seine Impulse während seiner gegenwärtigen Herrschaftsepoche nicht von einer genügend großen Anzahl von Seelen aufgenommen werden sollten, dann droht der Menschheit in der nächsten Herrschaftsepoche Oriphiels – sie wird gegen das Jahr 2300 beginnen – wie niemals zuvor die Gefahr, in «geistiges Heidentum» zu verfallen, sich, jede individuelle Freiheit ausschließendem, planetarischem Leben hinzugeben, sich von dem Sternenimpuls, der von Christus auf die Erde gebracht wurde und heute von Michael vertreten wird, abzuwenden und damit von der Möglichkeit freien kosmischen Schaffens.

In den höheren Welten bewahrt Michael als einziger unter allen führenden Erzengel-Wesenheiten den Glauben an die Erdenmenschheit. Denn dieser ist für ihn die unerschütterliche Folge seines Dienstes für die kosmische Christus-Wesenheit, die durch das Mysterium von Golgatha seine himmlischen Schicksale mit ihr verbunden hat.

Deshalb ist auch die *Treue* gegenüber dem Michael-Impuls, so, wie er heute in der anthroposophisch orientierten Geisteswissenschaft in Erscheinung tritt, nichts anderes als stetige *Treue* zum Christus-Impuls in derjenigen Form, in welcher er in der gegenwärtigen Epoche unter den Menschen wirken will. Und die *Kraft,* das Rechte zu tun, sowie der *Mut,* offen und furchtlos auf die wachsende Gewalt der Mächte zu schauen, die der wahren Menschheitsentwicklung widerstreben, muss in uns aus der *Kraft* und dem *Mut* Michaels verstärkt werden, der den Drachen *immerfort* und in *allen* Sphären seines kosmischen Wirkens unter seinen Füßen hält, denn er repräsentiert im Kampf mit diesem nicht sich selbst, sondern den gesamten hierarchischen Kosmos, wobei er nicht seinen eigenen Willen zum Ausdruck bringt, sondern den Willen desjenigen, dessen Antlitz er im Weltenall ist.

3. Das Erbauen des inneren Goetheanum als ein Weg zum Erleben des ätherischen Christus

«Und der Bau wird Mensch.»
Fensterwort von Rudolf Steiner

Im Kapitel «Über einige Wirkungen der Einweihung» in dem Buch «Wie erlangt man Erkenntnisse der höheren Welten?» weist Rudolf Steiner darauf hin, dass sich für das bewusste Betreten der geistigen Welt und ganz besonders für die rechte Orientierung in ihr nicht nur die höheren Sinnesorgane im Astralleib (die Lotusblumen) entfalten, sondern auch bestimmte Prozesse im dichteren Ätherleib beherrscht werden müssen. Letzteres kann jedoch nur geschehen, wenn im Bereich des physischen Herzens eine Art Zentrum für die Hauptströmungen des Ätherleibes geschaffen wird.

Nach den Angaben Rudolf Steiners besteht der Bildungsprozess dieses Zentrums aus drei Stufen. Zunächst muss mit Hilfe bestimmter Übungen «ein vorläufiger Mittelpunkt» für die Strömungen des Ätherleibes geschaffen werden. Dieser befindet sich anfänglich nicht im Bereich des Herzens, sondern des Kopfes, genauer gesagt, im Bereich der «zwischen den Augen» liegenden zweiblättrigen Lotusblume. Dabei kommt der Entwicklung eines lebendigeren, beweglicheren, sich mehr und mehr von den äußeren Sinneswahrnehmungen befreienden Denkens die Hauptaufgabe zu. Das stellt Rudolf Steiner folgendermaßen dar: «Mit Einfachem beginnt es, was vor allem geeignet ist, das verständige und vernünftige *Denken des Kopfes zu* vertiefen, zu verinnerlichen. Dieses Denken wird dadurch frei und unabhängig gemacht von allen sinnlichen Eindrücken und Erfahrungen. Es wird gewissermaßen in *einen* Punkt zusammengefasst, welchen der Mensch ganz in seiner Gewalt hat. Dadurch wird ein vorläufiger Mittelpunkt geschaffen für die Strömungen des Ätherleibes. Dieser Mittelpunkt ist zunächst noch nicht in der Herzgegend, sondern im Kopfe. Dem Hellseher zeigt er sich dort als Ausgangspunkt von Bewegungen» (GA 10).

Dann muss dieses Zentrum, wenn es im Kopf vollkommen ausgebildet ist, mit Hilfe weiterer Übungen in den Bereich des Kehlkopfes in die Nähe der sogenannten sechzehnblättrigen Lotusblume verlegt werden. Dadurch wird der Schüler fähig, «die Lage seines Ätherleibes selbst zu bestimmen» und bestimmte Strömungen und Bewegungen desselben zu lenken. Diese Strömungen und Bewegungen «strahlen dann», gleich einem ätherisch leuchtenden Licht, «von dieser Gegend [des Kehlkopfes] aus. Sie *erleuchten* den Seelenraum in der Umgebung des Menschen.» Gleichzeitig führt diese Verlegung des Zentrums der ätherischen Strömungen in den Bereich des Kehlkopfes zur Bildung einer Art von «Netzwerk» (Netzhaut) um den Ätherleib, das ihn von der äußeren Ätherwelt abgrenzt. Dadurch ist er nicht länger ein mehr oder weniger ungeformtes Gebilde, sondern erlangt nun eine streng gegliederte, in sich selbst abgeschlossene «äußere» Gestalt.

Die weitere Entwicklung besteht darin, dass der oben erwähnte «vorläufige Mittelpunkt» nun unmittelbar in den Bereich des Herzens verlegt werden muss, in das Gebiet der zwölfblättrigen Lotusblume. Dadurch wird der Mensch mit der neuen geistigen Fähigkeit des «inneren Wortes» begabt: «Alle Dinge erhalten nunmehr für den Menschen eine neue Bedeutung. Sie werden gewissermaßen in ihrem innersten Wesen geistig hörbar; sie sprechen von ihrem eigentlichen Wesen zu dem Menschen» (ebd.).

Wenn beim Übergang des geistigen Zentrums des Ätherleibes aus dem Bereich des Kopfes in den des Kehlkopfes sich die Möglichkeit ergibt, wirkliche geistige Wahrnehmungen (imaginative Erlebnisse) zu haben, dann «betritt» der Mensch beim Übergang desselben in den Bereich des Herzens «die geistige Welt» endgültig und kann nunmehr auch seine eigenen übersinnlichen Erlebnisse *wirklich beurteilen* und vermag – was von entscheidender Bedeutung ist – in das Geheimnis «vom Zusammenhang dieser höheren Welten mit unserer sinnlichen» (ebd.) einzudringen. Letzteres ist unabdingbar notwendig, soll der *moderne* Einweihungsweg richtig beschritten werden.

Die drei genannten Stufen der geistigen Entwicklung, die dazu führen, dass bestimmte Prozesse im Ätherleib beherrscht werden und zugleich ein vollbewusstes Hineinwachsen in die nächste, geistig-ätherische Umgebung stattfinden kann – was die wichtigste Aufgabe unserer Zeit ist –, fand in den architektonischen und plastischen Formen des ersten Goetheanum seinen künstlerisch-architektonischen Ausdruck. Denn nichts ist geeigneter, der Menschheit den Weg zu der neuen «ätherischen Kultur» zu ebnen, als die Möglichkeit, von außen, in rein künstlerischen Formen jene *inneren Entwicklungsstufen* zu schauen, die in Zukunft zu verwirklichen *jedem* Menschen obliegt, wenn die Menschheit ihrer hohen Bestimmung treu bleiben will.

Wenden wir uns nun vom genannten Standpunkt aus der Betrachtung des ersten Goetheanum zu, so finden wir in seinen Formen und in der plastischen Ausgestaltung eine überzeugende Bestätigung des oben Gesagten. Uns in die Formen des Westportals meditativ versenkend, können wir sein Hauptmotiv, das sich über dem Fenster-Triptychon befindet, als eine Art Metamorphose der *zweiblättrigen Lotusblume* erleben. Dieses Motiv tritt dann noch unmittelbarer im mittleren roten Fenster auf, das sich auch im Westteil des Baues befindet, auf dem das Antlitz eines Geist-schauenden Menschenwesens mit einer deutlich ausgebildeten zweiblättrigen Lotusblume auf der Stirnmitte dargestellt ist.

Die endgültige Auflösung der geheimnisvollen Form in der Mitte des Westportals finden wir schließlich auf den Seitenteilen des südlichen «rosa» Fensters, wo auf dem linken Teil das Westportal des Goetheanum dargestellt ist und auf dem rechten seine Metamorphose als Menschenantlitz. Dabei wird sein plastisches Hauptmotiv in die Gestalt einer kräftig entwickelten zweiblättrigen Lotusblume verwandelt, die als eine zweifache Pflanzenform dargestellt ist, welche unmittelbar aus dem

Gebiet zwischen den Augen hervorwächst und sich von da aus blütenblätterartig den Strahlen der Geistessonne öffnet.

Eine ganz andere Gesetzmäßigkeit begegnet uns beim Eintritt in den großen Saal, der in allen Einzelheiten ein noch höheres Prinzip der spiritualisierten Metamorphose mit besonderer Kraft darstellt.

In seinen Vorträgen über das erste Goetheanum weist Rudolf Steiner immer wieder darauf hin, dass es im Wesentlichen nicht nur nach architektonischen, sondern auch nach *musikalischen* Gesetzen erbaut und deshalb von der äußeren Welt so wenig verstanden wurde. Diese Eigenart des ersten Goetheanum trat im Charakter und in der künstlerischen Ausgestaltung des großen Saales besonders deutlich in Erscheinung. Das lässt sich vor allem am folgenden Beispiel nachvollziehen.

In den *Kapitellen* der sieben Säulen, die den Raum der großen Kuppel von der Süd- und Nordseite her umfassen, ist in künstlerisch-plastischer Form die gesamte Evolution unserer Erde vom alten Saturn bis zum künftigen Venus-Zustand dargestellt. Dabei sind nicht die Kapitelle das Wichtigste, sondern die inneren Entwicklungskräfte, die jeweils die Metamorphose und den Übergang von einer Form zur anderen hervorrufen. Diese geistigen Kräfte wirken dann, ähnlich wie die höhere Sphärenharmonie, sozusagen «im Intervall» zwischen den einzelnen Kapitellen (Säulen). Es gibt *acht* solcher «Intervalle» auf jeder Seite des großen Saales. Das Erste geht dem Saturnkapitell voran; es ruft dessen Gestaltung aus den Schöpferkräften des Makrokosmos hervor und ist von dessen Sphärenharmonie erfüllt, und das Letzte, nach dem Venuskapitell, ermöglicht die abermalige Vereinigung der letzten, die ganze Reihe der Formen abschließenden Form mit der kosmischen Musik, die sie hervorgebracht hat.

So haben wir im großen Saal im Ganzen gesehen 14 (2 x 7) «geoffenbarte» Formen und 16 (2 x 8) sie aus der geistigen Welt heraus schaffende und weitere Metamorphosen hervorrufende «schöpferische Intervalle». Diese Anzahl der «Intervalle» (16), die der musikalisch-architektonischen Konzeption des großen Saales zugrunde liegt, ist von tiefer Bedeutung.

Im Musikalisch-Eurythmischen entspricht dieses Zahlenverhältnis den sieben Stammtönen und den acht sie umgebenden Intervallen im Umfang einer Oktave.

So haben wir im großen Saal des ersten Goetheanum in räumlich-sichtbarer Gestalt zwei «Tonleitern» von der Prim (Saturn-Kapitell) bis zur Septime (Venus-Kapitell) und weiter bis zum achten Intervall, das uns direkt durch das Bühnenportal in den kleinen Saal geleitet, der so den achten Stammton darstellt.

Dieser achte Ton, die Oktav zur Prim, erschließt sich in seiner spirituellen Bedeutung in diesem Bau, wenn man die Worte Rudolf Steiners hinzunimmt: «Einmal … wenn das Oktaverlebnis … eintreten wird, dann wird … das musikalische Erlebnis für den Menschen der Beweis von dem Dasein Gottes sein, weil er das Ich zweimal erlebt, einmal als physisches Innen-Ich [Prim], das zweite Mal als geistiges Außen-Ich [Oktave]» – als Welten-Ich (GA 283, 7.3.1923). Dieses Welten-Ich offenbart sich in der Gestalt des Menschheitsrepräsentanten der Skulpturgruppe, die im Osten des kleinen Kuppelraumes ihren Platz finden sollte.

Auch zeigt sich in den zweimal acht Intervallen, die den Raum der großen Kuppel umfassen, das Maßverhältnis der klingenden Saiten – 1 : 2, vom Grundton zum Oktavton. Die Zahl

16, als Schwingungszahl aufgefasst, ergibt den Ton "C (Subkontra-C) mit der Schwingung von 16 Hertz. Das ist der tiefste Ton der Orgel, der den musikalischen Tonraum des Menschen nach unten hin begrenzt. Dementsprechend ist das menschliche Gehör auf die Ableitungen (Oktavtöne) dieses "C gebaut.

Rudolf Steiner beschreibt verschiedentlich, wie auch die Gestalt des Menschen innerlich auf diese Tonalität «gestimmt» ist.[144] Alle Töne, die unter dem Ton "C liegen, werden nur als materielle Geräusche wahrgenommen. Das bedeutet aber, dass im Ton "C die durch den Klangäther getragenen *Sphärenharmonien*[145] die Welt der leblosen Materie unmittelbar berühren, wodurch die Sphärenharmonien diese ergreifen und sie in Bewegung, in einen Verwandlungsprozess bringen können.

Das Letztere lässt sich ganz besonders deutlich in der lebendigen Metamorphose der Kapitelle, Säulen, Sockel und Architrave des großen Saales beobachten.

Aus alledem folgt, dass der große Saal des ersten Goetheanum in musikalischer Beziehung die Grundstimmung des Menschen, den «Ton des Anthropos» offenbarte und somit eine wahre Verkörperung des «musikalischen Menschen» war.

Damit haben wir im großen Saal als «offenbare» Gesetzmäßigkeit der Formen die Zahl 14 und als verborgene musikalische Gesetzmäßigkeit, die das Entstehen dieser Formen aus dem allumfassenden Geistesreich der Zeit hervorruft und weiterhin die Raumesbewegung und Metamorphose bewirkt, die Zahl 16. Die letztgenannte Zahl ist aber auch die Zahl der Blätter der Lotusblume, die sich in der Gegend des Kehlkopfes befindet und die, wie wir bereits sahen, mit der *zweiten* Stufe des Prozesses verbunden ist, durch den der Mensch die geistigen Strömungen seines Ätherleibes bewusst beherrschen lernt.

Andererseits hängt der Kehlkopf mit der Fähigkeit zu sprechen, mit dem Wort zusammen. Und das vergeistigte, aus dem Quell der Geisteswissenschaft stammende Wort sollte wieder und wiederum im Goetheanum vom Rednerpult aus ertönen, das am östlichsten Punkt des großen Saales stehen sollte und nach einem Modell Rudolf Steiners in Form *des menschlichen Kehlkopfes* aus Holz geschnitzt war.

Über dieses Erklingen des *Wortes,* das so den Raum des großen Saales von Ost nach West erfüllen sollte, sagt Rudolf Steiner: «Und blickte man auf die Formen der Säulen, der Architrave, so sprach das eine Sprache, eine Sprache, welche die Fortsetzung der vom Podium aus in Ideen Geistiges wie interpretierenden Sprache war. Die Worte klangen weiter entlang den Formen, die plastisch ausgestaltet waren» (GA 233, 31.12.1923). Und in einem anderen, früheren Vortrag: «... denn man wird sehen in den Formen, die als künstlerische – ich möchte sagen – Eindrucksformen uns da umgeben, den Abdruck dessen, was in lebendigen Worten getan, gesagt, gewirkt werden soll in unserem Bau. *Ein lebendiges Wort ist es – ist unser Bau!*» (GA 286, 7.6.1914).

Ein hohes Geistgespräch zwischen dem vergeistigten, spiritualisierten Menschenwort und den Formen des großen Saales, welche aus den ätherischen Klangharmonien unseres Kosmos als Offenbarung des ewigen Wortes der Götter geschaffen worden waren, sollte den Raum der großen Kuppel erfüllen: «... wie die Natur im Menschen den Kehlkopf zum Sprechen geschaffen hat, so schaffen wir die Kehlköpfe [in den Formen des ersten Goetheanum], durch die die Götter zu uns sprechen können ... Das wird in uns lebendig werden, das werden wir da empfinden: Hier sitzest du und die Geister der Welt sprechen zu dir» (GA 286, 17.6.1914). – Der Ort für ein solches Gespräch, ein Ort, wo die Menschen lernen konnten, mit den Göttern zu sprechen und zu arbeiten, sollte das erste Goetheanum sein, gemäß seinem künstlerischen Baugedanken.

Indem wir diesen Gedanken in den Worten von «Wie erlangt man Erkenntnisse der höheren Welten?» ausdrücken, können wir sagen: «... gerade darin besteht die höhere Entwicklung auf einer gewissen Stufe [gemeint ist eben die Stufe, auf der die auf Seite 152 beschriebenen Prozesse stattfinden müssen], dass zu den vom Bewusstsein unabhängigen Strömungen und Bewegungen des Ätherleibes solche hinzutreten, welche der Mensch in bewusster Weise selbst bewirkt.»

Das aber heißt, dem ätherischen Götterwort, das aus allen Formen und Farben des ersten Goetheanum zum Menschen sprach, sollte sich das vergeistigte Wort des Menschen, «welches er in bewusster Weise selbst bewirkt», als Grundlage des genannten Gespräches verbinden. Und das bedeutet, dass sich das vom Rednerpult des großen Saales aus gesprochene *Wort* zunächst in diesem ausbreiten und in Richtung zum Westportal erklingen sollte, entlang der beiden Halbkreise der Wände, Säulen und Architrave.

Weiter sollte es sich vom Westteil des Saales, für das äußere Ohr des Menschen bereits unhörbar, auf den Schwingen rein ätherischer Ströme, die sich in entgegengesetzter Richtung bewegten, in Richtung der ätherischen Metamorphose der Kapitelle und Architrave, vom Saturn bis zur Venus – bei geschlossenem Vorhang[146] – nach außen durch die Formen des nördlichen und südlichen Portals ergießen, die in kompositioneller Hinsicht weit in die Welt ausgestreckten menschlichen Armen ähnelten.

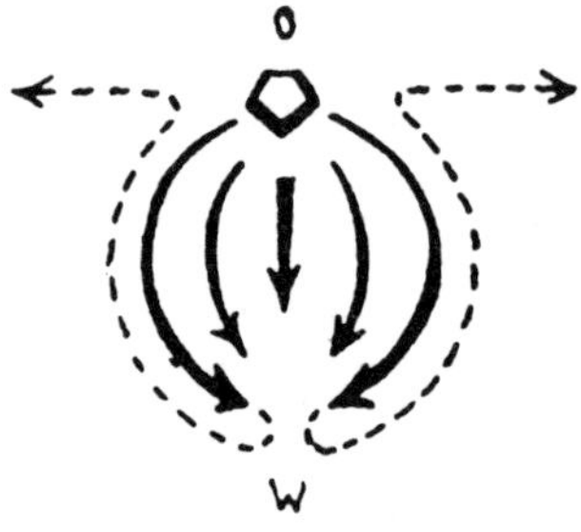

Und diese ätherischen Bewegungsformen der hörbaren und unhörbaren Laute im ersten Goetheanum entsprechen genau den Hauptrichtungen der Strömungen des Ätherleibes auf der *zweiten* Stufe der geistigen Entwicklung, auf der «die [ätherischen] Strahlungen, die vom Kehlkopf [dem Rednerpult im

Ostteil des großen Saales] ausgehen, [sich] zu runden Formen gestalten, von denen eine Anzahl zu der zweiblättrigen Lotusblume hingehen, um von da aus als wellige Strömungen den Weg längs der Hände zu nehmen» (GA 10, Seite 144).

*

Wie wir sahen, ist der Übergang des in der Augengegend gebildeten vorläufigen Mittelpunktes für die Ätherströme in das Kehlkopfgebiet mit der Fähigkeit verbunden, die Lage des Ätherleibes zu verändern, «den Ätherleib nach allen Seiten zu drehen» und schließlich ein ihn umfassendes «Netzwerk (eine Netzhaut)» zu bilden. Etwas Ähnliches, nur gleichsam in einer mehr «makrokosmischen» Weise sollte auch im großen Saal des Goetheanum geschehen.

Die an dieser Stelle gesprochenen Worte sowie alle dort vollbrachte geistige Arbeit sollten die von Beginn an um das Goetheanum bestehende besondere Ätherhülle, die Hülle des künftigen Tempels der neuen Mysterien[147], beleben, verstärken und vergrößern. Sie sollten sie mit der Zeit so verstärken, dass sie bei ihrer abermaligen Einwirkung auf die sich im großen Saale versammelnden Menschen diese zum bewussten Überschreiten der Schwelle vorbereiten konnten, zum realen Wahrnehmen der Imaginationen unter dem Eindruck alles dessen, was im Goetheanum vor sich ging, und besonders infolge der Wahrnehmung der Prozesse der Metamorphose seiner Formen und der in ihren «Intervallen» wirkenden Kräfte des Klangäthers, der die Sphärenharmonien widerspiegelt.[148]

Die nächste Stufe auf dem Wege der Geistesschülerschaft bildet der Übergang des Zentrums der Hauptströmungen des Ätherleibes aus dem Kehlkopfbereich in die Herzgegend, und das ist verbunden mit einem Übergang von der sechzehnblättrigen zur zwölfblättrigen Lotusblume. Im Goetheanum entsprach dieser letzten, *dritten* Stufe beim weiteren Fortschreiten von Westen nach Osten der Übergang aus dem Raum der großen in den Raum der kleinen Kuppel. Die hauptsächliche Zahlengesetzmäßigkeit der Letzteren war die *Zwölfheit,* die in den Kapitellen, Säulen, Thronen und den wichtigsten Bildern der Kuppelmalerei zur Darstellung kam.

Auch war der Raum der kleinen Kuppel im Ganzen so gestaltet, dass er den geistigen Mittelpunkt, das Allerheiligste des gesamten Baues, sein eigentliches *Herz* bildete. Und das weist auf den Zusammenhang der kleinen Kuppel mit dem Ätherherzen des Menschen sowie mit der bei ihm liegenden Lotusblume hin. Davon zeugt nicht nur die ihr zugrundeliegende Zahlengesetzmäßigkeit der Zwölf, sondern in erster Linie die plastische Gruppe im Osten (sowie die Wiederholung ihres Motivs in der Malerei darüber). In der Gruppe ist auf plastisch-künstlerische Weise das Wirken der Christus-Wesenheit «in der Herzorganisation des Menschen» dargestellt, in seinem rhythmischen System, das die «von oben» aus dem Kopfsystem wirkenden Kräfte Luzifers und die «von unten» aus dem Stoffwechsel-Gliedmaßensystem wirkenden Kräfte Ahrimans ins Gleichgewicht bringt (siehe GA 194, 28.11.1919).

Nur aufgrund dieses Gleichgewichts und der mit ihm verbundenen Reinigung des Äthergebiets des Herzens kann der Mensch zur Wahrnehmung des sich in demselben unaufhörlich vollziehenden tiefen christlichen Mysteriums gelangen, das Rudolf Steiner eingehend in dem Vortrag «Die Ätherisation des Blutes. Das Eingreifen des ätherischen Christus in die Erdenentwicklung» beschreibt (GA 130, 1.10.1911).

Und weiter wird in dem Buch «Wie erlangt man Erkenntnisse der höheren Welten?» davon gesprochen, dass dadurch, dass das Zentrum der Hauptströmungen des Ätherleibes aus dem Kehlkopfbereich in die Herzgegend übergeht, der Mensch eine gänzlich neue geistige Fähigkeit erlangt, die Fähigkeit des «inneren Wortes». Und dieses «innere» oder «Herzens»-Wort vermag der Mensch auch in allen künstlerisch-architektonischen Gestaltungen der kleinen Kuppel zu vernehmen, sodass es im Bereich seines Kehlkopfes in vergeistigte Menschenworte verwandelt werden kann, welche sodann vom Rednerpult aus, das an der «Wasserscheide» des Raumes der kleinen und der großen Kuppel steht, in den Saal, in dem sich geistig strebende Menschen befinden, als moderne *Geistverkündigung* erklingen können.

Dieses Geschehen im Goetheanum entspricht der nächsten inneren Stufe der Geistesschülerschaft: «Er [der Geistesschüler] beginnt das Leben seiner Umgebung mitzuerleben und kann es in der Bewegung seiner Lotusblume *nachklingen* lassen» (GA 10, Seite 144). So sollte der Mensch im ersten Goetheanum lernen, alles dort Geschehende in seinen sich entwickelnden geistigen Sinnesorganen nachklingen zu lassen.

Dieser geistige Prozess, den wir zunächst mehr allgemein beschrieben haben, kann aber auch noch genauer betrachtet werden. Im Vortrag vom 1. Mai 1915 spricht Rudolf Steiner davon, dass bei wahrer Geistesschülerschaft sich der Ätherleib des Menschen – besonders sein Kopfteil – vergrößert, was zu einer allmählichen Bildung eines *zweiten*, eines Äther-Herzens «außerhalb seines Leibes» führt: «Der Mensch wächst gleichsam ätherisch aus sich heraus, und das Eigentümliche ist, dass der Mensch, indem er ätherisch also aus sich herauswächst, außerhalb seines Leibes etwas Ähnliches entwickelt, möchte ich sagen, wie eine Art *Ätherherz* … Eine Art geistiges Herz, das außerhalb unseres physischen Leibes ist, bildet sich aus, *parallel all den Erscheinungen, die ich beschrieben habe in ‹Wie erlangt man Erkenntnisse der höheren Welten?›*, so wie sich das Blutnetz bildet und im Herzen sein Zentrum hat» (GA 161). Rudolf Steiner fügt zur Erläuterung eine Zeichnung an, auf welcher der «Platz» im Ätherleib genau angegeben ist, an dem das neue Ätherherz sich bildet, und zwar in einigem Abstand *über* dem Hinterkopf.

Dieses neue Ätherherz, das der Mensch während seiner Geistesschülerschaft neben dem Ätherherzen ausbildet, das ihm von Anbeginn an von den Göttern gegeben wurde, ist in geistigem Sinne der erste Schritt auf dem Weg der allmählichen «Umstülpung» des Herzens, das heißt der Umwandlung aus einem zentralen Organ zu einem *an der Peripherie* gelegenen neuen ätherischen Wahrnehmungsorgan.

Diese Umstülpung des Herzens können wir am Beispiel makrokosmischer Beziehungen noch besser verstehen. So gibt es ein Gesetz, nach dem sich die Materie unserer Erde allmählich in ihren Mittelpunkt hinein zusammenzieht und darin «als physische Substanz verschwindet», um dann in verwandelter (ätherisierter) Form abermals in der Peripherie zu erscheinen (siehe GA 110, 18.4.1909).

Etwas Ähnliches geschieht auf mikrokosmische Weise bei der Bildung des neuen Ätherherzens. Dabei ziehen sich die geistigen Kräfte des ursprünglichen Herzens gleichsam in ein Zentrum zusammen und «verschwinden in ihm», um dann aufs Neue in verwandelter Form an der Peripherie des Ätherleibes in Erscheinung zu treten, zunächst an einem bestimmten Punkt desselben (dem Hinterkopf) und später, nach Maßgabe der weiteren Entwicklung, ihn ganz umfassend. (Rudolf Steiner spricht in diesem Zusammenhang nicht nur vom peripheren Herzen, sondern auch vom peripheren ätherischen Blutnetz.)

So wird das, was früher ein Ätherorgan im *Innern* des menschlichen Leibes war, nunmehr an der Peripherie des Ätherleibes zu einem vollkommen neuen Organ, einem höheren geistigen Wahrnehmungsorgan. Kosmologisch gesprochen können wir sagen: Das menschliche Ätherherz, die «Sonne» der menschlichen ätherischen Wesenheit, ist im Begriffe – dank meditativer Arbeit –, von der gegenwärtigen Entwicklungsstufe zu der nächsthöheren Stufe «des mikrokosmischen Tierkreises» überzugehen, das heißt ein neues peripheres Organ zu werden, das den ganzen Ätherleib umfasst.

Eine objektive Voraussetzung, die diesen geistigen Prozess erst möglich machte, bildete die allmähliche, etwa im Jahre 1721 für die *ganze Menschheit* beginnende Abtrennung des ätherischen vom physischen Herzen (siehe GA 190, 5.4.1919).

Bei moderner Geistesschülerschaft kann dieser Prozess der Bildung des peripheren Herzens jedoch bedeutend beschleunigt werden, obwohl sich seine Vollendung innerhalb des Menschseins erst gegen Ende der Erdenentwicklung, beim Übergang der Erde zum nachfolgenden Jupiter-Äon, vollziehen wird.

Dann wird das Herz des Menschen zu einem sein ganzes Wesen umfassenden, mächtigen, ätherischen, übersinnlichen Wahrnehmungsorgan geworden sein, mit einer zwölffachen, durchgestalteten Struktur, das fähig ist, in jedem Augenblick in vollem Bewusstsein Inspirationen aus den zwölf Bereichen des Tierkreises zu empfangen, dadurch ständig mit dem ganzen Makrokosmos verbunden zu sein und in erster Linie mit dem Repräsentanten all seiner Kräfte auf der Erde – der Christus-Wesenheit.

In ganz besonderem Maße sollte das erste Goetheanum, vor allem die innere Architektur seiner kleinen Kuppel, die auf künstlerische Weise gleichsam das äußerlich sichtbare Bild dieses zwölfgliedrigen neuen Erkenntnisorgans war, die Entwicklung und das Wachstum dieses «peripheren Herzens» anregen, durch das später einmal die Verbindung des Menschen mit der Christus-Wesenheit und dem gesamten unsere Erde umgebenden Makrokosmos hergestellt werden wird. – So soll sich das, was zunächst beim Übergang des Zentrums der Strömungen des Ätherleibes im Herzbereich als die Fähigkeit auftritt, das «innere Wort» zu hören, allmählich in die noch höhere Fähigkeit verwandeln, bewusst die Beziehung mit der makrokosmischen Sphäre des Logos herzustellen und seinem Träger, dem Christus.[149]

*

Auf Grundlage alles bisher Gesagten stellen wir uns nun einen Menschen vor, der den Weg der modernen Geistesschülerschaft geht, das heißt, an der allmählichen Bildung der Keime seines «peripheren Herzens» arbeitet – wir stellen ihn uns vor, wie er im Goetheanum spricht. Als Vortragender ist er selbst den Menschen zugewandt, die im Raum der großen Kuppel sitzen, sein Hinterkopf jedoch dem kleinen Kuppelraum. So kann das sich in seinem Ätherleib bildende «periphere Herz» – zunächst für ihn selbst unbewusst – die geistigen Impulse und Eindrücke aufnehmen, welche von den Formen und Malereien der kleinen Kuppel ausgehen, der Kuppel, die, wie wir sahen, ein nach außen projiziertes Bild des vollentwickelten zukünftigen Erkenntnisorgans ist.

Dank dieser Verbindung mit den Formen und den plastischen Gestaltungen der *kleinen* Kuppel konnte die Fähigkeit, das «innere» oder «Herzens»-Wort zu vernehmen, bei dem Redner im Goetheanum wesentlich verstärkt werden, oder, anders gesagt, die Fähigkeit, während des Sprechens unmittelbar geistige Inspirationen zu empfangen. Gleichzeitig erschloss sich ihm dank der Wahrnehmung der Formen und Farben der *großen* Kuppel die Möglichkeit, auch die notwendigen *Menschenworte* zum Ausdruck seiner inneren Erlebnisse (Inspirationen) zu finden. Und das bedeutet, dass im Goetheanum unmittelbar *aus den Inspirationen des Geistes* gesprochen werden konnte, noch *bevor* sich die Fähigkeit des Hellsehens voll erschlossen hatte.

So sehen wir, dass die äußere Bewegung entlang der Längsachse des Goetheanum in Richtung von West nach Ost – vom Erleben der Formen des Westportals, sowie des roten Fensters, durch den Raum der großen Kuppel zum Wahrnehmen des Raumes der kleinen Kuppel – dem inneren Wesen nach nichts anderes war als der *nach außen projizierte* innere Prozess der Herrschaft über die Lebensströme des Ätherleibs dadurch, dass zunächst ein vorläufiges Zentrum in der Augengegend gebildet, dieses sodann in den Kehlkopfbereich und schließlich in die Herzgegend verlegt wird.

In «Wie erlangt man Erkenntnisse der höheren Welten?» stehen unmittelbar vor der Beschreibung dieses dreistufigen Prozesses die Worte: «[Diese] Anweisungen [gemeint sind die

Anweisungen zu seiner Verwirklichung] sind stets ein Abbild der großen Gesetze der Weltentwickelung.» Und ein solches «Abbild der großen Gesetze der Weltentwickelung», auch für äußere physische Menschenaugen sichtbar, war das erste Goetheanum (siehe Teil I, Kapitel 3).

Dieser dreistufige Weg ist gleichsam in seinem mehr «gedankenhaften» Aspekt in allen Details bereits auf dem mittleren Teil des großen roten Fensters im Westportal dargestellt. Dort sehen wir ein in die geistige Welt schauendes Menschenantlitz mit deutlich ausgeprägten Formen der zweiblättrigen Lotusblume auf der Stirn zwischen den Augen; eine sechzehnblättrige Lotusblume in der Gegend des Kehlkopfs; und die Gestalt des Michael, der den Drachen besiegt und der den Ätherbereich des Herzens für das Wirken der Christus-Wesenheit in ihm reinigt, in der Gegend der zwölfblättrigen Lotusblume.

Für dieses Bild Michaels, so, wie er auf dem unteren Teil des roten Fensters dargestellt ist, stellen vielleicht die folgenden Worte Rudolf Steiners die beste Erklärung dar: «Und dann wäre in diesem Menschenhaupt sichtbar geworden, aber *herunterwirkend zum Herzen,* die Kraft des Michael, zermalmend den Drachen, so dass sein Blut herunterfließt vom Herzen in die Gliedmaßen des Menschen» (GA 223, 27.9.1923). Denn, wie Rudolf Steiner in einem späteren Vortrag sagt: «Mehr als irgendein anderer Kampf ist dieser Kampf [Michaels mit dem Drachen] *in das menschliche Herz gelegt.* Da drinnen ist er verankert, verankert seit dem letzten Drittel des 19. Jahrhunderts» (GA 240, 19.7.1924).

Der Grund aber, warum das Bild Michaels einen solch kleinen Raum innerhalb der Darstellungen des Fensters einnimmt, besteht darin, dass *nicht Michael selbst,* sondern nur ein *ätherisches Abbild* von ihm im Menschen auf dem Fenster dargestellt ist: «Im Menschen lebt ein *ätherisches Abbild des Michael,* das den eigentlichen Kampf im Menschen ausführt, wodurch der Mensch im Michael-Kampfe allmählich frei werden kann, weil nicht Michael den Kampf ausführt, sondern die menschliche

Hingabe [an Michael] und das dadurch hervorgerufene Abbild des Michael» (GA 223, 27.9.1923).

So haben wir bereits in der «dreigliedrigen» kompositorischen Gestaltung des roten Fensters eine Art ideal-künstlerische Vorwegnahme der geistigen Bedeutung des *realen* Ganges durch das Goetheanum als eines Übergangs von der zwei- zur sechzehn- zur zwölfblättrigen Lotusblume. Weil das rote Fenster aber im Raum des *West-Portals* liegt, ist die Abbildung *des Bereichs der zweiblättrigen Lotusblume,* das heißt das Menschenantlitz, vorherrschend, das fast zwei Drittel der Bildfläche einnimmt. (Auf der Originalphotographie dieses Fensters des ersten Goetheanum ist das besonders deutlich zu sehen.)

Was jedoch beim roten Fenster nur als «Vorwegnahme» der geistigen Bedeutung des folgenden Weges durch das Goetheanum dargestellt ist, das steht am Ende des Weges, das heißt im Raum der kleinen Kuppel, nicht als Bild vom Kampf Michaels mit dem Drachen vor uns, sondern als Bild des Menschheitsrepräsentanten, der die Kräfte Luzifers und Ahrimans im Kosmos und im Menschen ins Gleichgewicht bringt. Und so haben wir am Anfang das Wirken des «ätherischen Abbilds Michaels», wie er den Bereich des menschlichen Herzens reinigt, und später als Fortsetzung und höchste Metamorphose seines Kampfes das Wirken der Christus-Wesenheit in diesem Herzen, derjenigen Wesenheit, welche die Gegenmächte im Gleichgewicht hält.

Daher können wir mit den Worten Rudolf Steiners sagen: Der Weg von Westen nach Osten durch das Goetheanum ist seinem inneren Wesen nach wahrhaftig «der Michaels-Weg, der seine Fortsetzung in dem Christus-Weg findet» (GA 194, 23.11.1919).

Und diese Worte charakterisieren in einer noch tieferen Weise den Baugedanken des ersten Goetheanum. Denn «Michael verstehen heißt heute den Weg finden zu dem Logos, den Christus unter Menschen auf der Erde lebt» (GA 26, Kapitel «Menschheitszukunft und Michael-Tätigkeit»).

Deshalb äußert Rudolf Steiner mehrfach in seinen Vorträgen, dass die Michael-Offenbarung in unserer Zeit die Menschheit zur wahren Erkenntnis der Dreiheit des Christus zwischen Luzifer und Ahriman führen muss (siehe GA 194, 21. und 29.11.1919), deren künstlerisch-plastische und malerische Verkörperung im östlichen Teil der kleinen Kuppel dargestellt war.

Von der Erhellung des Menschen-Hauptes (der Spiritualisierung seiner Gedankenwelt), zur Vergeistigung des Menschen-Wortes[150] und weiter zum unmittelbaren Eindringen der «Kraft Michaels» in das Menschen-Herz führt der Weg Michaels in der heutigen Epoche, der Weg, der in den Formen des ersten Goetheanum beim Gang von West nach Ost erlebt werden konnte.[151]

Der von uns dargestellte Zusammenhang des Goetheanum mit dem Prozess der allmählichen Beherrschung bestimmter Vorgänge im Ätherleib kann noch konkreter werden, wenn wir die sogenannten «vier Seeleneigenschaften» beachten, die der Geistesschüler in sich entwickeln muss, «um zu höherer Erkenntnis aufzusteigen». Denn diese vier Eigenschaften hängen ganz unmittelbar mit den drei oben beschriebenen Stufen der geistigen Entwicklung zusammen.[152]

«Es ist die *erste* davon die Fähigkeit, *in den Gedanken* das Wahre von der Erscheinung zu scheiden, die Wahrheit von der bloßen Meinung.» In dem Buch «Die Stufen der höheren Erkenntnis» gebraucht Rudolf Steiner in diesem Zusammenhang auch die Worte «das Bleibende, Unvergängliche».

Stellen wir uns nun einen Menschen vor, der das Goetheanum zum ersten Mal sieht, wie es in der Landschaft der Jura-Vorberge liegt, und sich ihm dann langsam von Westen her nähert. Da mag schon beim ersten Anschauen, besonders beim Anblick des *Westportals*, in ihm das Gefühl aufkommen: Verglichen mit allem, was du bislang in deinem Leben gesehen hast, lebt in den ungewöhnlichen Formen dieses Baues *etwas tief Wahrhaftiges*, das dir zeigt, wie vieles, das du *bis* zu dieser Begegnung erlebtest, nur «Erscheinung», nicht Wahrheit war. Dieses zunächst wohl nur undeutliche Gefühl kann jedoch zu innerer Gewissheit anwachsen, wenn der Mensch sich plötzlich, nachdem er unter das Gewölbe des Westportals getreten ist, den Darstellungen des großen roten Fensters gegenüber sieht, denn das *wahre* Wesen des Menschen (das heißt in gewissem Sinne auch seiner selbst) offenbart sich ihm da in diesem ernsten Antlitz.

Die Wirkung dieser ersten Eigenschaft auf den Geistesschüler schildernd, sagt Rudolf Steiner: «Dank dieser Eigenschaft wird der gekennzeichnete Mittelpunkt im Kopfe erzeugt und der im Kehlkopf vorbereitet.»

Sodann folgt die Entwicklung der *zweiten* Eigenschaft, die in «der richtigen Schätzung des Wahren und Wirklichen gegenüber der Erscheinung» besteht. Und in «Die Stufen der höheren Erkenntnis» formuliert Rudolf Steiner: «Dann muss man sein Herz auf das Wertvolle, Gediegene heften und dieses höher schätzen lernen als das Vorübergehende, Bedeutungslose.»

Wenn wir uns wiederum den Menschen vorstellen, der nun unter das Gewölbe der großen Kuppel tritt und die Motive der Kapitelle, der Architrave, der farbigen Darstellungen der Fenster sowie der Malerei sieht, so mag das alles zusammen als eine Symphonie der Farben und Formen, wenn es zu einem wahren Erlebnis seiner Seele wird, eine feste Grundlage für das rechte Schätzen des Wahren und Wirklichen gegenüber der Erscheinung und dem Schein in ihm selbst schaffen. Denn alles *Wahre* wird sich sogleich, wenn er es innerlich mit den Formen und Bildern des großen Saales vergleicht, als in voller Harmonie mit ihm erweisen, alles Unwahre dagegen als unerträgliche Dissonanz.

Dank dieser Verstärkung alles Wahrhaftigen und geistig Realen in der menschlichen Seele beim Eintritt in das Goetheanum konnte die ätherische Hülle um den Bau immer mehr wachsen und sich ausdehnen, diese Hülle, die imstande war, das Goetheanum geistig zu beschützen und gleichzeitig eine geistig-ätherische Atmosphäre in ihm zu schaffen, die es als zukünftiges Zentrum der neuen Mysterien benötigte.

Zudem ermöglicht diese zweite Eigenschaft auch den oben

beschriebenen Übergang des vorläufigen Mittelpunkts der Strömungen des Ätherleibs vom Kopfbereich in die Kehlkopfgegend, welcher die Bildung des «Netzwerks» um den Ätherleib hervorruft, das ihn gegenüber der äußeren geistigen Welt abgrenzt und schützt. Außerdem ermöglicht diese Eigenschaft, wie Rudolf Steiner es nennt, «die freie Beherrschung des Ätherleibes». «Bringt es der Mensch zu solcher Schätzung, dann werden ihm allmählich die geistigen Tatsachen wahrnehmbar», so schreibt er weiter über diese Stufe. – Diese «geistigen Tatsachen» in ihrer künstlerisch-imaginativen Form waren auch dem ersten Goetheanum eingeprägt und jedem Menschen zugänglich, der unter das Gewölbe seines großen Saales trat.

Die *dritte* Eigenschaft besteht in der Entwicklung der sechs Tugenden: «Gedankenkontrolle, Kontrolle der Handlungen, Beharrlichkeit, Duldsamkeit, Glaube und Gleichmut»,[153] welche die zwölfblättrige Lotusblume zur Entfaltung bringen und es zugleich ermöglichen, dass das Zentrum des Ätherleibes sich aus dem Kehlkopfbereich weiter in die Herzgegend bewegt.

«Die Liebe zur inneren Freiheit» oder «das Verlangen nach Befreiung» begünstigt sodann nach den Worten Rudolf Steiners die «endgültige Reifung des Ätherorgans in der Nähe des Herzens». Diese *vierte* Eigenschaft tritt zu den genannten Tugenden als siebente hinzu und vereinigt die sechs anderen zu einer höheren Einheit.[154] (Wenn wir andererseits beachten, dass die sechs «Tugenden» die *zwölfblättrige* Lotusblume entwickeln, so bildet die «siebente Tugend» oder vierte Eigenschaft die *Dreizehnte* im Kreis der Zwölf.) Diese vierte Eigenschaft charakterisiert Rudolf Steiner mit den Worten: «Wird diese Eigenschaft zur Seelengewohnheit, dann *befreit* sich der Mensch von allem, was *nur* mit den Fähigkeiten seiner persönlichen Natur zusammenhängt. Er hört auf, die Dinge von *seinem* Sonderstandpunkt aus zu betrachten. *Die Grenzen seines engen Selbst,* die ihn an diesen Standpunkt fesseln, *verschwinden.* Die Geheimnisse der geistigen Welt erhalten Zugang zu seinem Inneren. Dies ist die Befreiung.»

Zur Aufhebung der Grenzen «des engen Selbst», zur endgültigen Überwindung jeglichen Egoismus und der durch ihn hervorgerufenen «persönlichen» Standpunkte führt der wahre Weg, der den Menschen von seinem eingeschränkten irdischen Ich zur Vereinigung mit dem Ich des ganzen Kosmos geleitet, worauf auch im zweiten Teil der Grundstein-Meditation hingewiesen wird:

«Wo die wogenden
Welten-Werde-Taten
Das eigne Ich
Dem Welten-Ich
Vereinen.»

Aus diesem Grunde führt Rudolf Steiner sogleich nach den oben zitierten Worten die *großen Eingeweihten* und ihre Arbeit in der Welt an, die der Weiterentwicklung der Menschheit gewidmet ist. Und dieser Hinweis endet mit den Worten: «Der Mensch aber kommt diesen Führern nahe, wenn er sich in seiner eigenen Entwicklung zu ihren Höhen erhebt.»

So enthält die Charakteristik dieser Stufe der geistigen Entwicklung gleichsam im Keim die ganze Konfiguration des Raumes der kleinen Kuppel, dessen Grundlage die mehrfach wiederholten *zweimal sechs* Motive der beiden Seiten bilden: die zwölf Eingeweihten in der Malerei der Kuppel, die zwölf Säulen und Kapitelle, die zwölf Throne, die auf die unsichtbare Anwesenheit von zwölf höheren Wesenheiten deuten.[155]

Und schließlich findet sich im Mittelpunkt des Kreises der Zwölf der Dreizehnte: die plastische und die malerische Darstellung des *Menschheitsrepräsentanten,* der mit seinem ganzen Wesen das endliche Ziel der Erdenentwicklung verkörpert, die volle Verwirklichung der Menschheit als zehnte Hierarchie der *Freiheit und Liebe* (siehe GA 110, 18.4.1909), zu der die «vierte Eigenschaft: die Liebe zur inneren Freiheit» Wegweiser ist, verbunden mit der Notwendigkeit, das Gleichgewicht zwischen den Kräften Luzifers und Ahrimans im Menschenwesen zu erlangen.[156]

*

Wie wir bereits am Anfang dieses Kapitels sahen, genügt es nicht, sofern man tatsächlich in die geistige Welt eintreten will, die Lotusblumen im Seelen-(Astral-)Leib zu entwickeln, sondern wer die geistigen, ihn umgebenden Erlebnisse wirklich verstehen will, muss auch seinen *Ätherleib* entwickeln, was auf dem beschriebenen Wege möglich ist. Diese aus drei aufeinanderfolgenden Stufen bestehende ätherische Entwicklung sowie die sie ermöglichenden «vier Seeleneigenschaften» waren auch in den Formen, der Malerei und Architektur des ersten Goetheanum, dem Tempel der neuen Mysterien, dem sichtbaren Zentrum der modernen Einweihung verkörpert.

Das Goetheanum als künstlerische Offenbarung (Objektivierung) dieser mit dem Ätherleib zusammenhängenden Einweihungsprozesse hat aber auch für unsere Zeit eine sehr große Bedeutung. Denn auch heute kann das erste Goetheanum, obwohl es seit Silvester 1922 nicht mehr auf dem physischen Plan existiert, *von jedem Menschen innerlich erbaut werden.*

Durch die bewusste Herrschaft über die Grundkräfte des Ätherleibes und aufgrund der Bildung eines Zentrums seiner Strömungen und der Bewegung desselben vom Kopf zum Kehlkopf und weiter zum Herzen oder, was dasselbe ist, von der zweiblättrigen über die sechzehnblättrige zur zwölfblättrigen Lotusblume, bei gleichzeitiger Ausbildung der «vier Eigenschaften» in der Seele, kann *jeder* Mensch als Mikrokosmos in seinem eigenen Ätherleib, jeglichen zerstörerischen Elementen der äußeren Welt unzugänglich, ein *geistiges Goetheanum* erbauen. Und wenn das geschieht, dann kann dieses geistige Goetheanum – denn jeder Mensch ist als ein Mikrokosmos in jedem Augenblick seines Lebens mit dem ganzen Makrokosmos verbunden – ihn in die Weiten des Kosmos, die Weiten des ätherischen Raumes, in jene Sphäre tragen, wo heute das «makrokosmische Goetheanum» weilt, von dem Rudolf Steiner am Ende der Weihnachtstagung von 1923/24 spricht (siehe GA 260).

Im Abschlussvortrag des letzten Osterzyklus, den Rudolf Steiner im Frühling 1924 hielt, stehen die Worte: «Was mehr oder weniger Erdensache vorher war, erarbeitet, gegründet wurde als Erdensache, das ist mit den Flammen hinausgetragen in die Weltenweiten. Wir dürfen, gerade weil uns dieses Unglück getroffen hat, in dem Erkennen der Folgen dieses Unglückes sagen: Nunmehr verstehen wir es, dass wir nicht bloß eine Erdensache vertreten dürfen, sondern eine Sache *der weiten ätherischen Welt, in der der Geist lebt.* Denn es ist die Sache vom Goetheanum *eine Sache des weiten Äthers, in dem geisterfüllte Weisheit der Welt lebt.* Es ist hinausgetragen worden, und wir dürfen uns von den Goetheanum-Impulsen aus dem Kosmos hereinkommend durchdringen» (GA 233 a, 22. 4. 1924).

Um aber die Goetheanum-Impulse aus dem Kosmos aufnehmen zu können, muss das *ätherische Goetheanum* im Innern errichtet werden. Dann aber wird der Mensch nicht nur in der Lage sein, bewusst die «Impulse und Inspirationen aus dem ätherischen Kosmos» aufzunehmen, sondern er wird, mehr noch, den *Weg* zum makrokosmischen Goetheanum *finden,* indem er in jene «ätherische Welt» eintritt, «in der der Geist lebt».

Und diese «ätherische Welt, in der der Geist lebt», das ist die allumfassende Äthersphäre, aus der heraus der *ätherische Christus* in der Erdenentwicklung wirkt.

Im Vortrag vom 27. April 1924 in Dornach (GA 236) stellt Rudolf Steiner dar, wie dadurch, dass der Blick durch die vergeistigten inneren Formen des Goetheanum abgefangen wurde und gleichzeitig die Kräfte wahrer Selbsterkenntnis durch das Ertönen des spiritualisierten, Geistsubstanz tragenden Wortes im großen Saal erwachten, die neue Fähigkeit entwickelt wurde, das eigene Karma zunächst zu erleben und dann unmittelbar zu schauen, das aber bedeutet: auch alle karmischen Folgen der eigenen Taten, Gefühle und Gedanken. Denn heute muss allmählich, nach dem Zeugnis Rudolf Steiners, zu dem allgemeinen Schauen in der ätherischen Welt auch die Möglichkeit hinzukommen, die karmischen Folgen der eigenen Taten zu erblicken. Das wird dadurch geschehen, dass der Christus zugleich mit seinem Erscheinen im Ätherleibe mehr und mehr zum Lenker der karmischen Beziehungen in der Erdenentwicklung werden wird, das heißt zum *Herrn des Karma.* (Siehe GA 130, 2.12.1911 und GA 131, 14.10.1911.)

Von diesem Standpunkt aus sehen wir, dass das erste Goetheanum in seinen äußeren, mehr noch seinen inneren Formen in dem sie wahrnehmenden Menschen *alle drei* Elemente hervorrufen konnte, die das Wesen der Wiederkunft ausmachen:

Das Schauen in der ätherischen (imaginativen) Welt.
Das Schauen der karmischen Folgen der eigenen Taten.
Und, schließlich, die Fähigkeit, den Christus als Herrn des Karma wahrzunehmen.

Die Entwicklung des ersten Elements förderte dabei das Goetheanum im Ganzen, so, wie es in konzentrierter Form im Zentralteil des großen roten Fensters erscheint, auf dem ein Menschenantlitz abgebildet ist, das in die imaginative Welt schaut.

Ebenso vermochte das Goetheanum die Entwicklung des zweiten Elements zu fördern. Dabei bildete den Mittelpunkt der Kräfte, welche die Fähigkeit, die karmischen Folgen der eigenen Taten zu schauen, in der Seele wecken konnten, ganz besonders alles, was sich im Raum der großen Kuppel befand.

Die Ausgestaltung des Raumes der kleinen Kuppel schließlich sollte mit der plastischen Gruppe und der malerischen Darstellung des Menschheitsrepräsentanten im Osten den Menschen zum Erleben des dritten und wichtigsten Elements, der ätherischen Wiederkunft, führen.

Wie wir sahen, ist all das aber auch mit dem oben beschriebenen Erbauen des inneren Goetheanum im Ätherleibe verbunden.

Und so können wir sagen: Das Erbauen des inneren Goetheanum führt zur Bildung eines neuen Organs für das Wahrnehmen der Prozesse in der äußeren Ätherwelt, und es bildet heute zugleich *den Weg zum Erleben des ätherischen Christus* in ihr.

Eine Bemerkung über die Reihenfolge der Tierkreiszeichen

Die im ersten Aufsatz dieses Buches angeführte Reihenfolge der Tierkreiszeichen, welche die Grundlage für alle weiteren Betrachtungen bildet, bedarf eines kurzen Nachtrags, wie das einige Fragen zeigen, die dem Verfasser seit der Veröffentlichung früherer Auflagen gestellt wurden. Es handelt sich dabei um das Problem, dass Rudolf Steiner in den meisten seiner Vorträge die Tierkreiszeichen in der Reihenfolge vom Widder bis zu den Fischen anführt, das heißt entsprechend der *physischen* Sonnenbewegung von Ost nach West.

Über die umgekehrte Reihenfolge, von den Fischen zum Widder, das heißt in der Richtung von West nach Ost, spricht Rudolf Steiner in der Regel nur im Zusammenhang mit der Verschiebung des Aufgangspunktes der Sonne zur Frühlings-Tag-und-Nacht-Gleiche, was sich in der geschichtlichen Entwicklung im Wechsel der Kulturepochen widerspiegelt.

Vom Standpunkt der anthroposophischen Menschenkunde entspricht die erste Reihenfolge dem *Aufwach-* oder *Inkarnationsprozess.* Das ist in der Embryonalzeit besonders deutlich zu beobachten, wo sich der gesamte menschliche Organismus vom Kopf aus zu den Gliedern hin bildet.

Im Vortrag vom 14. Juni 1924 (GA 327) beschreibt Rudolf Steiner einen bestimmten okkulten Strom, der im menschlichen Organismus vom Kopf zu den Gliedmaßen strömt, das heißt mikrokosmisch vom Widder zu den Fischen. Dieser Strom führt das *vergangene* Karma des Menschen mit sich, das in der Konstellation der Gestirne bei seiner Geburt beziehungsweise der Empfängnis zum Ausdruck kommt. Dieses Karma hängt mit dem vorgeburtlichen Leben in den geistigen Welten zusammen, und es ist eine Folge der früheren Erdenleben. Der genannte

Strom ergießt sich am Tag, den der Mensch vom Morgen bis zum Abend mit der sichtbaren Bewegung der Sonne von Ost nach West durchlebt.

Die zweite Reihenfolge der Tierkreiszeichen entspricht dem Prozess des *Einschlafens* oder der *Exkarnation,* wobei der Astralleib und das Ich seinen ätherischen und physischen Leib in Richtung von den Gliedmaßen zum Kopf verlassen, das heißt, wo sie sich auf mikrokosmische Weise von den Fischen zum Widder bewegen.

Diese Bewegungsrichtung setzt Rudolf Steiner in dem genannten Vortrag mit einem bestimmten okkulten Strom in Beziehung, der den menschlichen Organismus in der umgekehrten Richtung durchströmt, von den Gliedmaßen zum Kopf, und der dasjenige mit sich führt, was eine Grundlage für das *zukünftige* Karma bildet und im Leben nach dem Tode zum Ausdruck kommt sowie den Charakter der künftigen Erdenleben bestimmen wird. Dieser Strom ist während der Nacht wirksam. Er entspricht im Makrokosmos der Bewegung der *geistigen Sonne* von West nach Ost (siehe Seite 89ff.).

Im Vortrag vom 21. Januar 1917 (GA 174) spricht Rudolf Steiner davon, dass der Mensch während der ersten Phase des nachtodlichen Lebens, bis zur endgültigen Abtrennung des Ätherleibes, in diesem einen Abdruck der Himmelskonstellation des Todesaugenblickes in sich trägt. Diese Himmelskonstellation ermöglicht es ihm, allmählich (im Laufe der ersten drei Tage) eine anfängliche Orientierung in der geistigen Welt zu gewinnen, die er braucht, um den Weg von West nach *Ost*, hin zur Bewegung der geistigen Sonne zu finden (zweite Phase). Denn nur indem er ihr folgt, kann der Verstorbene in die objektive geistige Welt eintreten (dritte Phase).

Diese Hinweise Rudolf Steiners können Licht auf das Wort werfen, das einst in den Mysterien existierte: «Er hat sich nach dem ewigen Osten zurückgezogen.» Das bedeutet, dass der Eingeweihte bewusst in die objektive geistige Welt in Richtung des Kräftewirkens der geistigen Sonne eingetreten ist. Während einer solchen Zeit des Sichzurückziehens nach dem Osten arbeitet der Eingeweihte als Diener und Mittler der Impulse der geistigen Sonne nicht aus irdischen Kräften an der Menschheitsentwicklung, sondern aus rein geistigen Kräften, die er unmittelbar aus den höheren Welten schöpft.

So sind auch die Worte von Christian Rosenkreutz zu verstehen, die er im Jahre 1790 einer kleinen Gruppe von Schülern gegenüber in Wien äußerte, «dass er sich auf fünfundachtzig Jahre nach dem Orient zurückzuziehen habe, und nach fünfundachtzig Jahren werden jene seine Tätigkeit in Europa wieder wahrnehmen können» (GA 93, 16.12.1904).

Ein solches «Sichzurückziehen nach dem Osten», das selbstverständlich nichts mit östlichen Religionen oder irgendwelchen Formen traditioneller christlicher Weisheit zu tun hat, sondern als rein okkulter Prozess des bewussten Eintretens in die übersinnliche Welt zu verstehen ist, um sich dort mit den Kräften der geistigen Sonne zu verbinden. Dieses «Sichzurückziehen» nahm ursprünglich einen zentralen Platz in den echten Rosenkreuzermysterien ein. Denn in ihnen wurden besonders vom 13. Jahrhundert an, in Form einer «wahren modernen Esoterik» (GA 15, II), die Voraussetzungen für die Vereinigung der Menschheit mit dem zweiten oben genannten okkulten Strom vorbereitet, mit dem Strom, der den Zugang zum *bewussten Einschlafen* eröffnet, das heißt zum bewussten Eintreten in die geistige Welt, dem Strom, der es dem Menschen ermöglicht, voll bewusst an dem zukünftigen Karma zu arbeiten, und der ihm auch eine wahre Erkenntnis der Geheimnisse von Tod und Auferstehung auf dem Hügel von Golgatha offenbart (ebd.).

Es ist deshalb ganz folgerichtig, dass das oben Gesagte auf okkulte und zugleich künstlerische Weise in jenem kleinen Bau verwirklicht wurde, den Rudolf Steiner selbst als den bislang einzigen für äußere Augen sichtbaren «Rosenkreuzertempel» bezeichnete und der gewöhnlich «der Modellbau in Malsch» genannt wird (siehe darüber in GA 284).

Dieser erste «Rosenkreuzertempel», in dem man den Samen

erkennen kann, aus dem später das erste Goetheanum entstand, war in der Richtung von Westen nach Osten orientiert. Ursprünglich wollte Rudolf Steiner ihn ganz aus dem Granitfelsen heraushauen, was bedeutete, dass er dem äußeren Einfluss der Sonne in ihrer physischen Bewegung von Ost nach West am Himmel möglichst unzugänglich sein sollte. Und er hätte nur durch eine einzige Öffnung in der Kuppel beleuchtet werden sollen, die so hätte angebracht werden müssen, «... dass zur Zeit der Frühlings-Tagundnachtgleiche morgens gegen neun Uhr das Sonnenlicht auf einen ‹bestimmten Punkt› im Innern fällt» (Erinnerungen von K. Stockmeyer, ebd.). Anders gesagt: Es sollte für die Beleuchtung des Tempels in erster Linie nicht die physische Bewegung der Sonne von Ost nach West beachtet werden, sondern ihre *geistige Bewegung* von West nach Ost, in der Richtung der Verschiebung des Frühlingspunktes.

Und dieser Weg in der Nachfolge der geistigen Sonne, der in den modernen Rosenkreuzermysterien zum bewussten Eintreten in die geistige Welt führt, wurde in künstlerischer Form im «Modellbau in Malsch» verwirklicht. Davon zeugen vor allem die beiden Reihen von Tierkreiszeichen, die in der Kuppel auf beiden Seiten abgebildet sind und mit den Zeichen der Fische – am Eingang im Westen – beginnen und mit dem Zeichen des Widder im Osten – über der Altarnische – enden.

In den Erinnerungen von K. Stockmeyer werden die Anweisungen Rudolf Steiners in Bezug auf die Lage der Tierkreiszeichen in der Kuppel folgendermaßen wiedergegeben: «An das Hauptgewölbe soll der Tierkreis gemalt werden, beginnend mit den Fischen im Westen über der Saturnsäule» (ebenda).[157]

So haben wir in diesem «Rosenkreuzertempel» die sichtbare Offenbarung des Weges, der durch die zwölf heiligen Nächte von Jesus zu Christus führt, vom Mikrokosmos zum Makrokosmos, und der damit die zentrale Aufgabe der modernen Esoterik zum Ausdruck bringt, die berufen ist, der Menschheit die Erkenntnis des kosmischen Christus zu bringen: «So kann die moderne Esoterik aufgefasst werden als die Erhebung des

Christus-Impulses zum treibenden Elemente in der Führung jener Seelen, welche sich gemäß den Entwicklungsbedingungen der neueren Zeit zu einer Erkenntnis der höheren Welten durchringen wollen» (GA 15, II).

Anmerkungen

1 Gemäß den Mitteilungen des Fünften Evangeliums trafen sich der nathanische Jesus und Johannes der Täufer im Laufe der sieben Jahre vor der Taufe des Jesus im Jordan häufig und sprachen viel miteinander (GA 148, 4.10.1913).

2 Aus diesem Grunde übten gerade die Engel eine besonders starke Wirkung auf Bildung und Charakter der altindischen Kulturepoche aus (s. GA 126, 31.12.1910), da es die Aufgabe der alten Inder war, vornehmlich den Ätherleib zu entwickeln (s. GA 103, 30.5.1908).

3 Dazu sagt Rudolf Steiner in einem anderen Zyklus: «Für denjenigen, der mit hellseherischem Blick die Welt betrachtet, ist deshalb das, was man als flüssiges Element kennt, besonders das Wasser, nicht etwa nur von den Wesenheiten belebt und durchsetzt, die wir als Wasserwesen, Fische und so weiter kennen; sondern ein solcher weiß, dass trotz der sozusagen verfließenden Gestalt des Flüssigen, trotzdem keine feste Form in diesem wässrigen Element festgehalten wird, dass trotzdem geistige Wesenheiten darin wohnen. Und zwar wohnen sie darin richtig verkörpert in dem wässrigen Element, in verfließender, fortwährend sich verändernder Gestalt, die man deshalb auch mit dem äußeren Auge nicht unterscheiden kann. Da leben sie, diese Wesenheiten, die wir als Engel bezeichnet haben» (GA 105, 7.8.1908).

4 Das stellt Rudolf Steiner folgendermaßen dar: «Die Seele geht auf dem Wege durch die Inkarnationen durch alle möglichen Nationalitäten hindurch und muss auch durch diese Inkarnation [in einem der slawischen Völker] gehen, wo sie den Impuls erhält, mehr in dem Angelos aufzugehen, mit dem Angelos zusammenzuwachsen, mit seinem Geistesauge zu schauen in die geistige Welt» (GA 158, 9.11.1914). Siehe auch das Motiv des slawischen Menschen in der Malerei der kleinen Kuppel des ersten Goetheanum.

5 Gemäß den Hinweisen Rudolf Steiners nahmen die Engel den Christus schon in der ägyptisch-chaldäischen Kulturepoche auf (s. GA 15, III).

6 Im Vortrag vom 31.12.1910 (GA 126) spricht Rudolf Steiner davon, dass durch die Einwirkung der zwölf Amshaspands (Erzengel) die zwölf Hauptnerven, die das menschliche Gehirn mit dem übrigen Organismus verbinden, geschaffen wurden: «Von den zwölf Seiten des Tierkreises aus wirkten die zwölf Erzengel-Wesen – so haben die alten Perser es sich vorgestellt; und um allmählich das hervorzubringen, was heute unsere Intelligenz ist, wirkten sie in zwölf Strahlen herein in das menschliche Haupt.» Deshalb ist auch das menschliche Denken, die Intelligenz, im Jahreslauf am wachsten, am stärksten lichtdurchdrungen gerade zu der Zeit, die unter der kosmischen Einwirkung der Kräfte aus dem Bereich des Steinbock steht (Dezember – Januar). Es waren diese zwölf Erzengel auch die ersten Wesenheiten der Erzengelhierarchie, die in der urpersischen Epoche den Christus aufnahmen (s. GA 15, III).

7 Siehe Genaueres dazu in Teil I, Kapitel 2.

8 Hier ist noch hinzuzufügen, dass im Jahreslauf die Zeit, die unter der Einwirkung der Kräfte aus dem Bereich des Steinbock steht, die Zeit des stärksten Wachens der Erde ist, wo ihr *Geistbewusstsein* die größte Intensität erreicht. Im Leben des Menschen entspricht dieser Zustand seinem nachtodlichen Aufsteigen in die Sphäre der *Erzengel,* durch deren Tätigkeit in ihm ein «starkes, helles» Bewusstsein in Bezug auf die ihn umgebende geistige Welt auftritt (s. GA 174, 22.1.1917).

9 Hier ist daran zu erinnern, dass – gemäß den Hinweisen Rudolf Steiners – die Haupttätigkeit Ahrimans sich in der Sphäre der Erzengel abspielt (s. GA 154, 25.5.1914), wo er als ihr größter Gegner auftritt. Deshalb waren schon im Mittelalter seine äußeren Attribute die negativen Eigenschaften der Tiernatur des Steinbock, und der Satan wurde stets mit Bockshörnern sowie -unterleib dargestellt (dieser Tradition folgte auch Goethe bei der Ausgestaltung seines Mephistopheles).

10 Deshalb ist für den inneren Zustand des Menschen, wenn er sich einem Engel nähert, der richtige Ausdruck eine Haltung, bei der er, aufrecht stehend, die Hände betend vor der Brust faltet, während der Blick nach oben gerichtet ist zu der von den Engeln ausgehenden Milde. Für die Begegnung mit einem Erzengel dagegen ist es angemessen, eine Haltung zum Ausdruck zu bringen, wo der Mensch die Knie beugt, die Hände vor der Brust kreuzt und den Kopf neigt, gleichsam vor der geistigen Kraft, die von den Erzengeln ausgeht (s. GA 154, 25.5.1914 und GA 156, 6.10.1914). Beide Haltungen in verschiedenen Variationen findet man oft auf den Darstellungen mittelalterlicher Heiliger, Einsiedler und Mönche.

11 Auch im Jahreslauf steht die Zeit, während der die Denkkräfte besonders aktiv im Menschen wirksam sind, unter dem Zeichen des Schützen: November-Dezember.

12 Einige Wesenheiten aus der Hierarchie der Archai werden bereits im Laufe der siebenten Kulturepoche, mit dem Beginn des Wirkens der Kräfte aus dem Bereich des Schützen, zu Menschheitsführern werden (s. GA 129, 21.8.1911). Der Impuls des Geistesmenschen wird aber erst am Ende dieser Epoche auszuströmen beginnen und weiter dann in der Zeit nach dem «Krieg aller gegen alle». Eine ähnliche Verschiebung findet sich auch in den vorhergehenden Epochen. So wird unsere fünfte Kulturepoche von den Engeln geführt (ebd.), sie werden jedoch erst in der sechsten Epoche reif geworden sein, das Geistselbst in die Menschheit «auszugießen», während diese Epoche sich schon unter der Führung der Erzengel (ebd.) befindet. Die Sonne wird dann, schon von ihrer zweiten Hälfte an beginnend, im Frühling im Steinbock aufgehen. Die Erzengel ihrerseits werden erst zur Zeit der siebenten Kulturepoche reif sein, den Lebensgeist der Menschheit herabzusenden (s. GA 103, 30.5.1908).

13 Die Beziehung zum Licht ist bei den Geistern der Form eine ganz andere als bei den Erzengeln. Letztere leben und schaffen im Lichte; die Geister der Form haben in ihm dagegen nur ihre niedere Offenbarung.

14 Das hier Gesagte steht nicht im Widerspruch zu dem, was

Rudolf Steiner im Vortrag vom 10. April 1912 äußert, wo davon gesprochen wird, dass die Geister der Bewegung mehr mit der inneren Bewegung der Planeten zusammenhängen, während ihre äußere Bewegung durch den Raum von den Geistern des Willens bewirkt wird, Harmonie und Ordnung im gesamten Planetensystem hingegen von den Cherubim. Weiter gibt Rudolf Steiner im selben Zyklus die folgenden Erklärungen: «Seraphim, Cherubim, Throne, Geister der Weisheit, bis hierher ist für alle einzelnen Planeten unseres Planetensystems das Ergebnis für den okkulten Blick ganz das gleiche, ob Sie die Beobachtung anstellen für den Mars, für den Jupiter, für den Merkur oder die Venus. Überall finden Sie, wenn Sie die Arbeiten der Seraphim, Cherubim, Throne und Geister der Weisheit ins Auge fassen, dieselben Ergebnisse. Dagegen finden wir nicht mehr dieselben Ergebnisse, wenn wir für die anderen Planeten unseres Systems ins Auge fassen, was an Wirkungsweisen herrührt von den Geistern der Bewegung und von den Geistern der Form ... So dass wir eigene Geister der Form, eigene Geister der Bewegung unterscheiden müssen für einen jeden einzelnen Planeten unseres Planetensystems» (GA 136). Aus diesen Worten ersehen wir, dass die Cherubim und Throne die Bewegungen der Planeten hervorrufen und harmonisieren, von dem ausgehend, was für alle Planeten *gleich* ist. Die Geister der Bewegung aber, deren Hauptsitz auf der Sonne ist (s. 13. April 1912), versetzen die Planeten von dorther in den Zustand des *Gleichgewichts,* ausgehend von den Eigenschaften und Besonderheiten, die deren Bewegungen einen mehr individuellen Charakter verleihen, *verschieden* bei jedem einzelnen Planeten. Man kann auch sagen, dass der allgemeinere, kosmische Einfluss der Cherubim und Throne von den Geistern der Bewegung zunächst individualisiert und dann abermals ins Gleichgewicht gebracht wird, wodurch unser Planetensystem ein solch vielgestaltiges und in seinen einzelnen Gliedern so verschiedenartiges und dennoch vollkommen harmonisches Ganzes bildet.

15 Auf dem fünften apokalyptischen Siegel sind nur neun Sterne

abgebildet, was auf den *Prozess* hinweist, der allmählich zur Bildung des Tierkreises während des alten Saturn führte.

16 1. Mose 2,7.

17 Als Rudolf Steiner über die frühe Saturn-Epoche spricht und über die in dieser Zeit wirkenden Geister des Willens, charakterisiert er sie folgendermaßen: «Diese Geister des Willens lernen wir gerade so kennen, dass es wie eine richtige Gegenständlichkeit für uns wird, man könnte sagen: ein wogendes Meer des Mutes ... Das ist nicht etwa bloß ein gleichgültiges, undifferenziertes Meer, sondern alle Möglichkeiten und Unterschiedlichkeiten dessen, was man bezeichnen kann mit dem Gefühl des Mutes, tritt uns da entgegen, wenn man sagt, man treffe Wesenheiten, die ebenso real sind wie der Mensch aus Fleisch und die nicht aus Fleisch, sondern aus Mut bestehen. Als solche Wesenheiten treffen wir die Geister des Willens – und zunächst bezeichnen wir nur das als ‹Saturn-Dasein›, was die Geister des Willens, die aus Mut bestehen, darstellen –, nichts sonst ... [Auf dem Saturn findet man nach allen Seiten] immer Geister des Mutes oder des Willens» (GA 132, 31.10.1911). So ist der alte Saturn aus einer Art Meer des Mutes entstanden (Mut, das Hauptattribut des Löwen). Dann wurden im Laufe der Entwicklung aus dem Feueropfer der Throne warme Eiformen gebildet – die erste Anlage des menschlichen physischen Leibes, dessen Entstehen nach den Worten Rudolf Steiners mit der aus dem Zeichen des Löwen hervorgehenden Tätigkeit der Throne zusammenhängt. Das «Zusammenfallen» aller warmen Eiformen schließlich zu einem Ganzen am Ende der Entwicklung des alten Saturn geht ebenso unter dem Einfluss der Kräfte des Löwen vor sich (s. GA 110, 17.4.1909). Und so wirken die Throne im Laufe der Saturn-Epoche dreimal aus dem Sternbild des Löwen heraus: zu Beginn, in der Mitte und am Ende der Epoche, sein Dasein auf diese Weise umfassend und bestimmend.

18 Siehe K. L. Althoff, «Das Vaterunser», Kapitel «Die Zwölf in der Zwölf», Teil 7, Stuttgart 1978.

19 Auf eine ungewöhnlich dramatische Weise wird im Mat-

thäus-Evangelium das Eintreten dieses neuen Wirbels in das irdische, kulturhistorische Werden der Menschheit beschrieben. So stellt das 21. Kapitel das Entstehen des Wirbels im Schoße der vierten Kulturepoche dar (der Einzug Christi in Jerusalem, die Reinigung des Tempels). Im 22. Kapitel wird dann auf die Entwicklung des Wirbels in der fünften Kulturepoche hingewiesen (das Gespräch mit den Pharisäern und Sadduzäern als Repräsentanten der zukünftigen materialistischen Zivilisation). Weiter ist im 23. Kapitel das Wirken des Wirbels in der sechsten Kulturepoche beschrieben (die Weh-Rufe über die Pharisäer und die Verfolgung der Propheten). Im 24. und 25. Kapitel schließlich wird von der Kulmination dieser ganzen Entwicklung in der siebenten Kulturepoche gesprochen und von ihrem Übergang durch die Zeit des «Krieges aller gegen alle» zu dem neuen Entwicklungszyklus (die kleine Apokalypse, die Zerstörung des Tempels, die Kriege, die Verfolgung, das Kommen des Menschensohnes und das Gericht über die Völker).

20 Auch für das Herz wurde der Keim im Wesentlichen während des Saturn-Daseins gelegt. Das geschah durch die Hierarchie der Throne, die aus dem Tierkreisbereich des Löwen heraus wirkten. Deshalb ist das Herz nicht nur mit dem Element des Lebens verbunden (Blutkreislauf) – diese Funktion erhielt es erst auf der Sonne –, sondern es ist auch ein Wahrnehmungsorgan für *seelische Wärme* (s. GA 110, 17.4.1909).

21 Gemäß dem ptolemäischen Weltsystem sind die Cherubim nur mit der Tierkreis-Sphäre verbunden, die Hierarchien unter ihnen auch mit den Planetensphären: die Throne mit dem Saturn, die Herrschaften mit dem Jupiter, die Mächte mit dem Mars usw. (s. GA 110, 15.4.1909).

22 Nach Angaben Rudolf Steiners war der Gewissensimpuls schon vor dem sechsten vorchristlichen Jahrhundert unter den germanischen und nordeuropäischen Völkern von dem zukünftigen Gautama-Buddha, der damals auf der Bodhisattva-Stufe stand und unter dem Namen «Wotan» unter ihnen wirkte, vorbereitet worden (s. dazu GA 116, 25.10.1909 und GA 105, 14. 8.1908). Später breitete sich dieser Impuls

ostwärts bis nach Griechenland aus. Dem nach mosaischem *Gesetz* erzogenen alttestamentarischen Volk war der aus dem *Innern* sprechende Impuls der Gewissensstimme dagegen noch zur Zeit der Ereignisse von Palästina fremd. Deshalb bildete Johannes der Täufer eine absolute Ausnahme, die in erster Linie auf seiner karmischen Vergangenheit beruhte. Diese besondere Stellung Johannes des Täufers innerhalb des jüdischen Volkes, die aus seinen an die Pharisäer und Sadduzäer gerichteten Worten hervorgeht (Matth 3,7–12), war später der eigentliche Grund für seinen gewaltsamen Tod.

23 Matth 3,3 und Mark 1,3; vergleiche auch mit dem Hinweis Rudolf Steiners, dass Elias in gewissem Sinne derjenige Geist des althebräischen Volkes war, der als Geist des Ich wirkte, welcher zur Zeit des Erdenlebens von Johannes dem Täufer aus einem Gruppengeist zum individuellen Ich-Impuls werden musste, der in jeder einzelnen Menschenseele lebt (s. GA 139, 17.9.1912).

24 Im Bild vom Kampf der Dioskuren um eine Rinderherde wird in irdischer Gestalt auf die Weiterentwicklung aus dem Bereich der Zwillinge in den des Stier hingewiesen. Im Makrokosmos entspricht dem das unaufhörliche Streben der Seraphim zu der «über ihnen» befindlichen Sphäre des Heiligen Geistes.

25 Was hier über die menschliche Leibesform gesagt ist, das wird im Falle der Dioskuren noch verdeutlicht durch die Worte Rudolf Steiners über «jene wunderbare Ausbildung des menschlichen Leibes in der griechischen Gymnastik, in den großen griechischen Wettspielen» (GA 131, 9.10.1911). Denn die Dioskuren wurden in Griechenland, besonders in Sparta, als Beschützer der Gymnastik und der sozialen Gemeinschaft (des Staates) geehrt.

26 Im Matthäus-Evangelium (23,16–21) weist der Christus selbst in zwei Gleichnissen auf diesen wichtigen Übergang in der Menschheitsentwicklung hin. So sprach er zu den Pharisäern: «Wehe euch, blinde Führer seid ihr, indem ihr sprecht: Die Kräfte des Tempels anzurufen, hat keinen Sinn, erst wer beim Gold des Tempels schwört, dem nützt sein Schwur, wie töricht

und blind seid ihr! Was ist größer, das Gold oder der Tempel, durch den das Gold erst geheiligt wird? Und ihr sprecht ferner: Die Kraft des Altars anzurufen, hat keinen Sinn. Erst wer bei den Gaben auf dem Altar schwört, dem nützt sein Schwur. Ihr verblendeten, was ist größer, die Opfergabe oder der Altar, durch den die Gabe erst geheiligt wird? Wer die Kraft des Altars anruft, ruft zugleich die Kraft dessen an, was auf dem Altar ist. Und wer die Kraft des Tempels anruft, der ruft zugleich den an, der darin wohnt.» Hier bedeuten Tempel und Altar: Seele (das menschliche Ich), Gold und Gabe hingegen: Unsterblichkeit.

27 Siehe darüber ausführlicher in S. O. Prokofieff, «Rudolf Steiner und die Grundlegung der neuen Mysterien», Kapitel 3, ebenso die Vorträge Rudolf Steiners vom 23. September 1912 (GA 139) und vom 3. Oktober 1913 (GA 148).

28 In diesem Zitat aus dem 1. Brief des Johannes sowie in dem weiter oben angeführten Zitat aus seinem Evangelium steht in den deutschen Übersetzungen von Luther und E. Bock anstelle des Wortes «Seele» überall das Wort «Leben». In der russischen Übersetzung haben wir jedoch an den entsprechenden Stellen das Wort «Seele», und das scheint dem Verfasser genauer zu sein, denn es geht hier im okkulten Sinne um das Opfer des Ich als dem Mittelpunkt der Seele, das Opfer, das gebracht wird im Geist der Worte des Apostels Paulus: «Nicht ich, der Christus in mir.» Denn so, wie der Christus im Mysterium von Golgatha sein makrokosmisches Ich dem Vater opferte («Vater, ich befehle meinen Geist in deine Hände!», Luk 23,46), um es an Majestät und Größe erhöht vom Vater des Alls zurückzuerhalten, so soll auch der einzelne Mensch es vermögen, aus Liebe zu Christus diesem sein isoliertes, irdisches Ich zu opfern, um es sodann als sein höheres, wahres Ich von ihm zurückzuerhalten.

29 In diesem Vortrag führt Rudolf Steiner Mahatma Gandhi als Beispiel an, der sich infolge seiner europäischen Erziehung und äußeren politischen Tätigkeit recht weit von der traditionellen indischen Weisheit entfernt hatte, «in seinem aufklärerischen Hinduismus aber eines bewahrt hat: die Vereh-

rung der Kuh». Und das ist vollkommen verständlich, denn durch ihren Kult blieb ihm auf unmittelbare Weise eine letzte Beziehung zum Geist.

30 Über diese Schau des Johannes bei der Taufe des Jesus sagt Rudolf Steiner: «Das ist durchaus eine hellseherische Beobachtung. Und sehr wenig richtig ist es, wenn gesagt wird: Das ist bloß allegorisch oder symbolisch gemeint. Es ist eine reale hellseherische geistige Tatsache, die für das hellseherische Vermögen auf dem *astralischen Plan* wirklich vorhanden ist» (GA 112, 3.7.1909).

31 Dieses okkulte Wissen über die Beziehung der Kuh zum astralischen Bild des Vogels hatten viele alte Völker. So kann man zum Beispiel in Ägypten Darstellungen des Sonnengottes Ra in der Gestalt eines Falken finden, der eine Sonnenscheibe auf dem Kopf trägt und zwischen den Hörnern der Himmelskuh sitzt; oder in Babylonien Bilder eines geflügelten Stieres (Schedu), der einen Schutzgeist des Menschen darstellt (vergleiche damit das weiter unten Gesagte über den Stier).

32 Die hier aufgezeigte Beziehung zwischen der Isis Sophia (Jungfrau), dem Weltengeist (Stier) und dem sich der Erde nähernden Christus-Impuls, der aus ihrer Umgebung durch die Gestalt des Osiris (Widder) wirkt, ist in verwandelter Form auch in das esoterische Christentum eingegangen. Hier spricht man vom gereinigten Astralleib als von der Sophia (Jungfrau) sowie von dem in einen solchen (von der Sophia überschatteten) Astralleib herabkommenden Prinzip des Heiligen Geistes oder des Welten-Ich (Stier). Das Wichtigste für das esoterische Christentum in diesem Zusammenhang ist aber, dass nur dank des Mysteriums von Golgatha und der daraus hervorgehenden Vereinigung der Christus-Wesenheit (des Lammes) mit dem planetarischen Leib der Erde sich für *jeden* Menschen die Möglichkeit eröffnet hat, die beiden genannten Prinzipien (die Jungfrau Sophia und den Heiligen Geist) zu erlangen: «Die Menschen unserer Evolutionsepoche können die ‹Jungfrau Sophia›, den geläuterten Astralleib, und den ‹Heiligen Geist›, die Erleuchtung, in der geschilderten Weise empfangen. Geben konnte der Erde das,

was dazu notwendig ist, nur der Christus Jesus» (s. GA 103, 31.5.1908).

33 Auf diesen Übergang (vom Geist zum Sohn und prophetisch vom Sohn zum neuen Geist) weist auch Johannes der Täufer, wenn er spricht: «Ich habe geschaut, wie der Geist gleich einer Taube vom Himmel auf ihn herniederstieg und mit ihm verbunden blieb. Ich kannte ihn nicht, aber der, der mich gesandt hat, mit Wasser zu taufen, sprach zu mir: Auf wen du den Geist sich herniedersenken siehst, so dass er mit ihm verbunden bleibt, der ist es, der mit dem Heiligen Geist tauft. Ich habe es geschaut, und so bezeuge ich, dass dieser der Sohn Gottes ist» (Joh 1,32–34).

34 In einer solchen Ausbreitung des Serapis-Kultes in der Epoche der Michael-Herrschaft ist auch die irdische Widerspiegelung der übersinnlichen Tatsache zu sehen, dass Michael sich anschickte, den Übergang vom Dienst für die Mondensphäre (Jahve) in den Dienst für die Sonnensphäre (Christus) zu vollziehen.

35 Aus diesem Grunde wird Luzifer einst, durch das Wirken des Christus-Impulses in den Menschenseelen befreit, der neue Heilige Geist in der Welt werden (s. GA 107, 22.3.1909).

36 Gold – das Metall Luzifers (s. GA 136, 14.4.1912).

37 Die Tatsache, dass die Anbetung des «Goldenen Kalbes» als eine besonders große Sünde gegenüber Jahve angesehen wurde, hat – neben anderem – noch den folgenden Grund. Jahve selbst hat als Gottheit, die mit der Mondensphäre verbunden ist, eine besonders tiefe Beziehung zu dem in ihr wirkenden Prinzip des Heiligen Geistes (s. GA 96, 1.4.1907). Man kann deshalb die Bezeichnungen «‚abir ja‘ äkob» (Gen 49,24 und Psalm 132,2 und 5) und «‚abir jisrä‘el» (Jes 1,24) des Alten Testaments so verstehen, dass das Wort «abir» sowohl «Gott» als auch «Stier» bedeutet (im Allgemeinen wird es mit «Mächtiger» übersetzt). Da es die Aufgabe des altjüdischen Volkes war, den Jahve-Geist im Innern des Ich zu erleben, so musste jegliche äußere Darstellung als luziferisch betrachtet werden (weshalb das Kalb golden sein musste). Die Aufgabe Jahves aber war es, das althebräische Volk vor allem

luziferischen Einfluss zu schützen, was in der althebräischen Geheimlehre dadurch zum Ausdruck kam, dass Jahve als der hauptsächliche Gegner Luzifers dargestellt wurde (s. GA 136, 14.4.1912). Sah man aber die Anbetung des Ich-Geistes Jahves in seinem physischen Abbild (dem goldenen Kalb) als große Sünde an, so hielt man andererseits seine Anbetung in der Form, in der er in der Astralumgebung der Erde imaginativ in Erscheinung trat, für eine hohe Stufe der althebräischen Einweihung. Auf einer solchen Stufe befand sich zum Beispiel Johannes der Täufer, der bei der Taufe im Jordan das astrale Gegenbild des Stier-Zeichens in der Imagination der Taube erlebte, die auf die Geburt des Christus in Jesus durch das Prinzip des Heiligen Geistes hindeutete.

38 Mit dem Stierkult (des Apis) in den ägyptischen Mysterien ist ein Weltengeheimnis verbunden, das Rudolf Steiner am Ende des Vortrags vom 17. April 1909 leise berührt. Er bemerkt da, dass die dritte, ägyptisch-chaldäische Epoche gleichsam eine Wiederholung der alten lemurischen Epoche im Kleinen war, als das Ich-Prinzip in das Menschenwesen versenkt wurde. Damals kam aus einem bestimmten Tierkreisbereich, und zwar aus dem, der später «Stier» genannt wurde, ein geistiger Impuls, der alle menschlichen Wesen, die bis dahin nur aus physischem, ätherischem und astralischem Leib bestanden, auf der Oberfläche der Erde in Bewegung brachte. Infolgedessen wurde das, dem «... die Anregung gegeben worden war [dem dreigliedrigen Menschen], nachdem es sich einmal herumgedreht hatte [auf der Oberfläche der Erde], reif, das Ich in der ersten Anlage aufzunehmen. Das geschah in der alten lemurischen Zeit. Und man hatte hinauszudeuten auf diejenige Stelle des Tierkreises, die wir heute als den Stier bezeichnen ... Diese Bezeichnung ist ja im wesentlichen in der ägyptischen Geheimlehre, in der chaldäischen Geheimlehre entstanden. Da waren die Ursprünge dieser Bezeichnung, und es ist nur noch bei den wirklichen Geheimlehren heute ein Bewusstsein vorhanden von der rechten Bedeutung der Worte. Es drückt sich die allererste Anlage zum Ich-bin in der Sprache aus, in dem Ton» (GA 110).

So haben wir hier einen Hinweis auf den Zusammenhang, der zwischen den kosmischen Kräften aus dem Bereich des Stier und dem Einsenken des Ich-Prinzips in den Menschen einerseits sowie dem Aufkommen der Sprachfähigkeit andererseits besteht. Aus dem Wissen um diese Geheimnisse in der ägyptischen und chaldäischen Verehrung des Apis-Stieres ist auch das Bild entstanden, von dem im Zusammenhang mit dem Serapiskult von einem etwas anderen Standpunkt aus bereits gesprochen wurde: der Stier mit Hörnern, die eine horizontal liegende Mondsichel bilden, in der die Sonnenscheibe ruht. Es ist nicht schwer, in diesem Bild gleichsam eine prophetische Vorwegnahme der späteren kosmischen Imagination des Heiligen Gral zu sehen (s. GA 149, 2.1.1914). – Ebenso ist noch hinzuzufügen, dass bei der Schöpfung des irdischen Menschen-Ich in der lemurischen Epoche seine Schöpfer, die Elohim, den Impuls für ihr Schaffen aus demjenigen Bereich empfangen mussten, der *über* der Sphäre der Seraphim (der Zwillinge) liegt, das heißt aus der Sphäre des Heiligen Geistes, des Stier (s. GA 122, 22.8.1910).

39 Das Bild des Lammes spielt auch in der Apokalypse eine große Rolle. Die Betrachtung dieses Themas würde jedoch über den Rahmen dieser Schrift hinausgehen.

40 Das ist die ursprüngliche Form. Luther übersetzt: «Du bist mein lieber Sohn, an dem ich Wohlgefallen habe» und Bock: «Du bist mein lieber Sohn, in dir will ich mich offenbaren» (Luk 3,22; siehe auch GA 114, 21.9.1909).

41 Weiterhin ist zu beachten, dass der physische Leib etwa in der Mitte der atlantischen Zeit erstmals mineralische Einschlüsse erhielt, wodurch es dem Menschen möglich wurde, die «feste» Erde zu betreten. (Das geschah in der vierten atlantischen Epoche, die unter dem Zeichen des Skorpion-Adler stand.) Die Folge davon war, dass sein Ich, nachdem es den Ätherleib durchdrungen hatte, sich der Grenze des physischen Leibes nähern konnte. Und diese erste Berührung des Ich mit dem physischen Leib veranlasste auch das allererste Aufscheinen des individuellen irdischen Ich-Bewusstseins im Menschen, woraufhin dieser nun beginnen konnte,

selbständig von innen her an seinen Hüllen zu arbeiten. Das war dann von der fünften atlantischen Epoche an möglich, die unter dem Zeichen der Waage stand. (Das widerspricht nicht der Tatsache, dass das Ich erst mit der fünften *nachatlantischen* Epoche vollständig in die Materie versank, das heißt, sich endgültig mit dem physischen Leib verband.) Von dieser Zeit an begann auch der helle Teil des Tierkreises ein Übergewicht über den dunklen zu bekommen. Bis dahin, das heißt bis zur vierten atlantischen Epoche einschließlich – was der Mitte der ganzen Erdenentwicklung entspricht –, bestand noch ein Gleichgewicht der auf- und absteigenden Kräfte des Tierkreises.

42 Deshalb setzt Rudolf Steiner, indem er den Menschen im Tierkreis aufschreibt, dessen Ich mit dem Bereich des *Schützen* in Beziehung, das heißt er verbindet ihn mit der Tätigkeit der Geister der Persönlichkeit und nicht mit derjenigen der Geister der Form (Bereich des Skorpion-Adler). Das hängt damit zusammen, dass der Mensch in diesem Schema nicht vom Standpunkt des Menschen selbst (das heißt seines Schöpfungsprozesses) dem Kosmos eingeschrieben wurde, sondern vom Standpunkt der Hierarchien, und zwar gemäß ihrem *niedersten,* den menschlichen Wesensgliedern entsprechenden Glied. Von diesem hierarchischen Standpunkt aus ist das «niederste» und zugleich älteste Glied des Menschen sein physischer Leib, beim Engel ist es der Ätherleib, beim Erzengel der Astralleib, bei den Geistern der Persönlichkeit (Archai) das menschliche Ich, bei den Geistern der Form das Geistselbst, bei den Geistern der Bewegung der Lebensgeist und bei den Geistern der Weisheit schließlich der Geistesmensch. Aus dem beschriebenen Verhältnis des menschlichen Ich zu den Geistern der Persönlichkeit folgt auch seine besondere Beziehung zum Prinzip des Denkens, dessen Lenker in unserem Entwicklungszyklus die Archai sind (s. S. 26).

43 Das ist auch ein Hinweis darauf, dass in der Erdenepoche vor allem die hierarchischen Wesenheiten von den Geistern der Bewegung bis zu den Angeloi (das heißt von der Waage

bis zum Wassermann) mit dem Entstehungs- und Entwicklungsprozess des individuellen Menschen-Ich in Beziehung stehen. Die höherstehenden Wesenheiten, von den Geistern der Weisheit (der Jungfrau) an, haben zu dieser Entwicklung kein unmittelbares Verhältnis. Deshalb sagt Rudolf Steiner in dem oben angeführten großen Zitat (s. S. 54): «Bis zum Ende der ‹Jungfrau› wurden die Taten des Ich in unserer planetarischen Entwicklung zwar vorbereitet, aber es kam nicht bis zum Ich.»

44 Die hier aufgezeigte Entwicklung darf nicht mit dem Vorrücken des Punktes der Frühlings-Tag-und-Nacht-Gleiche im Tierkreis, was den Übergang von einer Kulturepoche zur anderen bewirkt, verwechselt werden. Denn in unserer Betrachtung gehen wir vor allem von der Reihenfolge aus, in der die verschiedenen Hierarchien, die jede ihre Kraft aus demjenigen Bereich des Tierkreises schöpft, mit dem sie verbunden ist, in die Menschheitsentwicklung eingreifen. Die Tatsache jedoch, dass von unserer fünften Kulturepoche an, die unter dem Zeichen der Fische steht, beide Entwicklungsströme zusammenzufallen beginnen, hat auch eine große Bedeutung (siehe darüber im Folgenden).

45 Diese Beziehungen könnte man noch eingehender behandeln und begründen, was sich der Verfasser hier jedoch versagen muss. Einige Ergänzungen kann der Leser jedoch in einer anderen Arbeit finden, wo der Zusammenhang der sieben Stufen des christlich-rosenkreuzerischen Erkenntnisweges und der sieben Glieder des Menschenwesens dargelegt ist (s. S. O. Prokofieff, «Rudolf Steiner und die Grundlegung der neuen Mysterien», Kapitel «Die Weihnachtstagung 1923/24», Stuttgart [3]2007).

46 Diese Lage der Dinge, die in der Mitte der atlantischen Epoche entstand, hat erst in unserer Zeit volle Bedeutung erlangt: «In der Mitte unserer Entwicklung waren wir ja gerade in der Mitte der atlantischen Zeit; und was die Menschen durchgemacht haben seit der atlantischen Zeit, das ist eigentlich etwas, was eine Strecke über die Mitte unserer Entwickelung hinausgeht. So dass wir sagen dürfen, dass in einer gewissen

Weise *heute schon* mehr Kräfte aufsteigen als herabsteigen aus dem Tierkreis» (ebd.).

47 Die «Erlösung» des dunklen Tierkreises dadurch, dass der Mensch den modernen, christlich-rosenkreuzerischen Einweihungsweg geht, hängt unmittelbar mit der allmählichen Erlösung und Verwandlung der Kräfte des Bösen in unserem Kosmos zusammen (vgl. GA 113, 31.8.1909). Eine eingehendere Behandlung dieser Frage liegt jedoch außerhalb des Rahmens dieser Arbeit. Siehe dazu S. O. Prokofieff, «Die Begegnung mit dem Bösen und seiner Überwindung in der Geisteswissenschaft. Der Grundstein des Guten», Dornach [3]2003.

48 Siehe Genaueres über diese drei Christus-Offenbarungen in GA 130, 21.9. und 4., 18.11.1911.

49 Siehe auch Anmerkung 91.

50 Die Tatsache, dass zum «Leib des Lammes» auch der Bereich des Adler (Skorpion) hinzukommt, wenn auch nur als planetarisches Glied, wird erstens dadurch bestätigt, dass der Christus in alten Zeiten ganz besonders durch die sechs Sonnen-Elohim, die zur Hierarchie der Geister der Form gehörten, von der Sonne auf die Erde wirkte (s. GA 103, 20.5.1908), und zweitens durch die geisteswissenschaftlichen Mitteilungen im Vortrag vom 27. August 1924 (GA 240). Hier spricht Rudolf Steiner davon, dass der Christus bei seinem Herabkommen von der Sonne auf die Erde seinen Geistesmenschen auf der Sonne zurückließ und in der Erdenumgebung (der Welt der Planeten) seinen Lebensgeist. Nur mit seinem Geistselbst ist er in die irdischen Hüllen des Jesus von Nazareth eingegangen. Unter dem Aspekt der Sternenschrift kann man das folgendermaßen beschreiben: Der Geistesmensch des Christus ist mit dem Bereich der Jungfrau verbunden (s. S. 55), mit demselben Bereich, mit dem auch der höhere Sternenaspekt der Sonne in Zusammenhang steht. Der Lebensgeist hat jedoch eine Beziehung zum Waage-Bereich, wo sich die Sternen- und Planetenwirkungen berühren und harmonisiert werden. Deshalb wirkt der sich jetzt in der Umgebung der Erde befindende Lebensgeist des Christus hier auf dieselbe

Weise: Er bringt die höheren Sterneneinflüsse zum richtigen Einwirken auf die Erde als einen Planeten. Das Geistselbst des Christus schließlich ist mit dem Bereich des Skorpion-Adler verbunden, und der Christus trägt es bei seiner Verkörperung auf der Erde unmittelbar in das Erdensein hinein, denn es gehört zu dem einzigen planetarischen Glied des Lammes.

51 Dass Rudolf Steiner, wenn er vom Menschen spricht, dessen höchstes Glied, den Geistesmenschen (Jungfrau), gleichsam im Hintergrund lässt, hat eine besondere Bedeutung. Bis zu einem gewissen Grad kann die oben angeführte Tatsache, dass die einzelnen Tierkreisbereiche den Hauptstufen des modernen christlich-rosenkreuzerischen Einweihungsweges entsprechen, als eine Erklärung dafür gelten. In seinen Vorträgen äußert Rudolf Steiner über dessen siebente Stufe – im Gegensatz zu den übrigen sechs – so gut wie nichts. In den frühen Ausgaben der «Geheimwissenschaft im Umriss» nennt er diese Stufe «Seligkeit in Gott», in späteren Ausgaben gibt er nur den folgenden Hinweis auf das allgemeine Zusammenwirken aller Fähigkeiten, die auf den vorhergehenden Stufen gewonnen wurden: «Das Gesamterleben der vorherigen Erfahrungen als eine Grund-Seelenstimmung». Das liegt darin begründet, dass die siebente Stufe nicht mehr zum Planeten-, sondern zum *Sternen*-Kosmos gehört und deshalb nicht mit menschlichen Worten beschrieben werden kann, weil, um sich ihr zu nähern, es notwendig ist, *unabhängig* vom physischen Gehirn zu denken. Diese hohe Fähigkeit ist auch für das Erkennen der letzten Verkörperung unserer Erde, den Vulkan-Zustand, unabdingbar (s. GA 11), auf dem der Mensch das Prinzip des Geistesmenschen voll entwickelt haben wird. Deshalb teilt Rudolf Steiner auch über diesen zukünftigen Zustand nichts in der «Geheimwissenschaft im Umriss» mit. Und in dem Buch «Aus der Akasha-Chronik» wird über den Vulkan lediglich gesagt: «Auf diesem Planeten wird das vorläufige Ziel der Menschheitsentwickelung erreicht. Der Bewusstseinszustand, in welchen da der Mensch eintritt, wird die ‹Gottseligkeit› oder auch das

spirituelle Bewusstsein genannt» (GA 11, Kapitel «Die Erde und ihre Zukunft»). Auch ist noch (gleichsam in Klammern) hinzuzufügen, dass die gesamte Weltentwicklung nicht mit dem Vulkan-Zustand beendet sein wird, sondern dass ihm fünf weitere, noch höhere folgen werden, so, wie sich das Aufsteigen innerhalb der Tierkreissphäre nicht auf die Stufe der Jungfrau beschränkt, sondern wir von fünf weiteren, vom Löwen bis zum Widder, Kenntnis haben können. Das stellt Rudolf Steiner im Zyklus «Aus der Akasha-Chronik» folgendermaßen dar: «Nach der Vulkanstufe wird ja auch der Mensch sich noch weiter entwickeln und dann noch höhere Bewusstseinsstufen erklimmen. Wie das Auge in nebelgraue Ferne, blickt das innere Auge des Sehers in Geisterweite auf noch *fünf Bewusstseinsformen,* von denen aber eine Beschreibung ganz unmöglich ist. Es kann also im ganzen von *zwölf* [kursiv R. Steiner] Bewusstseinsstufen die Rede sein» (GA 11, Kapitel «Das Leben des Saturn».

52 Wie aus dem oben Gesagten hervorgeht, sind die sechs Elohim in ihrer Sphäre eine Widerspiegelung der sechs Glieder der «Über-Wesenheit», die beim Menschen den drei «leiblichen» und den drei «seelischen» Gliedern entsprechen: dem physischen Leib, dem Ätherleib, dem Empfindungsleib, der Empfindungsseele, der Verstandesseele und der Bewusstseinsseele. Der siebente der Elohim – Jahve – ist dann diejenige Wesenheit innerhalb dieser Einheit, die das *Ich-Prinzip* repräsentiert. Als er sich Moses offenbarte, sprach Jahve von sich: *«Ich bin* der, der *Ich-Bin.»* Deshalb ist seine Bezeichnung als der «siebente» Eloah nur relativ, denn in Wirklichkeit wirkt er als der *vierte,* der den Kern oder Mittelpunkt der sechs anderen bildet. In der «Theosophie» sagt Rudolf Steiner über das Ich: «Indem der Mensch also zu sich ‹Ich› sagt, beginnt in ihm etwas zu sprechen, was mit keiner der Welten etwas zu tun hat, aus denen die ... ‹Hüllen› entnommen sind [die sechs oben genannten Glieder] ... Das ‹Ich› aber gibt sich dem Geiste hin, dass er es erfülle ... Es strahlt der Geist in das Ich und lebt in ihm als in seiner ‹Hülle› ... Der Geist bildet das Ich von innen

nach außen ... Der ein ‹Ich› bildende und als Ich lebende Geist sei ‹Geistselbst› genannt ... Das Geistselbst ist eine Offenbarung der geistigen Welt innerhalb des Ich» (GA 9). Diese Bestimmung des Geistselbstes in Bezug zum Ich charakterisiert auch auf das Genaueste das Verhältnis von Jahve als dem Repräsentanten des Ich-Prinzips zum kosmischen Urbild des Geistselbstes, das heißt dem Heiligen Geist (Stier), der seine Offenbarungen aus der Sphäre *über* den Hierarchien herab sendet. Jahve erreichte die hohe Stufe, die es ihm ermöglichte, den Impuls des Heiligen Geistes in der Sphäre der Geister der Form zum Ausdruck zu bringen durch das Opfer, das er brachte, als er die Sonne verließ und den Mittelpunkt seines Wirkens auf den Mond verlegte. Deshalb verbindet Rudolf Steiner auch den Impuls des Heiligen Geistes mit der Monden-Sphäre und nennt Jahve den Träger und Bringer des Heiligen Geistes (s. GA 96, 1.4.1907). Das wirft auch ein Licht auf die Tatsache, warum die Anbetung des Goldenen Kalbes in der alttestamentarischen Religion als der schlimmste Verstoß gegen den Willen Jahves angesehen wurde (s. S. 47 f. und Anm. 37).

53 In diesem Waage-Bereich kreuzen sich auch die geistigen Wege von Christus und Buddha. Christus steigt «von oben» in ihn herab, und auch Buddha tritt, als er seine Buddha-Würde erlangt hat, in ihn ein, jedoch «von unten». Von einem etwas anderen Standpunkt betrachtet, sagt Rudolf Steiner über deren Begegnung: «Damit haben wir charakterisiert die Bodhisattvas, die dann Buddhas werden, um in den Nirwana-Plan hineinzugehen. [In der Sprache der Sternenschrift: in den Bereich der Waage, s. S. 61 f.]. Alles, was im menschlichen Innern so arbeitet, in das Innere hinein, das lebt in einer Sphäre, die hinaufreicht bis zum Nirwana-Plan. Von der anderen Seite her wirkt in die menschliche Natur hinein eine Wesenheit wie der Christus. Von der anderen Seite her wirkt er auch in jene Welten hinein, in welche die Bodhisattvas hinaufsteigen, wenn sie die Region der Menschheit verlassen, um selber zu lernen, damit sie dann Lehrer werden können in der Menschheit. *Da tritt ihnen von oben* [das

heißt: durch das Tor des führenden Geistes der Weisheit], *von der anderen Seite her, eine solche Wesenheit entgegen wie der Christus»* (GA 116, 25.10.1909). Hier ist noch zu bemerken, dass die Begegnung des Christus in einer übersinnlichen Sphäre mit Wesenheiten vom Rang eines Bodhisattva eine Stufe tiefer stattfindet als die Begegnung mit dem Buddha. Denn wenn Christus sich mit Buddha «in der Waage» trifft, aus dem Bereich der Jungfrau in sie eintretend, dann trifft er sich mit den Bodhisattvas, in der Sternensprache ausgedrückt: «im Adler». (Das kann hier jedoch nicht eingehend betrachtet werden.) Nun kann auch das, was wir über die Begegnung des Christus mit Buddha in der Waage sagten, ein Licht auf die zunächst nicht leicht zu verstehende Äußerung Rudolf Steiners werfen: «Der Christus hat als Bodhisattva in Buddha gewirkt» (GA 109, 31.5.1909). So ist in diesem Falle unter «Buddha» ein Mensch zu verstehen, der die Entwicklungsstufe der Waage erreicht hat, und unter «Bodhisattva» ein höheres geistiges Prinzip, das «von oben», aus der Jungfrau, dieses menschliche Wesen überleuchtet und durch es wirkt.

54 Auf den Zusammenhang der heiligen Rishis mit der Planetensphäre weist vor allem ihre Anzahl hin. Zudem waren, gemäß den Mitteilungen Rudolf Steiners, in den indischen Rishis die Ätherleiber der führenden Eingeweihten der sieben atlantischen Planetenorakel verkörpert, und das war der Grund, weshalb ihre Erkenntnisse nicht über den Wirkensbereich der einzelnen Planeten hinausreichten. Das hätte sich nur bei dem Rishi anders verhalten können, der den Ätherleib des führenden Eingeweihten des Sonnenorakels empfing. Das war jedoch nicht der Fall, da er nur einen Abdruck dieses Ätherleibes erhielt (s. GA 109, 21.1.1909 und GA 13).

55 Das widerspricht nicht der Tatsache, dass der Punkt der Frühlings-Tag-und-Nacht-Gleiche sich zur Zeit der zweiten nachatlantischen Epoche in den Zwillingen befand. Denn wir haben es hier mit zwei unterschiedlichen Entwicklungsströmen zu tun, welche sich erst von der gegenwärtigen Epoche der Fische an durchkreuzen, ja sogar bis zu einem gewissen

Grade zusammenfallen, denn von unserer Zeit an steht vor der ganzen Menschheit die Aufgabe, *in vollem Bewusstsein* mit den Hierarchien zu arbeiten.

56 Das schließt jedoch nicht aus, dass sich hinter den aufgeführten Namen der alten Götter nicht nur Erzengel verbargen oder wirkten, sondern auch andere hierarchische Wesenheiten. So, wie z. B. nach althebräischer Tradition Jahve (ein Geist der Form) durch den Erzengel Michael wirkte.

57 Vergleiche mit der Beschreibung des vierten Rhythmus der Weihnachtstagung im 5. Kapitel «Die Weihnachtstagung 1923/24» des Buches von S. O. Prokofieff, «Rudolf Steiner und die Grundlegung der neuen Mysterien», Stuttgart [3]2007.

58 Durch das oben Gesagte wird auch verständlich, warum Rudolf Steiner in seinen geisteswissenschaftlichen Darstellungen die Christus-Wesenheit auf so unterschiedliche Weise charakterisiert. Denn er beschreibt sie jedes Mal im Zusammenhang mit ihrem *Wirken durch die verschiedenen Hierarchien* im Laufe ihrer allmählichen Annäherung an die Erde; handelt es sich doch bei Rudolf Steiner stets um eine *konkrete* Forschung, die er auf den verschiedenen Ebenen des Weltenseins durchführte. Wenn wir seine vielfältigen christologischen Mitteilungen betrachten, dann ergibt sich eine vollkommene Übereinstimmung mit den vier kosmischen Toren, auf welche in dieser Darstellung hingewiesen wurde und durch die sich die Christus-Wesenheit der Erde näherte. So offenbart sich der Christus in unserem Kosmos als der Sohn, nachdem er das Tor des Widder durchschritten hat. (Darauf weist Rudolf Steiner mehrfach hin, besonders im Zusammenhang mit den esoterischen Betrachtungen über die Heilige Dreifaltigkeit und über das Johannes-Evangelium.) Durch das Tor der Jungfrau schreitend offenbart er sich als Geist der Weisheit (s. GA 136, 13.4.1912) und das Tor des Skorpion-Adler passierend als «Führer und Lenker» der Geister der Form (GA 13), als die «Kraft der sechs [Sonnen-]Elohim» (GA 103, 20.5.1908) oder als «einer der Elohim» (GA 245). Schließlich offenbart er sich als «Führer [oder Beherrscher] der Feuergeister [der Erzengel]» (GA 99, 6.6.1907)

oder als «Feuergeist» (Erzengel) (GA 97, 2.12.1906 und GA 175, 20.2.1917). Alle diese Bezeichnungen betreffen den «räumlichen» Aspekt der Annäherung des Christus an die Erde. Man kann den genannten Prozess jedoch auch in seinem «zeitlichen» Aspekt betrachten. Dann entsprechen die hauptsächlichen Etappen des Herabsteigens des Christus der Abfolge der nachatlantischen Kulturen: der indischen, persischen, ägyptisch-babylonisch-semitischen (s. S. 77 f.) Kultur, welche ihrerseits «mikrokosmische» Widerspiegelungen der drei vorhergehenden Verkörperungen der Erde waren: des Saturn, der Sonne und des Mondes, sodass wir sagen können: Das Wirken der Christus-Wesenheit in der Sphäre des «hellen Tierkreises» – vom Widder bis zur Jungfrau – entspricht dem alten Saturn, seine Vereinigung mit der Sphäre von der Jungfrau bis zum Skorpion-Adler der alten Sonne, vom Skorpion-Adler bis zum Steinbock dem alten Mond, vom Steinbock bis zu den Fischen und weiter von den Fischen abermals nach oben in den Makrokosmos der Erde. Dieser zeitliche Aspekt des Herabsteigens Christi wird, ebenso wie der räumliche, im Prolog des Johannes-Evangeliums zum Ausdruck gebracht (siehe GA 103, 19.5.1908). Denn dieser Prozess vollzieht sich seinem inneren Wesen nach *jenseits von* Zeit und Raum und hat in ihnen nur eine Art Abbild, was als Einziges den irdischen Möglichkeiten des menschlichen Verständnisses zugänglich ist. Auch in den Evangelien finden wir eine direkte Bestätigung der am Beginn dieser Anmerkung zitierten christologischen Forschungsergebnisse Rudolf Steiners. So wird im Prolog des Johannes-Evangeliums auf den Christus zunächst als auf den kosmischen Logos hingewiesen und danach erst als auf den Sohn (1,18). Das entspricht der Stufe des *Widder,* des «Mystischen Lammes». Im Markus-Evangelium (1,3) sowie an vielen Stellen der anderen Evangelien (zum Beispiel Luk 2,11) wird der Christus «Herr» – griechisch: «Kyrios» – genannt, das heißt, als aus den Kräften der Kyriotetes (der Herrschaften), der Geister der Weisheit, wirkend. Das entspricht der Jungfrau-Stufe. Weiter wird im Matthäus-Evangelium (7,28–29) und im Markus-Evangelium

(1,22) darauf hingewiesen, dass der «Christus lehrte wie die Exusiai», das heißt als Geist der Form (Eloah) – denn das ist, nach Rudolf Steiner, ursprünglich die Bedeutung dieser Textstelle der Evangelien (s. GA 124, 16.1. und 2.2.1911). Mit anderen Worten: Er lehrte aus den Kräften, die aus dem kosmischen Bereich des *Adler* (Skorpion) erfließen. Außerdem finden wir zahlreiche Hinweise in den Evangelien auf dem Christus Jesus dienende Engelwesen (zum Beispiel: Matth 4,11; 26,53; Mark 1,2 und 13; Joh 1,51). Indem er ihnen gebietet, wirkt der Christus aus den Kräften der Hierarchie der Archangeloi, die mit dem kosmischen Bereich des *Steinbock* verbunden sind. Denn in der aufsteigenden Reihe der Hierarchien sind die Engel stets die *Diener* der Erzengel, die ihnen gebieten. Und schließlich vollendet sich, von der Szene im Garten von Gethsemane an bis zum Mysterium von Golgatha, der große Prozess der Menschwerdung Gottes. Es vereinigt sich der Christus, alle seine makrokosmischen Kräfte opfernd, mit den Hüllen des Jesus von Nazareth, der unter dem Zeichen der Fische-Einweihung steht. Von nun an ist er ein Menschensohn, der den Engeln nicht mehr gebietet, sondern, im Gegenteil, *als Mensch* sogar ihrer Hilfe bedarf (s. Luk 22,43). Genaueres über den hier erwähnten Prozess der Menschwerdung Gottes siehe in S. O. Prokofieff, «Rudolf Steiner und die Grundlegung der neuen Mysterien», Kapitel «Der große Weg des Menschheitslehrers», Stuttgart [3]2007.

59 Nach allem in dieser Betrachtung Gesagten erscheint auch die Tatsache in einem besonderen Licht, dass sich in Rudolf Steiners irdischer Biographie seine Geburt im Zeichen der Fische vollzieht – welches den gesamten Charakter der fünften nachatlantischen Epoche bestimmt – und sein Tod im Zeichen des Widder geschieht. Und zwischen diesen beiden Zeichen liegen alle übrigen (als ein Hinweis auf den Weg von Jesus zu Christus) in der Reihenfolge, die ihrem Wirken in den zwölf heiligen Nächten entspricht. Das Eingehen auf die Beziehung aller zwölf Zeichen des Tierkreises auf das ganze Leben Rudolf Steiners, bzw. auf die wichtigsten Ereignisse

darin, würde den Rahmen dieses Buches sprengen. Auf jeden Fall macht es die wahrhaft *weihnachtliche Konstellation* seines Erdenlebens möglich, sich diesem Mysterium auch von jenem Gesichtspunkt aus zu nähern.

60 Das Ereignis der Taufe am Jordan (der Fische) findet nicht im Kosmos, sondern auf der Erde statt.

61 Die Worte Rudolf Steiners bei der Grundsteinlegung des ersten Goetheanum. Zitiert nach: Rudolf Grosse, «Die Weihnachtstagung als Zeitenwende. Und die Grundsteinlegung des ersten Goetheanum», 4., erweiterte und korrigierte Auflage, Dornach 2013. Ebenso das folgende Zitat.

62 Der Grundstein wurde so in die Erde versenkt, dass sein kleiner Dodekaeder nach Westen zeigte (wie die große Kuppel des ersten Goetheanum), und der große Dodekaeder lag nach Osten (in Richtung der kleinen Kuppel).

63 Veröffentlicht in: «Was in der Anthroposophischen Gesellschaft vorgeht», 19. September 2004.

64 Ebd. – In der Urkunde, die in den Grundstein des ersten Goetheanum hineingegeben wurde, ist auch, außer der genannten Zahlengesetzmäßigkeit der 3, 5, 7, 12 und der Sternkonstellation bei seiner Grundsteinlegung, ein Hinweis auf die Anwesenheit der Mächte aller zwölf Tierkreisbereiche enthalten. So beziehen sich das Wort *«Anthropos»* in der Mitte sowie die Buchstaben «IN» oben (wenn wir sie als Jesus von Nazareth, das heißt als nathanische Seele, lesen) auf den Bereich der Fische. Weiter haben wir in den Namen aller neun Hierarchien einen Hinweis auf die Bereiche vom Wassermann bis zu den Zwillingen und schließlich in den drei Rosenkreuzerworten auf den Bereich des Stier, den des Widder und auf den 13. Bereich, der sich *jenseits* der Grenzen des Zodiak befindet. Die Vereinigung mit dieser Sphäre als die wahre Einweihung der Seele wird durch die Worte «als Eckstein» ausgedrückt, der aus den Kräften des Vaters, des Sohnes und des Geistes (–, ♈, ♊) «unseres im Geist sich suchenden Willens» gebildet ist – diese Worte stehen in Verbindung mit der Einweihung durch die Kräfte der ersten Hierarchie (♊, ♋, ♌); «in der Weltenseele sich fühlenden Seins» – das bezieht sich auf

die Einweihung durch die Kräfte der zweiten Hierarchie(♍, ♎, ♏); «im Welten-Ich sich ahnende Menschen» – die Einweihung durch die Kräfte der dritten Hierarchie (♐, ♑, ♒), «senken wir ...» die (zehnte) Menschen-Hierarchie (♓). Und alles zusammen – das Streben nach ihrer Verwirklichung.

65 Die Grundsteinlegung dauerte etwa zwei Stunden, von 18.30 bis 20.30 Uhr (GA 245).

66 E. Vreede, «Astronomie und Anthroposophie», Aufsatz «über die Präzisionsbewegung», Dornach 1980. Siehe dort auch Genaueres über den Unterschied von «Zeichen» und «Sternbild».

67 J. Schultz, «Rhythmen der Sterne», Dornach 1985.

68 Siehe vorhergehende Anmerkung

69 Im Vortrag vom 21.1.1917 (GA 174) spricht Rudolf Steiner auch davon, dass jeder Mensch nach dem Tode in der Richtung *nach Osten* in die geistige Welt eingeht.

70 Diesen Titel trägt die erste und bedeutendste Arbeit Jakob Böhmes, deren okkulte Bedeutung erklärend Rudolf Steiner sagt: «Was ist die ‹Morgenröte im Aufgang› für Initiierte? Die ‹Morgenröte im Aufgang› ist die Veranlassung zu kosmischer Erinnerung an das Schauen der Sonne um Mitternacht hinter der Erde, bedeckt von der Erde, durchglimmend durch die Erde» (GA 236, 27.6.1924).

71 Wenn hier im Zusammenhang mit dem Übergang von der Waage zur Jungfrau (von den Hierarchien aus betrachtet: von den Geistern der Bewegung zu den Geistern der Weisheit) als von einem Übergang «aus den mit der Erde verbundenen Planetenbereichen in den Wirkensbereich der Fixsterne» gesprochen wird, so ist das Folgende zu beachten: In der zwölfgliedrigen Tierkreissphäre haben wir seit etwa der Mitte der atlantischen Zeit sieben «helle» und fünf sogenannte «dunkle» Zeichen (von der besonderen Bedeutung des Waage-Zeichens wird noch gesprochen werden). Diese Einteilung in einen hellen und einen dunklen Bereich hängt damit zusammen, dass zum «hellen» Bereich diejenigen Zeichen gerechnet werden, deren Kräfte auch innerhalb des Planetensystems die ihnen ursprünglich eignende «Sternen»-

Gesetzmäßigkeit bewahrt haben, während die «dunklen» Zeichen nicht über eine solche geistige Kraft verfügen und sich infolgedessen unter gewissen Bedingungen durch die Vereinigung mit den Kräften bestimmter Planeten innerhalb des Planetensystems modifizieren können. So bewahren die «hellen» Zeichen *unter allen Bedingungen* die – zwölfgliedrige – «Sternen»-Gesetzmäßigkeit, die «dunklen» hingegen können auch der – siebengliedrigen – «Planeten»-Gesetzmäßigkeit folgen. Das alles hängt unmittelbar mit dem verschiedenartigen Wirken der Hierarchien in unserem Kosmos zusammen, einerseits dem Wirken der Geister der Weisheit, sowie der über ihnen stehenden Hierarchien, und andererseits mit dem Wirken der unter ihnen stehenden vom Rang der Geister der Bewegung an (s. Genaueres auf S. 68).

72 Rudolf Steiner sagte einmal, dass die Menschengestalt die einzige Imagination sei, welche auch mit sinnlichen Augen geschaut werden könne. Dieser Hinweis wirft ein Licht auf den Gehalt der Seitenteile des südlichen rosa Fensters, auf denen in einem Menschenantlitz die Metamorphose des Westportals als eine kräftig entwickelte Pflanzenform anstelle der zweiblättrigen Lotusblume dargestellt ist. Unter den Abbildungen steht: «Ich schaue den Bau» sowie *«Und der Bau wird Mensch»*. Das Letztere können wir noch besser verstehen, wenn wir beachten, dass auch das erste Goetheanum, ähnlich der Menschengestalt, in seinen plastisch-künstlerischen Formen eine physisch sichtbare Imagination war. Und so kann im selben Sinn, wie der Apostel Paulus den physischen Leib des Menschen (das heißt seine äußerlich sichtbare Gestalt) einen Tempel nannte, in welchem der Heilige Geist wohnt (siehe 1. Kor 6,19), auch das Goetheanum ein Tempel genannt werden, als Ort der neuen Geistesoffenbarung.

73 Der Legende nach erhielt Hermes (Merkur) den Caduzeus vom Sonnengott Apollon (das heißt aus der Sonnensphäre).

74 Eine solche vierstufige Form des Merkurstabs führt Rudolf Steiner im Vortrag vom 28. März 1910 (GA 119) an.

75 Die oben erwähnte Form des Merkurstabs entsteht beim «Lesen» der okkulten Schrift der farbigen Glasfenster, deren

Bedeutung sich jedoch nur erschließt, wenn die Fenster in der Reihenfolge betrachtet werden, die der inneren Bewegung des Caduzeus entspricht. (Hier können wir nur kurz darauf hinweisen, da die mit den Fenstern verbundenen Geheimnisse Thema einer gesonderten Untersuchung wären.) Den Ausgangspunkt des Weges bildet das rote Fenster, das in Richtung von West nach Ost unseren Gang durch das Goetheanum, der Mittelachse des Caduzeus entlang, von den ersten Erfahrungen des individuellen Ich bis zum Erleben des schauenden Ich («Ich schaue») bestimmt. Um diese Achse entstehen die vier Windungen des Merkurstabs, die von zwei sich verflechtenden Linien gebildet werden und den Gehalt der einzelnen Fenster miteinander verbinden. Wir betrachten sie nun nacheinander, obwohl sie im Goetheanum selbst gleichzeitig angeschaut werden müssen.

I. Das Wirken Luzifers im Innern des Menschen – grünes Fenster im Süden. Infolge des Eindringens der luziferischen Kräfte durch den sogenannten «Sündenfall» wurden einerseits im Menschen allmählich alle höheren, übersinnlichen Quellen des Seelenlebens verschlossen (die Welt der Sphärenharmonien, die das Seelenleben gestalteten), andererseits verlor er die Fähigkeit, die geistige Welt, welche auf dem Grunde seiner Sinnesorgane wirkt, zu schauen. Gleichzeitig löste sich für sein Denken (und teilweise auch sein Fühlen) die Verbindung mit dem Urquell der kosmischen Intelligenz, die sich in alten Zeiten in den Menschen ergossen hatte, wie das im mittleren Teil des nördlichen blauen Fensters dargestellt ist, was zur Folge hatte, dass das Denken des Gegenwartsmenschen nicht weiter als bis zu den Grenzen der Sinnesorgane in die objektive Welt eindringen kann. Vermag der Mensch jedoch infolge seiner inneren Entwicklung Luzifer in der Seele zu besiegen (die beiden Seiten des grünen Fensters), dann nimmt er ihm die Möglichkeit, auf *unrechtmäßige* Weise die Kräfte der Beweglichkeit der Planeten (die Sphärenharmonie) zu nutzen, mit deren Hilfe er danach trachtet, die Auflösung der physischen Erde zu bewirken. Die von der luziferischen Macht nicht berührten göttlichen Planeten-

kräfte sowie die geistigen Kräfte, die auf dem Grunde der Sinnesorgane ruhen, sind auf dem blauen Fenster im Norden dargestellt. Da wird dem Menschen der Zugang zum Urquell seines gereinigten und verwandelten Denkens erschlossen. Denn das irdische Denken ist der letzte Abglanz des vorgeburtlichen kosmischen Lebens, das dem Menschen gewöhnlich durch Luzifer vorenthalten wird (violettes Fenster im Süden). Auf dem letzten Fenster dieser Reihe ist die Begegnung des Menschen mit dem ätherischen Christus dargestellt, durch die er die Kräfte zum endgültigen Sieg über die Macht Luzifers und zu ihrer Verwandlung zum Guten empfängt – pfirsichfarbenes Fenster im Norden (s. GA 145, 28.3.1913).
II. Das Wirken Ahrimans in der den Menschen umgebenden Natur – grünes Fenster im Norden. Wendet sich der Mensch bewusst der Geistessonne zu (rechter Teil), dann betritt er den Weg der Befreiung von der Macht Ahrimans in seinem Willensbereich. Er wird allmählich frei und schöpferisch – Seitenteile des blauen Fensters im Süden. Ahriman verliert die Möglichkeit, auf *unrechtmäßige* Weise die Kräfte der Fixsterne (des Tierkreises), die er sich angeeignet hat, zu nutzen und mit ihrer Hilfe das Erdensein in die Verhärtung (den Tod) zu führen. Es tritt ein höheres Gleichgewicht zwischen der oben beschriebenen Tendenz des «Verfließens» und der des «Verhärtens» durch das erste Goetheanum als Ganzes in Erscheinung (s. GA 184, 21.9.1918). Die reinen, von allem Ahrimanischen freien Sternenkräfte sind im mittleren Teil des blauen Fensters dargestellt. Durch eine solche Befreiung seines Willens eröffnet sich dem Menschen der Zugang zu Welten, die ihm sonst vollkommen von Ahriman verschlossen werden: die Welten des nachtodlichen Seins (violettes Fenster im Norden). Das Eindringen in diese Welten in rückläufiger Richtung führt den Menschen zum Erleben der Weltenmitternacht und zugleich zum Schauen seines wahren, von den Kräften des kosmischen Christus durchdrungenen Ich. Dank dieser Kräfte kann er die Macht Ahrimans in seinem Willen nun endgültig besiegen. Die Materie wird für ihn geistig durchsichtig. Er befreit sich von ihren zersetzenden, tod-

bringenden Kräften (ein schädelartiges Gebilde links unten), vereinigt sich mit der Welt der übersinnlichen, von Christus geführten Wesenheiten und tritt nun wirklich in dessen Sonnenreich ein, zu dem Ahriman keinen Zutritt hat – pfirsichblütfarbenes Fenster im Süden. So haben wir in den Motiven der beiden letzten, pfirsichfarbenen Glasfenster einen Hinweis auf die beiden hauptsächlichen Möglichkeiten, die Christus-Wesenheit heute zu erleben: in der kosmischen Sphäre der *Intuition* (s. GA 13) und in der der Erde nahen Sphäre der *Imagination* oder ätherischen Welt (s. GA 118). Im südlichen Fenster sind die Erlebnisse des modernen Einweihungsweges dargestellt; links der Eintritt des Menschen in die Welt der Imagination (das Bewahren des Wachbewusstseins während des Schlafes); rechts der Eintritt in die Welt der Inspiration (die Menschengestalt mit der Leier in den Händen). Im Mittelteil sodann ist das Erleben des kosmischen Christus durch den Geistesschüler in der Intuition dargestellt. Im Zentralteil des nördlichen Fensters sehen wir die Begegnung des Menschen mit dem ätherischen Christus (Pflanzenformen weisen auf die der Erde benachbarte Äthersphäre). Zu dieser Schau gelangt der Mensch nicht infolge okkulter Entwicklung, sondern durch die sich ihm gleichsam auf natürliche Weise ergebende neue Fähigkeit des ätherischen Hellsehens. Auf die «natürliche» Herkunft desselben weist die Gestalt des *hinter* dem Menschen stehenden Schutzengels, der ihn zu diesem Erleben führt. (Über die karmischen Voraussetzungen, die beim heutigen Menschen die Fähigkeit des ätherischen Hellsehens und die Möglichkeit, den ätherischen Christus zu schauen, hervorrufen, spricht Rudolf Steiner im Vortrag vom 14. April 1914 (GA 153.) Auf den Seitenteilen sind sodann die Folgen des physischen und ätherischen Mysteriums von Golgatha für die künftige Erd- und Menschheitsentwicklung dargestellt. (Vgl. mit GA 145, 28.3.1913.) So findet der Mensch, der sich im Goetheanum, vom inneren *Ich-Erleben* geleitet, von Westen nach Osten bewegt, in den Motiven der Glasfenster in Form eines Caduzeus das Abbild der Metamorphose seines *Denkens* und *Wollens,* die ihn, sich von den Widersachermächten Luzifer und Ahriman befreiend, zum bewussten *Schauen* der Christus-Wesenheit führen: «Ich schaue» (s. GA 194, 23. und 28.11.1919).

76 Siehe A. Turgenieff: «Rudolf Steiners Entwürfe für die Glasfenster des Goetheanum», Dornach 1961.

77 Nach diesem Prinzip des «Gleichgewichts» (Waage) waren im Wesentlichen *alle* Fenster des großen Kuppelraumes angebracht, die man von dem genannten Standpunkt aus kurz folgendermaßen charakterisieren kann:

	Süden	–	*Norden*
grünes Fenster:	Luzifer	–	Ahriman
blaues Fenster:	Welt der Sterne	–	Welt der Planeten
violettes Fenster:	Ungeborenheit	–	Unsterblichkeit
«rosa» Fenster:	Wachen	–	Schlafen
	(höheres Bewusstsein)		

78 Die Beziehung der Geister der Bewegung zum Element des *Lebens*, wovon hier gesprochen wird, widerspricht nicht der Tatsache, dass der Äther- oder Lebensleib auf der alten Sonne von den Geistern der Weisheit den Menschen gegeben wurde, während die Geister der Bewegung sie auf dem alten Mond mit dem Astralleib begabten. Denn hier handelt es sich um eine Art «geistiger Verschiebung», ähnlich der, wovon schon im zweiten Kapitel gesprochen wurde (s. S. 57 f.). So wurde zum Beispiel auf dem alten Saturn die Grundlage für den physischen Leib des Menschen von den Geistern des Willens (den Thronen) gelegt. In der Folgezeit jedoch pflegten und entwickelten die Geister der Weisheit diesen Keim weiter: daher die wunderbare *Weisheit* im Bau und in der Organisation des physischen Leibes. Auf der alten Sonne empfing der Mensch seinen Ätherleib von den Geistern der Weisheit. In seiner *Lebendigkeit* und Regsamkeit wurde er jedoch weiterhin von den Geistern der Bewegung aufrechterhalten, die dann später auf dem alten Mond den Menschen ihren Astralleib schenkten, der nun von den Geistern der Form unterhalten wurde, wodurch sich auch die spätere Ausgießung der Ich-Substanz vorbereitete. Schließlich

wird zur Zeit der Erdenverkörperung das von den Geistern der Form verliehene Menschen-Ich zunächst von den Geistern der *Persönlichkeit* geführt und gepflegt. Daher ihr Name, der die Beziehung zum Persönlichkeitsprinzip zum Ausdruck bringt. – Außerdem wird das hier aufgezeigte Verhältnis noch durch die Tatsache erhärtet, dass das niederste Glied der Geister der Bewegung dasjenige ist, dem beim Menschen der Lebensgeist entspricht, der im Laufe der Umwandlung seines *Ätherleibes* entsteht.

79 Und ebenso liegt in der Malerei von großer und kleiner Kuppel des ersten Goetheanum der Versuch vor, die Goethe'sche Farbenlehre künstlerisch zu verwirklichen.

80 Die Gründe dafür liegen nicht nur bei Goethe, sondern – und vielleicht vor allem – bei der Tatsache, dass er noch in der Epoche des Kali Yuga lebte, wo ein bewusstes Betreten der geistigen Welt nur auf den höheren Stufen der Einweihung möglich war. Diese Situation änderte sich jedoch vollständig nach dem Ende des Kali Yuga. Deshalb spricht Rudolf Steiner von der Notwendigkeit, in unserer Zeit einen Weg zu finden, der von dem *Idealismus* vom Ende des 18. bis zum Beginn des 19. Jahrhunderts (er nennt in diesem Zusammenhang Hegel, Fichte, Schelling und *Goethe*) zum *Spiritualismus* des 20. Jahrhunderts führt, das heißt zur Anthroposophie: «In Wahrheit aber muss eingesehen werden, dass der Idealismus Mitteleuropas, so wie das Kind zum Manne, sich entwickeln muss zum Spiritualismus ...» (GA 174b, 13.2. 1915).

81 Im Vortrag vom 27.3.1915 (GA 161) charakterisiert Rudolf Steiner dieses auch als «Kopfhellsehen», das allein «für unsere Zeit am angemessensten ist».

82 Den genannten Prozess des Aufsteigens in Richtung von West nach Ost, aus dem Reich der Geister der Form in das Reich der Geister der Bewegung und dann in das Reich der Geister der Weisheit, finden wir im östlichen Teil der Malerei der großen Kuppel in dem dreifachen Motiv dargestellt, das zugleich das Geheimnis des I-A-O ausdrückt, das Geheimnis des Sonnenmenschen.
Dieses dreifache Motiv wird bezeichnet:

Das I – «Gottes Zorn und Gottes Wehmut»
Das A – «Der Reigen der Sieben»
Das O – «Der Kreis der Zwölf»

(Hilde Raske, «Das Farbenwort», Stuttgart 1983). In diesen drei Motiven kann man das Folgende erleben: Im ersten den Impuls aus der Sphäre der Geister der Form, der durch das auf die Erde gerichtete allsehende Auge des Jahve-Eloah dargestellt ist; im zweiten den Reigen der sieben Elementargeister, die in der elementarischen Welt die auf die sieben Planetensphären verteilten Impulse der Geister der Bewegung widerspiegeln; und im dritten das Abbild der zwölffachen Weisheit, die der ganzen menschlichen Entwicklung zugrunde liegt. Wenn wir nun noch die Bedeutung des I-A-O als Ausdruck «des denkenden, fühlenden, wollenden Ich» hinzunehmen (ebd., S. 122), dann haben wir die drei Hauptstufen der modernen Einweihung. Sie bestehen darin, dass man, vom *Denken*, das vom Ich-Impuls durchdrungen ist, ausgehend, bewusst im *Fühlen* und *Wollen* erwacht. (Dem entsprechen in «Wie erlangt man Erkenntnisse der höheren Welten?» die Stufen der Vorbereitung, Erleuchtung und Einweihung.) Dann eröffnet sich uns aus den Kräften des geistig erkennenden Ich (I) die Möglichkeit, durch das Erleben der siebenfachen Gesetzmäßigkeit der Planeten in unserem «erwachten Fühlen» (A) und der zwölffachen Gesetzmäßigkeit der Fixsterne in unserem «erwachten Willen» (O) allmählich bewusst in den Makrokosmos aufzusteigen (siehe Vortrag vom 31. Dezember 1922 in GA 219).

83 Beim Anschauen des kleinen Kuppelraumes mit seinen zwölf Säulen, zwölf Thronen sowie den Bildern der zwölf Eingeweihten und mit dem Dreizehnten im Zentrum, in deren Mitte die plastische Gruppe, taucht vor der Seele die Imagination des Kreises der zwölf Bodhisattvas auf, welche die kosmische Christus-Wesenheit in der Buddhi-Sphäre umgeben. (Diese Imagination beschreibt Rudolf Steiner in den Vorträgen: GA 107, 22.3.1909; GA 113, 31.8.1909; GA 114, 21.9.1909; GA 116, 25.10.1909.) Von den zwölf Bodhisattvas vollendeten sechs ihre Mission *vor* dem Mysterium von Golgatha. Ihre

Aufgabe war es, die Menschheit davor zu bewahren, den luziferischen Kräften zu stark zu verfallen (ihre Throne stehen deshalb auf der südlichen Seite, das heißt links von der zentralen Christus-Gestalt); die sechs übrigen haben ihre Mission *nach* dem Mysterium von Golgatha zu vollbringen. Ihre Aufgabe wird sein, die Menschheit in der Zukunft davor zu bewahren, den Kräften Ahrimans zu stark zu verfallen (ihre Throne stehen deshalb auf der Nordseite, das heißt *rechts* von der Christus-Gestalt).

Eine solche Stellung der Throne im Verhältnis zur plastischen Gruppe in ihrer Mitte weist auch auf das Geheimnis hin, dass die Menschheit in den alten Kulturen, welche sich geographisch in den wärmeren (südlichen) Gebieten befanden, hauptsächlich von luziferischen Wesenheiten verführt wurde; wohingegen sich die Kulturentwicklung in der Zukunft, die jedoch schon heute beginnt, allmählich in die nördlicheren Gebiete der Erde verlagern wird, und es werden ahrimanische Wesenheiten als die hauptsächlichen Verführer auftreten (s. GA 193). Insoweit aber der Kreis der zwölf Bodhisattvas zur Zeit der Ereignisse von Palästina durch die zwölf Jünger, die den Christus Jesus während seines Erdenlebens umgaben, im Physischen abgebildet wurde, besteht in der malerischen und kompositionellen Gestaltung des kleinen Kuppelraumes eine deutliche Beziehung zu dem Mysterium des Abendmahls, indem es dessen künftigen, *spirituellen* Einfluss auf die Erdenentwicklung darstellt. Dieser Zusammenhang des Goetheanum mit dem spirituellen Wesen des Abendmahls äußert sich vor allem darin, dass der Christus während desselben den Jüngern, welche in diesem Augenblick die gesamte Menschheit repräsentierten, das Geheimnis seiner Sonnennatur offenbarte sowie die Tatsache, dass die Erde in der Zukunft – als Folge des auf ihr vollzogenen Mysteriums von Golgatha – eine neue moralische Welten-Sonne werden wird. (Siehe das Ende des 1. und 3. Kapitels und Anmerkung 97.) – Über den Zusammenhang zwischen dem Kreis der zwölf Bodhisattvas in der Buddhiwelt mit den zwölf Jüngern spricht Rudolf Steiner im Vortrag vom 28. August

1923, wobei er darauf hinweist, dass die Christus-Wesenheit während ihres Lebens auf der Erde «… umgeben war von der zwölffachen Bodhisattva-Wirkung, was angedeutet ist, aber eben auch wirklich ist, in der Umgebung des Christus durch die zwölf Apostel» (GA 227).

84 Der hier beschriebene Gang vom Westportal durch den Raum der großen Kuppel zum Raum der kleinen als Übergang von der *formbildenden* Gesetzmäßigkeit zur inneren Aktivität und *Bewegung*, sodann zu ihrer darauffolgenden Umwandlung in die höhere *Weisheit* ist mit besonderer Klarheit in den drei plastischen Motiven ausgedrückt, die sich über dem Westeingang, dem Bühnenbogen und der Ostseite der kleinen Kuppel, über der Skulpturgruppe, befinden (siehe Darstellung dieser drei Motive in: H. Raske, «Das Farbenwort», S. 258). Die oben erwähnte dreifache Metamorphose entspricht auch den drei Evolutionsstufen von Form, Leben und Bewusstsein.

85 Dieses Erlebnis tritt sofort nach der Abtrennung des Ätherleibes ein.

86 In einem anderen Vortrag gebraucht Rudolf Steiner bei der Beschreibung eines ähnlichen Prozesses anstelle des Wortes «Weisheit» das Wort «Bewusstsein». Er sagt: «Mit dem Tode tritt nicht ein Mangel des Bewusstseins ein, das Gegenteil tritt ein. Ein Zuviel, eine Überfülle des Bewusstseins ist da, wenn der Tod eingetreten ist» (GA 159, 19.2.1915).

87 Natürlich sind im Goetheanum nicht nur die ersten, sondern auch alle weiteren Erlebnisse der Seele nach dem Tod dargestellt. In diesem Falle wurde jedoch ein bestimmter Aspekt gewählt, der nur eine Seite charakterisiert.

88 Hier ist zu beachten, dass unser gewöhnliches, alltägliches (Gegenstands-)Denken vom Gesichtspunkt seiner Unbeweglichkeit, seines schattenhaften Charakters und seiner geringen Intensität nur mit unseren (im Vergleich zu den Eindrücken der Sinnesorgane) sehr blassen Erinnerungsbildern verglichen werden kann.

89 Das «Allumfassende» beruht stets auf dem weltumfassenden Zwölfheitsprinzip.

90 Das Erwachen der schlafenden Isis wird nur dann geschehen, wenn eine genügend große Anzahl von Anthroposophen diejenige Stufe in der Entwicklung des Menschen-Ich erreicht, die in der Sprache der Sternenschrift dem Übergang aus dem Bereich der Waage in den der Jungfrau entspricht (siehe dazu weiter unten).

91 In dem bereits erwähnten Buch von A. Turgenieff (s. Anm. 76) werden zwei Zeichnungen aus einem Notizbuch von Rudolf Steiner aus dem Jahre 1913/14 angeführt. (Sie befinden sich unmittelbar nebeneinander.) Die linke ist eine vorbereitende Skizze für die Zentralgestalt des roten Westfensters, während die rechte den *gegenwärtigen Zustand* des Übergangsprozesses der Waage aus dem dunklen («Planeten»-)Teil des Tierkreises in den hellen («Sternen»-)Teil charakterisiert. Aus der letztgenannten Zeichnung geht mit aller Klarheit der «Doppel»-Charakter der Waage in unserer Zeit hervor, die einerseits noch mit dem «Skorpion-Adler» (dem Bereich der Geister der Form – Westportal des Goetheanum) und andererseits mit der «Jungfrau» (Bereich der Geister der Weisheit – kleiner Kuppelraum) verbunden ist und durch sie mit den anderen «aufsteigenden» Zeichen.

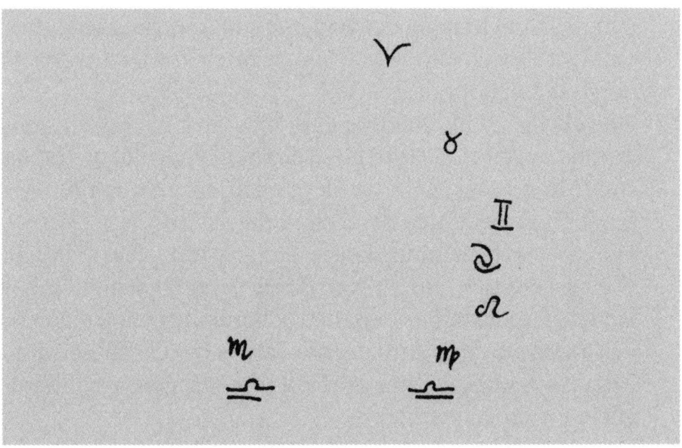

(Notizbuchzeichnung von Rudolf Steiner)

92 Vom Gesichtspunkt der kosmischen Beziehung der Sonne zur Erde sowie deren Verwandlung durch das Mysterium von Golgatha kann man auch sagen: Die erste Stufe ist eine Erinnerung an die alte Trennung der Sonne von der Erde. Die zweite Stufe betrifft den Prozess, wie die Erde allmählich durch das Mysterium von Golgatha wieder eine Sonne wird. Und die dritte Stufe stellt die Vollendung dieses Prozesses dar, der in der abermaligen Vereinigung der Sonne mit der vergeistigten Erde zum Ausdruck kommt.

93 Das hier über diese Konstellation Gesagte kann ein zusätzliches Licht auf ihre Beziehung zur Einweihung des Buddha im 6. Jahrhundert v. Chr. (s. S. 61) werfen. Denn die oben angeführten drei Entwicklungsstufen des Ich im Aspekt der Waage beziehen sich in erster Linie auf die atlantische, die nachatlantische und auf die sechste große Epoche («Wurzelrasse»), von der an in der ganzen Menschheit sich die ersten Keime des Geistesmenschen entwickeln werden (s. GA 126, 29.12.1910). Es spiegeln sich jedoch nach einem geistigen Gesetz die großen Epochen in den kleineren, in diesem Falle den Kulturepochen (s. GA 152, 7.3.1914). So findet die atlantische Epoche ihre Widerspiegelung in der griechisch-lateinischen Kulturepoche, die gesamte nachatlantische jedoch – bis zu einem gewissen Grade – in der gegenwärtigen und die sechste in der slawisch-germanischen Epoche. Wie bekannt, entwickelt die Menschheit im Laufe dieser drei Kulturepochen nacheinander die Verstandes- oder Gemütsseele, die Bewusstseinsseele und das Prinzip des Geistselbstes (s. GA 103, 30.5.1908). Diesen drei Entwicklungsstufen entsprechen aber auch die drei Hauptstufen des Ich-Werdens: Das «Aufsteigen» des Ich in der vierten Kulturepoche – Rudolf Steiner nennt dessen Wirken darin das «Weben des Ich im Ich» (s. GA 126, 31.12.1910) –, wobei die hervorragendsten Geister (z. B. Aristoteles) schon die Entwicklung zur Bewusstseinsseele vorausnahmen (s. GA 240, 19.7.1924). Später eröffnet sich in der Epoche der Bewusstseinsseele erstmals die Möglichkeit, sich dem Geistselbst zuzuwenden; die Vereinigung mit ihm soll das individuelle Ich in der sechsten Kulturepoche zurück

in die geistige Welt führen. – So bedeutete die Konstellation des Merkur in der Waage im Zusammenhang mit dem Buddha die Grundlegung der ersten Elemente der Bewusstseinsseele in der Epoche der Verstandes- oder Gemütsseele (das heißt das Fortschreiten vom Skorpion-Adler zur Waage). Darüber äußert sich Rudolf Steiner folgendermaßen: «Wenn dieser Bodhisattva wirklich der Buddha der vierten nachatlantischen Kulturepoche werden sollte, dann musste er etwas Zukünftiges bringen. Jetzt wird der Mensch durch seine Bewusstseinsseele, wenn sie sich entwickeln wird, reif werden, nach und nach aus sich selbst das zu erkennen, was der Buddha als einen großen Anschlag gegeben hat. Es musste der Buddha in der Zeit, wo die Menschen nur erst die Verstandes- oder Gemütsseele entwickelt hatten, schon die Bewusstseinsseele entwickelt haben ... der Buddha hatte die Aufgabe, im fünften bis sechsten Jahrhundert vor unserer Zeitrechnung die Bewusstseinsseele hineinzutauchen in die menschliche Organisation» (GA 116, 25.10.1909). – In unserer Zeit, nach dem Mysterium von Golgatha, bedeutet diese Konstellation die Grundlegung der ersten Elemente des Geistselbstes in der Epoche der Bewusstseinsseele (das heißt das Fortschreiten von der Waage zur Jungfrau). Dieses Geistselbst, das erst in der sechsten Kulturepoche zu seinem deutlicheren Ausdruck kommen wird, wird dann für den Geistesschüler auch die Möglichkeit eröffnen, bis zum Geistesmenschen zu wirken, so wie er heute nur bis zum Lebensgeist zu wirken vermag, denn höher kann in unserer Zeit allein ein Meister aufsteigen (GA 93a, 24.10.1905).

94 «Die Geheimwissenschaft im Umriss» (GA 13), Kapitel «Die Erkenntnis der höheren Welten» und Vortrag vom 24. Juni 1909 (GA 112).

95 In der Fassung der Grundstein-Meditation, die am 13. Januar 1924 veröffentlicht wurde, steht nicht «sich gestaltet», sondern «sich formet».

96 Aus derselben Sphäre ist auch Anthropos-Sophia auf die Erde gekommen, welche die hohe Weltenweisheit vom menschlichen Sein als Ich-Sein darstellt. Diese Weltenweis-

heit (eine Gabe der Kyriotetes) und das menschliche Ich-Sein (eine Gabe der Exusiai) werden aber unaufhörlich durch die kosmischen Kräfte der Waage von den Geistern der Bewegung oder Dynamis zu einem einigen Sonnenganzen oder zur *Anthroposophie* verbunden.

97 Daraus folgt, dass allein der Anblick des ersten Goetheanum und mehr noch das innerliche Sich-Einleben in seine Formen, seine Malerei und Plastik zum Erwachen der geistigen Kräfte in der Menschheit führen musste, welche dazu beitragen werden, dass sich die Erde allmählich zu einer *neuen moralischen Sonne* im Weltall entwickeln kann. Mit diesem Prozess ist auch die zukünftige physische Vereinigung der Erde mit der Sonne verbunden, die gegen Ende der sechsten großen, auf unsere «nachatlantischen» Epochen folgenden Entwicklungsperiode geschehen wird. (Siehe dazu S. O. Prokofieff, «Und die Erde wird zur Sonne», Arlesheim 2012.) – In den Seelen der Menschen solche Kräfte hervorzurufen, die in unserer Zeit dieses kosmische Ereignis vorbereiten, war auch der Sinn des ersten Goetheanum. Daher haben wir in seinen Formen die künstlerisch-architektonische Verkörperung des Sonnen-Tempels der neuen Mysterien, auf den Goethe in seinem «Märchen» und Rudolf Steiner in seinem Mysteriendrama «Die Pforte der Einweihung» (GA 14) prophetisch hinweisen. (Siehe den unter seiner Anleitung geschaffenen Vorhang zu den Mysteriendramen und die Illustrationen zu Goethes «Märchen von der grünen Schlange» von Hermann Linde, Basel 1972.)

98 Siehe zum Beispiel «Die Sprüche Salomos», Kapitel 8 und 9; und das Buch Hiob, Kapitel 28.

99 Stuttgart 1994.

100 Später gab man in den ersten christlichen Gemeinden auch der salomonischen Maria diesen Namen, da sich im Augenblick der Taufe Jesu im Jordan die Entelechie der lukanischen Maria aus der geistigen Welt heraus mit ihr vereinigte, wodurch die lukanische Maria deren Seele den unmittelbaren Zugang zur kosmischen Sophia-Sphäre eröffnete (s. GA 114, 19.9.1909).

101 Apok 21,2 und 9; 22,17.

102 Von der besonderen Stellung des Waage-Bereichs in diesem Zusammenhang wurde in dieser Arbeit bereits gesprochen (s. S. 62 f.).

103 Vergleiche mit den Worten Rudolf Steiners auf S. 64. – Ein Nachklang dieser gnostischen Lehre findet sich auch in dem mystischen Gedicht «Anticlaudian» von Alanus ab Insulis, wo davon gesprochen wird, dass die Göttin Natura, um den neuen «göttlichen Menschen» zu schaffen, ihre Gehilfin «Klugheit» zur Unterstützung in die höheren geistigen Sphären sendet, die sich, nachdem sie dort eingetreten ist, in die Sophia verwandelt.

104 Wie bereits auf S. 68 gesagt, wird im Waage-Bereich, obwohl dieser schon zum Leib des «Mystischen Lammes» gehört, das *Gleichgewicht* zwischen den planetarischen und den Sternenkräften hergestellt. Das heißt, in der Waage wirken bereits *beide* Gesetzmäßigkeiten.

105 Siehe ausführlicher zur himmlischen Sophia in S. O. Prokofieff, «Die himmlische Sophia und das Wesen Anthroposophie», Dornach [2]1998.

106 Siehe zum Beispiel Vortrag vom 4. 11. 1904 (GA 93) und Vortrag vom 25. 3. 1907 (GA 96).

107 Siehe dazu auch: «S. O. Prokofieff, «Das Rätsel des menschlichen Ich. Eine anthroposophische Betrachtung", Dornach [2]2013.

108 Deshalb gibt Rudolf Steiner in den späteren Ausgaben der «Geheimwissenschaft im Umriss» der letzten Stufe des Einweihungsweges keinen besonderen Namen mehr (anders, als es in früheren Ausgaben der Fall war – «Seligkeit in Gott»), sondern nannte sie nur eine Zusammenfassung des auf den *vorhergehenden Stufen Erreichten:* «Das Gesamterleben der vorherigen Erfahrungen als eine Grundseelenstimmung.»

109 Durch die Hilfe hierarchischer Wesenheiten kann der Bodhisattva selbstverständlich auch aus noch höheren geistigen Sphären Offenbarungen empfangen.

110 Dem geistigen Sinn nach kann man «Dhyani-Buddha» mit «übermenschlicher» oder «göttlicher» Buddha übersetzen.

In GA 15 werden die Engel als «niedere dhyanische Wesenheiten» bezeichnet.

111 Auf diese Beziehung des Manu zum Tierkreisbereich der Jungfrau weist mehr indirekt seine Verbindung mit den geistigen Kräften und Wesenheiten des Planeten der Weisheit, des Jupiter, hin. Diese Beziehung trat besonders während seiner letzten irdischen Verkörperung unter dem Namen Melchisedek in Erscheinung. Rudolf Steiner beschreibt diese Inkarnation so, dass in ihr der Manu nicht alle seine kosmischen Kräfte offenbarte, sondern nur den Teil derselben, der in jener Zeit von Abraham und den anderen Mitgliedern des althebräischen Volkes wahrgenommen werden konnte (s. GA 109, 15.2.1909). Und das bedeutet, dass er sich in seiner Verkörperung als Melchisedek nicht der höheren Sternenkräfte der Weisheit (Jungfrau) bediente, sondern nur ihrer Widerspiegelung in der Planetensphäre des Jupiter. Davon zeugt schon sein Name «Melchisedek» oder «Malki-Zedek», was übersetzt aus dem Althebräischen zugleich «König der Gerechtigkeit» und «König des Jupiterreiches» bedeutet (s. auch Anm. 113).

112 Siehe den Text der Grundstein-Meditation in GA 260.

113 S. GA 103, 30.5.1908 (Morgenvortrag). – Zu dieser Zeit wird, durch den ersten «menschlichen Manu», abermals ein Übergang vollzogen werden, nun jedoch in *umgekehrter Richtung* und auf einer anderen Ebene, der dem ähnlich sein wird, den einst der letzte «übermenschliche Manu» herbeiführte, welcher beim Übergang von der atlantischen zur nachatlantischen Zeit die Menschheitsführung innehatte und in engerem Sinne auch beim Übergang von der letzten Kulturepoche der alten Atlantis (der mongolischen) zur ersten nachatlantischen Epoche (der altindischen) oder von der Entwicklung des physischen Leibes zu der des Ätherleibes. Das geschah so, dass der Manu, der selbst bereits bis zu einem gewissen Grade das Prinzip des Geistesmenschen entwickelt hatte (den verwandelten *physischen Leib),* seinen fortgeschrittensten Schülern (den sieben heiligen Rishis) die sieben am weitesten entwickelten *Ätherleiber* der Atlan-

tier verlieh und so den Übergang von der «physischen» zur «ätherischen» Entwicklung vollzog. Ähnliches wird in der Zukunft der erste «menschliche» Manu vollbringen, der die Menschheit aus der Epoche, die unter dem Zeichen des Herabkommens des Lebensgeistes (des umgewandelten Ätherleibes) stehen wird, in die Epoche unter dem Zeichen des Geistesmenschen führen wird (des umgewandelten physischen Leibes). – Deshalb besteht auch ein gewisser innerer Parallelismus zwischen den Worten, mit denen diejenigen, die um das Geheimnis wussten, das sich hinter dem Namen dieses übermenschlichen Wesens (Manu) verbirgt, in den ersten christlichen Jahrhunderten von Melchisedek sprachen, und den Worten, in denen Rudolf Steiner jene hohe Stufe der menschlichen Entwicklung charakterisiert, die einstmals einer der irdischen Eingeweihten erreichen soll, um in der siebenten Kulturepoche der erste «menschliche Manu» zu werden, der Führer der Menschheit von der fünften zur sechsten Wurzelrasse. So schreibt der Apostel Paulus, der das Geistgeheimnis Melchisedeks kannte: «Ohne Vater, ohne Mutter, ohne Geschlecht, und hat weder Anfang der Tage noch Ende des Lebens; er ist aber verglichen dem Sohn Gottes und bleibt Priester in Ewigkeit» (Hebr 7,3). Und von dem Eingeweihten, der aus den Kräften des Geistesmenschen heraus die volle Macht über seinen Lebensgeist erlangt und dadurch die Menschheit aus der Epoche des «Buddhi» in die des «Atma» zu führen vermag, aus der Epoche des Wirkens der Waage-Kräfte in die des Wirkens der Kräfte der Jungfrau, sagt Rudolf Steiner: «Er wird seine volle Macht über diese Waage des Tierkreises erlangen, wenn er sein Ich durchgedrückt hat bis zum Atma oder Geistesmenschen [Jungfrau]. Da wird er ein Wesen sein, das etwas ausströmt, *das aus dem Stadium der Zeit in das Stadium der Dauer, der Ewigkeit, übergeht»* (GA 102, 27.1.1908).

114 Diese Beziehung lässt auch erkennen, dass mit der Bodhisattva-Stufe eine *teilweise* Verwirklichung des Geistselbst-Prinzips im Irdischen verbunden ist, mit der Buddha-Stufe

eine teilweise Entwicklung des Lebensgeistes und mit der Stufe des Dhyani-Buddha (Manu) des Geistesmenschen.

115 Zur «Mutter-Loge» der Menschheitsführung in der Sonnensphäre siehe in «Der Jahreskreislauf als Einweihungsweg zum Erleben der Christus-Wesenheit. Eine esoterische Betrachtung der Jahresfeste», Teil 1, Kapitel 3, Stuttgart ^{3}1996.

116 Deshalb galt Marduk-Michael schon im alten Babylonien aus der Kenntnis dieses Mysteriums als Sohn der Sophia (s. GA 243, 11.8.1924).

117 Bevor die kosmische Intelligenz zur Erde herabkam, verwaltete Michael sie in den Tierkreisbereichen von der Jungfrau bis zum Steinbock.

118 Aus diesem Grund spricht Rudolf Steiner in der «Michael-Imagination» am Ende seiner letzten Ansprache am 28. 9.1924 (GA 238) von «des Geistesmenschen Weltenzeit», und in den Entwürfen zu dieser Meditation stehen die Worte:

«Künden mit ernstem Willen
Wird er die neue, die helle Zeit
Als die Zeit des Geistesmenschen-Waltens.»

Hinter diesen Worten verbirgt sich jedoch ein noch tieferes Geheimnis. Denn sie weisen nicht nur auf das Prinzip des «Geistesmenschen» hin, das Michael durch sein Aufsteigen zum Rang eines Archē erlangt hat, sondern auch auf die ganz besondere Beziehung, die er dadurch als «Sonnen-Archē» zu dem «Geistesmenschen des Christus» gewann, den dieser auf seinem Weg zur Erde auf der Sonne zurückgelassen hatte (s. GA 240, 27.8.1924). Siehe dazu Genaueres in S. O. Prokofieff, «Der Jahreskreislauf als Einweihungsweg zum Erleben der Christus-Wesenheit. Eine esoterische Betrachtung der Jahresfeste», Teil XII, Kapitel «Die Imagination des ätherischen Christus», Stuttgart ^{3}1996.

119 In gewissem Sinne bestand stets eine solche «gegenwärtige» Beziehung Michaels zu den Geistern der Weisheit während jeder seiner Regentschaften, jedoch nicht in einem solchen Maße wie in der gegenwärtigen Epoche, der ersten *nach* dem

Mysterium von Golgatha. Denn früher stieg Michael nur für die Zeit seiner Herrschaft innerhalb der Menschheit zum Rang eines Zeitgeistes (Archē) auf, während sein Aufsteigen *vor* seiner diesmaligen Herrschaftsepoche *endgültig* wurde. Auch wird der Platz Michaels unter den Erzengeln seit 1879 von einer anderen Wesenheit eingenommen, welche in dieser Zeit die Erzengelstufe erreicht hatte (s. GA 152, 18. und 20.5.1913).

120 Nachdem er sich zum Rang eines Archē erhoben hatte, erlangte Michael eine ganz neue Beziehung nicht nur zu den Geistern der Weisheit, sondern ebenso den Geistern des Willens. Daher stammen auch die Qualitäten des *Mutes* und des *Willens* in seiner Sendung (s. z.B. GA 223, 1. und 2.4.1923). Denn die Archai sind, was die Führung der Menschheit betrifft, die Mittler zwischen ihr und den kosmischen Vaterkräften (s. GA 175, 20.2.1917), welche die Throne oder Geister des Willens bereits auf dem alten Saturn in unsere Evolution hineingetragen haben.

121 Darüber äußert Rudolf Steiner: «Trotzdem werden viele Menschen das erkennen, was jetzt beginnt wie eine Morgenröte aufzugehen und was sich während der kommenden Jahrhunderte auf die menschlichen Seelen wie eine Sonne ergießen wird, denn Michael kann stets mit einer Sonne verglichen werden. Und wenn auch viele Menschen diese neue Michael-Offenbarung nicht anerkennen werden, so wird sie sich trotzdem über die Menschheit ausbreiten» (GA 152, 2.5.1913). Damit, dass eine möglichst große Anzahl von Menschen dieses geistige «Tageslicht» wahrnimmt, das Michael heute den Menschen sendet, ist auch die Begründung eines wahren Michael-Festes in der Zukunft verbunden, von dem Rudolf Steiner mehrfach gesprochen hat. Denn «... der Ruf nach dem Michael-Fest ist der Ruf nach dem Geisteslicht des Tages» (GA 223, 30.9.1923).

122 Die Kyriotetes haben das Prinzip des Geistesmenschen als ihr unterstes Glied.

123 Mit dem «Sternen»-Aspekt der Sonne war Michael selbstverständlich auch in der Vergangenheit verbunden, jedoch

nicht unmittelbar, sondern durch höhere, über ihm stehende und durch ihn wirkende Hierarchien.

124 Was Michael als hohe Offenbarung in der Jungfrau empfängt, ist etwas völlig anderes als dasjenige, was der Manu im Bereich der Jungfrau erlangt, wie das in Teil II, Kapitel 1, beschrieben wurde. Denn der Manu steht auf einer Entwicklungsstufe, die zwar weit über die menschliche hinausgegangen ist, sich jedoch *unter* derjenigen der *Engel* und damit weit unter der Stufe der Erzengel oder gar Archai befindet. Und so sind die Erfahrungen, die der Manu im Tierkreisbereich der Jungfrau sammelt, und die Erlebnisse, die er dort hat, ganz andere als diejenigen, die, sagen wir, ein Erzengel oder Archē dort gewinnen kann.

125 In seiner letzten Ansprache, am 28. September 1924 (GA 238), spricht Rudolf Steiner von der Notwendigkeit, «den Welten-Logos in Menschheits-Logos» zu wandeln durch die Kraft des Michael-Impulses. Diesen Hinweis können wir verstehen, wenn wir beachten, dass der Mensch mit seinen sieben Wesensgliedern bis zur Jungfrau in den Tierkreis eingeschrieben ist (siehe Schema auf Seite 55). Mit dieser Wirkenssphäre «des Menschheits-Logos» berührt sich, sie nur in der Jungfrau und teilweise in der Waage durchdringend, die «über ihr» gelegene kosmische Sphäre des «Welten-Logos» oder «Mystischen Lammes». An der Grenze zwischen beiden wirkt Michael, den Übergang aus dem Bereich der Waage in den der Jungfrau verkörpernd (vgl. mit Teil I, 3. Kapitel), indem er der Menschheit die Kräfte schenkt, um diesen Wandel zu vollziehen.

126 Über die «spirituelle Erkenntnis» als eine «Gabe von Michael» spricht Rudolf Steiner im Vortrag vom 2. Mai 1913 (GA 152).

127 S. GA 136, 10. und 13. 4. 1912 sowie S. 68 ff.

128 Wollen wir die Stufen des Herabsteigens der Christus-Wesenheit durch den Makrokosmos in der Sprache der okkulten Zahlensymbolik ausdrücken, so können wir für den Sonnengeist der Weisheit die Zahl 7 setzen (die Zahl der Sophia), für Jahve die Zahl 5 (die Zahl des höheren Ich) und

für Michael die Zahl 3. Über Michael als den Beschützer der «Dreizahl» spricht Rudolf Steiner zum Beispiel im Vortrag vom 2. April 1923 (GA 223) und im Vortrag vom 21. November 1919 (GA 194).

129 Die Bezeichnungen «Jehova-Christus» und «Christus-Jehova» in Bezug auf die vorchristliche Entwicklung gebraucht Rudolf Steiner im Vortrag vom 2. Mai 1913 (GA 152). Zur geistigen Charakterisierung unserer Zeit spricht er hingegen von «Michael-Christus» (GA 26).

130 Über die sechs Sonnen-Elohim s. GA 103, 20.5.1908 und GA 121, 12.6.1910.

131 Im vorhergehenden Kapitel zum «kosmischen Aspekt der Sophia-Wesenheit» wurde über den letzten Manu als einen Leiter der Sophia-Kräfte in der Menschheit gesprochen. Das weist aber auch auf eine tiefe Verbindung zwischen dem letzten Manu und dem Erzengel Michael hin. Und diese Verbindung wird durch den Hinweis Rudolf Steiners bestätigt, dass die sieben alten Orakel der Atlantier mit den sie inspirierenden planetarischen Sphären zusammenwirken konnten, weil die Ätherleiber der führenden Eingeweihten, der Leiter der Orakel, von den Erzengel-Kräften der entsprechenden Planeten durchdrungen waren. Das stellt Rudolf Steiner so dar: «Es ist ein gewaltiger Unterschied zwischen einem solchen Ätherleib, wie ihn diese Eingeweihten der atlantischen Orakel hatten, der von einem Erzengel durchsetzt war, und einem gewöhnlichen Ätherleib ... Sie [die Ätherleiber der Leiter der atlantischen Orakel] waren also ursprünglich gewoben dadurch, dass in diesen Ätherleibern Erzengel gewohnt hatten» (GA 110, 16.4.1909). So war zum Beispiel der Ätherleib des führenden Eingeweihten des Jupiter-Orakels von den Kräften des Erzengels Zachariel durchdrungen, der Ätherleib des Mars-Eingeweihten von den Kräften des Erzengels Samael und so weiter, der Ätherleib des höchsten Eingeweihten der Atlantis und des Leiters ihres zentralen Sonnen-Orakels aber von den Kräften des *Sonnen-Erzengels Michael.*

132 Über die okkulte Bedeutung der Zahlenfolge 1-3-5-7-12 s. Teil I, Kapitel 2.

133 Vergleiche damit, was auf Seite 136 darüber gesagt wurde, wie Michael in unserer Zeit die Menschenseele vor ihrer Geburt mit dem geistigen Erkenntnis-Licht (dem Licht der Sophia) begabt und der sich ihr offenbarende Christus ihr die Liebes-Substanz schenkt.

134 Als Sonnen-Erzengel ist Michael mit den sechs Elohim auf der Sonne verbunden, mit dem siebenten hingegen dank seiner Tätigkeit unter den Menschen als Antlitz Jahves.

135 Diese ursprüngliche Beziehung Michaels zur Sonne beschreibt Rudolf Steiner mit den so tief bedeutungsvollen Worten: «Und die hauptsächlichsten geistigen Wesenheiten, die von der Sonne aus sozusagen das Geistige, das Spirituelle ausstrahlen, wie physisch das Sonnenlicht oder ätherisch das Sonnenlicht strahlt, die gruppieren sich alle um ein gewisses Wesen, das wir ... als das Michael-Wesen bezeichnen können. Michael wirkt aus der Sonne. Und das, was geistig die Sonne der Welt zu geben hat, kann man auch dasjenige nennen, was Michael mit den Seinigen der Welt zu geben hat» (GA 243, 18.8.1924).

136 Das lässt auch die Tätigkeit Michaels in der geistigen Welt als Beschützer der nathanischen Seele bis zu ihrer Verkörperung auf der Erde an der Zeitenwende verständlich erscheinen. Siehe dazu Genaueres in S. O. Prokofieff, «Der Jahreskreislauf als Einweihungsweg zum Erleben der Christus-Wesenheit. Eine esoterische Betrachtung der Jahresfeste», Kapitel «Michael und die nathanische Seele», Stuttgart ^{3}1996.

137 Siehe auch Anmerkung 124.

138 Wenn die sechs Planeten-Archangeloi dennoch den Zugang zur Sternenweisheit unter «Auslassung der Sonne» suchen, so können sie das nur, indem sie die kosmische Christus-Sphäre umgehen, und das heißt, auf luziferische Weise. Sie werden dadurch selbst zwar *nicht* zu luziferischen Geistern, sondern sie wirken nur sozusagen auf luziferische Weise im Kosmos.

139 Dazu sagt Rudolf Steiner: «Namentlich unter der Führung des Oriphiel geschieht diese Emanzipierung der planetarischen Intelligenz von der Sonnen-Intelligenz. Es war ein vollständiges Trennen von bis dahin zusammengehörigen Weltgewalten. Die Sonnenintelligenz des Michael und die planetarischen Intelligenzen gerieten nach und nach in kosmische Opposition zueinander» (GA 237, 8.8.1924). – Das aber bedeutet, dass die sich von der Sonnenintelligenz «emanzipierenden», die Planeten führenden Erzengel sich zugleich auch von der Christus-Sphäre entfernten. Infolgedessen erfolgte dann bis zu einem gewissen Grad in unserem Sonnensystem eine Luziferisierung der Planeten-Intelligenzen, deren Folgen mehr und mehr auf der Erde in den Katastrophen unserer Zeit zum Ausdruck kommen.

140 Über die Beziehung der menschlichen Freiheit zum Christus-Impuls äußert Rudolf Steiner: «Dass wir freie Wesen sein können, das verdanken wir einer göttlichen Liebestat. So dürfen wir uns als Menschen fühlen wie freie Wesen, dürfen aber nie vergessen, dass wir diese Freiheit verdanken der Liebestat des Gottes.» Und weiter: «Den Freiheitsgedanken sollten die Menschen nicht ergreifen können ohne den Erlösungsgedanken des Christus. Dann allein ist der Freiheitsgedanke ein berechtigter» (GA 131, 14.10.1911). Und in einem späteren Vortrag bemerkt er, Michael charakterisierend: «Michael wird der eigentlich geistige Held der Freiheit sein» (GA 233a, 13.1.1924). In dieser Stellung kommt in unserer Zeit auch sein Wirken in der Menschheit als «Antlitz des Christus» zum Ausdruck.

141 In diesem Zusammenhang erhält die Hauptaufgabe der Anthroposophie heute eine besondere Bedeutung, die Aufgabe, die unmittelbar von ihrer Herkunft aus der Michael-Sphäre stammt und die Rudolf Steiner in seinen Vorträgen von 1923 als Überwindung des «intellektuellen Sündenfalles durch spirituelle Sündenerhebung» charakterisierte (s. GA 220).

142 Daher stammt auch die Beziehung von Oriphiel zum Planeten Saturn, der der Träger des *Gedächtnisses* in unserem Sonnensystem ist (s. GA 231, 17.11.1923).

143 Siehe dazu S. O. Prokofieff, «Rudolf Steiner und die Grundlegung der neuen Mysterien», Kapitel «Die Grundstein-Meditation», Stuttgart ^{3}2007.

144 Siehe dazu GA 283 sowie M. Renold «Von Intervallen, Tonleitern, Tönen und dem Kammerton C = 128 Hz», Dornach 1985, und E. Bindel «Die Zahlengrundlage der Musik im Wandel der Zeiten», Stuttgart 1985.

145 Genaueres über die Beziehung der vier Ätherarten zu den höheren Planen des Seins siehe in S. O. Prokofieff, «Der Jahreskreislauf als Einweihungsweg zum Erleben der Christus-Wesenheit. Eine esoterische Betrachtung der Jahresfeste», Stuttgart ^{3}1996. – Gemäß der Geisteswissenschaft ist der Ort der Sphärenharmonien das niedere Devachan.

146 Die Vorträge im großen Saal sollten in der Regel bei geschlossenem Vorhang, der die kleine Kuppel (die Bühne) verdeckte, gehalten werden.

147 Siehe zur Ätherhülle des ersten Goetheanum in S. O. Prokofieff, «Rudolf Steiner und die Grundlegung der neuen Mysterien», Kapitel 4, «Das irdische und das übersinnliche Goetheanum», Stuttgart ^{3}2007.

148 Das Wirken der vier Ätherarten im ersten Goetheanum kann man auch noch folgendermaßen beschreiben. Weil das Goetheanum und seine inneren Formen in Holz ausgeführt waren, vollzog sich darin das Wirken des *Wärmeäthers* in ganz besonderer Weise. Die Fenster hingegen waren mit dem *Lichtäther* verbunden. Weiter sollte der *Klangäther* besonders im großen Saal in Erscheinung treten. (In seinem Westteil befanden sich deshalb die Orgel und der Platz für das Orchester.) Der *Lebensäther* schließlich sollte sich besonders in den Formen und in der künstlerischen Gestaltung des kleinen Saales äußern.

149 Darüber, dass der Makro-Logos die umfassende Welt der *zwölffachen* «Struktur» beherrscht, siehe Vortrag vom 12. Juni 1912 (GA 137).

150 S. GA 233 a, 13. 1. 1924 und GA 240, 20. 7. 1924.

151 Dagegen kam von Osten nach Westen die Richtung des Wirkens des Christus-Impulses sowohl im historischen wie

im geistigen Sinne im ersten Goetheanum zur Darstellung. (In der plastischen Gruppe stand der Menschheitsrepräsentant mit dem Blick nach Westen.) So haben wir in diesen beiden Strömungen von Westen nach Osten und von Osten nach Westen den geistig-räumlichen Ausdruck zweier Strömungen, die Rudolf Steiner im Vortrag vom 1. Oktober 1911 (GA 130) von einem etwas anderen Standpunkt aus beschreibt. Deshalb können wir auch sagen: Das erste Goetheanum entstand aus der Verbindung der Strömung Michaels aus dem Westen und der des Christus aus dem Osten, der beiden Strömungen, die in der Vergangenheit historisch von den Artus-Mysterien (Westen) und den Gralsmysterien (Osten) repräsentiert wurden. Siehe auch GA 240, 27.8.1924.

152 Rudolf Steiner spricht eingehend von diesen vier Eigenschaften in GA 10, Kapitel «Über einige Wirkungen der Einweihung», und in GA 12, Kapitel «Die Stufen der höheren Erkenntnis».

153 Bei mehr meditativer Beschäftigung mit diesen *sechs* «Tugenden» ergibt sich folgender Zusammenhang mit dem geistigen Wesen der ersten sechs nachatlantischen Epochen:

1. Gedankenkontrolle: altindische Epoche
2. Kontrolle der Handlungen: altpersische Epoche
3. Ausdauer, Beharrlichkeit (Ertragsamkeit): ägyptisch-assyrisch-babylonisch-chaldäische (hebräische) Epoche
4. Duldsamkeit, Toleranz: griechisch-lateinische Epoche
5. Unbefangenheit, Vertrauen, Glauben*: gegenwärtige fünfte Epoche
6. Lebensgleichgewicht, Gleichmut: slawische Epoche (inneres Gleichgewicht, die Harmonie der geistigen Kräfte)

Deshalb werden in der Malerei der kleinen Kuppel beidseits des Zentralmotivs im Osten zweimal *sechs* Repräsentanten der nachatlantischen Kulturen dargestellt.

* Über den «Glauben» als hauptsächlicher geistiger Kraft der fünften nachatlantischen Epoche siehe GA 130, 3.12.1911. (Die Worte in Klammern sind GA 12 entnommen, die übrigen GA 10.)

154 «Die vierte Eigenschaft» oder «siebente» Tugend (siehe vorhergehende Anmerkung), bringt das geistige Wesen der *siebenten*, letzten nachatlantischen Epoche, vor der großen Katastrophe, dem «Krieg aller gegen alle», zum Ausdruck.

155 Siehe Anmerkung 83.

156 Im Buch «Die Stufen der höheren Erkenntnis» (GA 12) spricht Rudolf Steiner, diese «vierte Eigenschaft» im 1. Kapitel beschreibend, von der Notwendigkeit, auch das innere Gleichgewicht zwischen dem die Freiheit des Menschen bedrohenden inneren und äußeren Zwang herzustellen, hinter dem es nicht schwer ist, das Wirken luziferischer und ahrimanischer Kräfte zu spüren. Dieses «innere Gleichgewicht», das noch zu den Qualitäten der sechsten Kulturepoche gehört (siehe Anmerkung 153), wird aber eine wichtige Voraussetzung für die Haupteigenschaft der siebenten Kulturepoche sein, die mit den Worten Rudolf Steiners folgendermaßen formuliert werden kann: «Endlich kommt für den Suchenden der ‹Wille zur Freiheit› in Betracht. Es hat ihn jemand, *der zu allem, was er vollbringt, die Stütze und Grundlage in sich selbst findet.»* Das Letztere wird unentbehrlich sein, um die große Prüfung des «Krieges aller gegen alle» zu überstehen. – Die Beschreibung der «vier Eigenschaften» schließt Rudolf Steiner mit den Worten: «Unter solchen Einwirkungen entwickelt sich die *imaginative Erkenntnis»* – das heißt: eine höhere Erkenntnisart, die sich ganz besonders durch das Miterleben des Goetheanum als Gesamtkunstwerk in der Menschheit entwickeln sollte (s. Teil I, Kapitel 3).

157 Die Tierkreiszeichen in der Kuppel des «Modellbaues in Maisch [Malsch]» wurden nach einer Skizze ausgeführt, welche die Künstlerin Imme von Eckhardtstein Rudolf Steiner 1912 für die Erstausgabe des «Anthroposophischen Seelenkalenders» (in GA 40) gegeben hatte. Dafür hatte Rudolf Steiner auch in diesem Fall die Tierkreiszeichen in der Reihenfolge von den Fischen durch die Jungfrau zum Widder angeordnet (s. «Beiträge zur Rudolf Steiner Gesamtausgabe», Heft 37/38, Dornach 1972).

Bibliographie

Alle Bibel-Zitate – sofern nicht anders vermerkt – sind der Luther-Ausgabe entnommen.
Alle *Kursiven* – sofern nicht anders gekennzeichnet – stammen vom Autor.

Verzeichnis der verwendeten Werke Rudolf Steiners

Die Ziffern entsprechen den Bänden der Gesamtausgabe der Werke Rudolf Steiners (GA), herausgegeben im Rudolf Steiner Verlag, Basel, Schweiz.

8 Das Christentum als mystische Tatsache und die Mysterien des Altertums

9 Theosophie. Einführung in übersinnliche Welterkenntnis und Menschenbestimmung

10 Wie erlangt man Erkenntnisse der höheren Welten?

11 Aus der Akasha-Chronik

12 Die Stufen der höheren Erkenntnis

13 Die Geheimwissenschaft im Umriss

14 Mysteriendramen

15 Die geistige Führung des Menschen und der Menschheit

26 Anthroposophische Leitsätze. Der Erkenntnisweg der Anthroposophie – Das Michael-Mysterium

40 Wahrspruchworte

53 Ursprung und Ziel des Menschen. Grundbegriffe der Geisteswissenschaft

93 Die Tempellegende und die Goldene Legende als symbolischer Ausdruck vergangener und zukünftiger Entwicklungsgeheimnisse des Menschen. Aus den Inhalten der Esoterischen Schule

93a Grundelemente der Esoterik
96 Ursprungsimpulse der Geisteswissenschaft. Christliche Esoterik im Lichte neuer Geist-Erkenntnis
97 Das christliche Mysterium
98 Natur- und Geistwesen – ihr Wirken in unserer sichtbaren Welt
99 Die Theosophie des Rosenkreuzers
101 Mythen und Sagen. Okkulte Zeichen und Symbole
102 Das Hereinwirken geistiger Wesenheiten in den Menschen
103 Das Johannes-Evangelium
104 Die Apokalypse des Johannes
105 Welt, Erde und Mensch, deren Wesen und Entwicklung sowie ihre Spiegelung in dem Zusammenhang zwischen ägyptischem Mythos und gegenwärtiger Kultur
106 Ägyptische Mysterien im Verhältnis zu den wirkenden Geisteskräften der Gegenwart
107 Geisteswissenschaftliche Menschenkunde
109 Das Prinzip der spirituellen Ökonomie im Zusammenhang mit Wiederverkörperungsfragen
110 Geistige Hierarchien und ihre Widerspiegelung in der physischen Welt. Tierkreis, Planeten und Kosmos
112 Das Johannes-Evangelium im Verhältnis zu den drei anderen Evangelien, besonders zu dem Lukas-Evangelium
113 Der Orient im Lichte des Okzidents. Die Kinder des Luzifer und die Brüder Christi
114 Das Lukas-Evangelium
116 Der Christus-Impuls und die Entwicklung des Ich-Bewusstseins
118 Das Ereignis der Christus-Erscheinung in der ätherischen Welt
119 Makrokosmos und Mikrokosmos. Die große und die kleine Welt. Seelenfragen, Lebensfragen, Geistesfragen
121 Die Mission einzelner Volksseelen im Zusammenhang mit der germanisch-nordischen Mythologie
122 Die Geheimnisse der biblischen Schöpfungsgeschichte

123 Das Matthäus-Evangelium
124 Exkurse in das Gebiet des Markus-Evangeliums
126 Okkulte Geschichte. Esoterische Betrachtungen karmischer Zusammenhänge von Persönlichkeiten und Ereignissen der Weltgeschichte
127 Die Mission der neuen Geistesoffenbarung
129 Weltenwunder, Seelenprüfungen und Geistesoffenbarungen
130 Das esoterische Christentum und die geistige Führung der Menschheit
131 Von Jesus zu Christus
132 Die Evolution vom Gesichtspunkt des Wahrhaftigen
133 Der irdische und der kosmische Mensch
135 Wiederverkörperung und Karma und ihre Bedeutung für die Kultur der Gegenwart
136 Die geistigen Wesenheiten in den Himmelskörpern und Naturreichen
137 Der Mensch im Lichte von Okkultismus, Theosophie und Philosophie
139 Das Markus-Evangelium
145 Welche Bedeutung hat die okkulte Entwicklung des Menschen für seine Hüllen und sein Selbst?
148 Aus der Akasha-Forschung. Das Fünfte Evangelium
149 Christus und die geistige Welt. Von der Suche nach dem heiligen Gral
151 Der menschliche und der kosmische Gedanke
152 Vorstufen zum Mysterium von Golgatha
153 Inneres Wesen des Menschen und Leben zwischen Tod und neuer Geburt
154 Wie erwirbt man sich Verständnis für die geistige Welt? Das Einfließen geistiger Impulse aus der Welt der Verstorbenen
156 Okkultes Lesen und okkultes Hören
157 Menschenschicksale und Völkerschicksale
158 Der Zusammenhang des Menschen mit der elementarischen Welt. Kalewala – Olaf Åsteson – Das russische Volks-

tum – Die Welt als Ergebnis von Gleichgewichtswirkungen
159 Das Geheimnis des Todes. Wesen und Bedeutung Mitteleuropas und die europäischen Volksgeister
161 Wege der geistigen Erkenntnis und der Erneuerung künstlerischer Weltanschauung
174 (jetzt in GA 173 a–c enthalten)
174 a Mitteleuropa zwischen Ost und West
174 b Die geistigen Hintergründe des Ersten Weltkrieges
175 Bausteine zu einer Erkenntnis des Mysteriums von Golgatha
178 Individuelle Geistwesen und ihr Wirken in der Seele des Menschen
180 Mysterienwahrheiten und Weihnachtsimpulse. Alte Mythen und ihre Bedeutung
184 Die Polarität von Dauer und Entwicklung im Menschenleben
187 Wie kann die Menschheit den Christus wiederfinden? Das dreifache Schattendasein unserer Zeit und das neue Christus-Licht
190 Vergangenheits- und Zukunftsimpulse im sozialen Geschehen. Die geistigen Hintergründe der sozialen Frage, Band II
193 Der innere Aspekt des sozialen Rätsels. Luziferische Vergangenheit und ahrimanische Zukunft
194 Die Sendung Michaels. Die Offenbarung der eigentlichen Geheimnisse des Menschenwesens
202 Die Brücke zwischen der Weltgeistigkeit und dem Physischen des Menschen. Die Suche nach der neuen Isis, der göttlichen Sophia
209 Nordische und mitteleuropäische Geistimpulse. Das Fest der Erscheinung Christi
214 Das Geheimnis der Trinität. Der Mensch und sein Verhältnis zur Geistwelt im Wandel der Zeiten
218 Geistige Zusammenhänge in der Gestaltung des menschlichen Organismus

219 Das Verhältnis der Sternenwelt zum Menschen und des Menschen zur Sternenwelt. Die geistige Kommunion der Menschheit
220 Lebendiges Naturerkennen. Intellektueller Sündenfall und spirituelle Sündenerhebung
222 Die Impulsierung des weltgeschichtlichen Geschehens durch geistige Mächte
223 Der Jahreskreislauf als Atmungsvorgang der Erde und die vier großen Festeszeiten
225 Drei Perspektiven der Anthroposophie. Kulturphänomene, geisteswissenschaftlich betrachtet
226 Menschenwesen, Menschenschicksal und Welt-Entwicklung
227 Initiations-Erkenntnis
230 Der Mensch als Zusammenklang des schaffenden, bildenden und gestaltenden Weltenwortes
231 Der übersinnliche Mensch, anthroposophisch erfasst
233 Die Weltgeschichte in anthroposophischer Beleuchtung
233 a Mysterienstätten des Mittelalters. Rosenkreuzertum und modernes Einweihungsprinzip
236 Esoterische Betrachtungen karmischer Zusammenhänge. Zweiter Band
237 Esoterische Betrachtungen karmischer Zusammenhänge. Dritter Band
238 Esoterische Betrachtungen karmischer Zusammenhänge. Vierter Band
240 Esoterische Betrachtungen karmischer Zusammenhänge. Sechster Band
243 Das Initiaten-Bewusstsein. Die wahren und die falschen Wege der geistigen Forschung
245 vergriffen (inhaltlich erweitert enthalten in GA 267, GA 268 und NA von GA 264)
260 Die Weihnachtstagung zur Begründung der Allgemeinen Anthroposophischen Gesellschaft 1923/24
268 Mantrische Sprüche. Seelenübungen Band II, 1903 – 1925

283 Das Wesen des Musikalischen und das Tonerlebnis im Menschen
284 Bilder okkulter Siegel und Säulen. Der Münchener Kongress Pfingsten 1907 und seine Auswirkungen
286 Wege zu einem neuen Baustil. «Und der Bau wird Mensch»
327 Geisteswissenschaftliche Grundlagen zum Gedeihen der Landwirtschaft (Landwirtschaftlicher Kurs)

Sergej O. Prokofieff

Rudolf Steiner und die Meister des esoterischen Christentums

Sieben Meister des esoterischen Christentums sind von Beginn an mit der Menschheit verbunden und werden sie auch in alle Zukunft hinein in ihrer Entwicklung begleiten: Manes, Zarathustra (Meister Jesus), Skythianos, Gautama Buddha, Bodhisattva Maitreya, Novalis und Christian Rosenkreutz. Welche besondere Stellung Rudolf Steiner in diesem siebengliedrigen Kosmos einnimmt, ist die Frage, auf die Sergej Prokofieff in seinen Ausführungen eine Antwort gibt. Dabei geht es auch um die karmische Biographie der Individualität Rudolf Steiners, seinen diesmaligen Einweihungsweg und Mysteriennamen. Aufgrund des Todes seiner Übersetzerin und der Veröffentlichung vieler weiterer Bücher, musste Sergej Prokofieff das Thema, an dem er im Grunde vom Beginn seines anthroposophischen Wirkens an arbeitete, immer wieder zurückstellen. Posthum, etwa dreizehn Jahre nach dem geplanten Erscheinungstermin, liegt dieses lang erwartete Werk des Autors nun endlich vor.

336 Seiten, gebunden, mit Abbildungen, ISBN 978-3-7235-1603-4

DIE SKULPTURGRUPPE
RUDOLF STEINERS